自己概念のゆらぎ

自己概念のゆらぎ
―― 対人関係におけるその分化と変動 ――

福島 治著

知泉書館

は じ め に

―――――

　人は自分自身の行動の特徴を知ることができる。自分の行動の予測も可能だ。どのような状況でどのように行動するのか。状況に関する情報が多く，具体的であるほど，答えに迷わないであろう。もちろん，その答えは実際の行動と一致するとは限らない。問われれば答えることはできるが，必ずその通りに行動するという確信は本人も持てない。しかし，予測と実際の一致不一致はさほど重要ではない。自分の特徴が何か，どのような行動傾向があるか，どのような行動が可能であるか，自己参照できることが重要なのである。
　では，自己の何を参照するのだろうか。それは記憶である。人は過去の行動経験を記憶として保持しており，自己に関する情報源としてそれを利用し，他者に伝えることもできる。過去経験の具体的な記憶はエピソード記憶と呼ばれるが，特に自分自身に関する記憶は自伝的記憶と呼ばれる。そこには，時間も行為も特定できるような記憶（例えば，「東日本大震災のときには机の下にもぐって揺れが収まるのを待っていた」）も，過去の習慣的な行動の記憶（例えば，「小中学校では休み時間にいつも友達とおしゃべりをしていた」）もある。
　こうした自伝的記憶の中でも，行動に関連する情報は端的な形式に縮約されていると考えられる。エピソード記憶や自伝的記憶は具体的なので，そこに含まれる事柄を逐一想起して直接的に自分という対象の理解や説明に用いるのは効率的でない。自分の行動を予測するにしても，参照する情報としては使いにくい。そのため，具体性を有する情報は，抽象的な行動特徴を表すような単語レベルの情報，例えば「慎重な」や「話し好き」など，「特性語」と呼ばれる情報へと縮約される。これらの語で表される自己の行動関連情報は「特性情報」と呼ばれており，エピ

ソード記憶よりもアクセスしやすいことが知られている。実際，人は自分自身が何者であるかを記述するように求められると，具体的な行動事例よりは，こうした特性語を用いる傾向がある。

ところが，ある特性語が自分のことをどれほどよく表すのかといった自己概念としての特性の評価は，必ずしも安定的ではない。自分自身をどう見るか，その内容は社会的状況やその時々での動機づけや感情状態の影響も受ける。自己の意味や価値や性質は，必ずしも一義的に定まるものではなく，一定の範囲で変動しうる。しかし，その変動幅の大きさや個人差，またその変動に影響する要因についてはそれほどよくわかっていない。本書は，この「特性自己概念」の変動そのものの特徴とその変動をもたらす要因について，これまでになされてきた研究と著者の得たデータ[1]に基づいて論じる。

第1章では，特性に関する自己概念研究の発端が，そもそも本書のテーマである自己の不安定さを問題にしていたことを紹介する。また，自己概念という心理学的な構成概念は，深淵でとらえどころがないものではなく，自己の姿に関する自分自身の意味的解釈なのだということを述べる。

そうした解釈は自らの行動を通して変化もする。そこで，第2章は，自分自身がどのような人間であるのかを他者に示す行動である「自己呈示」について詳細に述べる。自己呈示過程における動機や目標について理論的な観点から論じ，対人関係に対応して生じる望ましい自己イメージの変動についてみる。

第3章は，特性自己概念の分化の度合いをとりあげる。分化度を示す指標がいくつか知られていることから，それらを概説した上で，著者のデータによる他のパーソナリティ変数との関連をみる。

第4章は，自己概念の分化を「関係性スキーマ理論」の枠組みで検討する。ここでは，特性自己概念は異なる対人関係に対応して構成される関係性スキーマの一部であり，他者の行動特性情報とリンクしているとみなされる。対人関係において，自己と他者は相互作用を進行させてい

---

[1] 本書で述べた筆者の研究の一部は，日本学術振興会より科学研究費（JP18530481, JP22530670, JP16K04259）の助成を受けた。こうした支援なしに研究は立ち行かない。記して感謝したい。

くので，各々の行動特性情報は現象的に結びついている。「関係性スキーマ」とは自他の連結の様態が直接的に認知表象として取り込まれた結果である。したがって，他者に関する情報の利用によって，その関係性スキーマ全体が，自己の情報も含んで，活性化すると考えられる。この章では，この考えのもとに実施されてきた研究について述べる。

　第5章は，自己概念の分化に関して「縦」の変動にも着目する。対人関係に応じた分化はいわば「横」の変動だが，人は日々の中で自己への見方を変化させる。ここでは，時間的な「縦」の変動をとらえるために，経験サンプリング法を用いたマルチレベル構造のデータを扱った研究について述べる。1カ月程度の比較的短い時間の中で変動をとらえ，関係性による変動の量がどの程度であるのか測定データから推測を試みる。また，自己概念研究の中では，自己の変動と心理的不適応との関連について議論が続いているが，ここでは対人関係による横の変動とその関係の中での縦の変動の指標を区別し，関係の相違による変動よりも同一関係の中での変動が大きいほど不適応の指標が高いことを示す。

　さて，本当の自分とは何かについて思い煩う人もいる。それは本書で論じる自己概念の変動や分化の度合いが大きいためかもしれない。しかし，そもそも人の心は，単独で完結する閉じた存在ではない。それは，社会環境や他者との関わりの中で構成される。自分についての見方も同様である。他者が違えば自分も変わる。いつも同じ反応しかしないなら，それは人間ではなくただの機械だ。だから，自分とは何かという問いの答えは，一つではない。その答えは他者から与えられることもあるし，自分自身で答えを得ることもできる。その自他の見方が一致することもあれば，不一致なこともある。ある人が，どのような人間であるのかについて，一つの真実があるわけではない。本書が，自己の多義性について考えるための手がかりとなれば幸いである。

目　次

はじめに……………………………………………………………………ⅴ

第1章　特性自己概念……………………………………………………3
1　心理的適応の指標としての自己概念………………………………4
2　自由記述に現れる自己概念…………………………………………8
3　行動傾向の要約としての特性表象——オールポートから特性5因子へ
　……………………………………………………………………13
4　認知的コンストラクトとしての特性概念…………………………19
5　内的属性としての特性と特性に関する自己概念…………………24

第2章　自己呈示と自己概念の分化……………………………………31
1　日常生活における自己呈示と聴衆の分離…………………………31
2　自己呈示研究の枠組み………………………………………………34
　(1)　自己呈示の2成分モデル……………………………………35
　(2)　対人過程における印象制御…………………………………37
　(3)　自己呈示研究の理論的・方法論的問題……………………39
3　自己呈示の範囲とターゲット………………………………………41
　(1)　範　囲…………………………………………………………41
　(2)　ターゲット……………………………………………………43
4　自己呈示の動機………………………………………………………44
　(1)　自己呈示の功利的動機………………………………………44
　(2)　自己知識が喚起する自己呈示の動機………………………52
5　目標となる同一性……………………………………………………54
　(1)　社会的同一性と個人的同一性………………………………54
　(2)　望ましい同一性………………………………………………55

6　自己呈示の規定因 …………………………………………… 56
　　　（1）　状況的規定因 …………………………………………… 56
　　　（2）　個人内要因 ……………………………………………… 58
　　7　対人関係と望ましい自己イメージ ………………………… 63

第3章　特性自己概念の分化 ………………………………………… 71
　1　分化した自己概念のモデル ………………………………… 72
　2　分化の指標 …………………………………………………… 75
　　　（1）　自己概念分化（SCD）とその修正指標 ……………… 75
　　　（2）　自己複雑性 ……………………………………………… 81
　　　（3）　矛盾度 …………………………………………………… 84
　3　分化の指標とパーソナリティの関連 ……………………… 90
　4　特性自己概念の分化と自己愛 ……………………………… 97
　5　多重役割設定法による特性自己概念の測定の性質 ……… 104

第4章　関係性と特性自己概念 ……………………………………… 125
　1　関係性スキーマ ……………………………………………… 126
　2　関係的文脈と自己概念の分化——特性判断の好ましさによる検討 … 130
　3　自己高揚動機と自尊心の影響 ……………………………… 137
　4　自己概念と他者表象の重複と連合 ………………………… 146

第5章　特性自己概念の変動 ………………………………………… 155
　1　密度分布モデル ……………………………………………… 157
　2　マルチレベルモデリング——個人内分散と個人間分散の分離 ……… 160
　3　関係文脈による特性自己概念の変動 ……………………… 163
　4　自己概念の多面性と不安定性 ……………………………… 173

おわりに ………………………………………………………………… 177
引用文献 ………………………………………………………………… 179
人名索引 ………………………………………………………………… 199
事項索引 ………………………………………………………………… 200

自己概念のゆらぎ

——対人関係におけるその分化と変動——

第 1 章

特性自己概念

―――――

　自己概念は個人が保持する自身のイメージや知識のことであり，自己に関する表象すべてを含む。それは経験の総体によって支えられているが，そのすべてに意識的にアクセスできるとは限らない（梶田 1988, pp. 78-82）。また「概念」とはいうものの自己に関する視覚的なイメージや記憶も自己概念に含めることができる。しかし，自己の視覚的表象については扱われることが少なく[1]，多くの心理学者たちは言語によって表される自己概念に研究を限定してきた。それらの研究は，質問紙法や面接法を用いて対象者から自己に関する言語的情報を引き出して自己概念の内容整理を試みたり，実験室で言語刺激を呈示して自己への当てはまり判断の速度を調べ，その刺激と自己表象との関連度を検討したりしてきた。対象者から得られる自己概念や実験の言語刺激として用いられるのは，人格特性や能力など内的属性に関するものが多い[2]。

　なかでも行動特性に関する自己概念は初期の研究から注目され，その後も頻繁にとりあげられてきた。これは人格特性が人の特徴に関して直接的な意味をもつからである。人格特性は，ある場合には端的かつ抽象的に「親切」や「神経質」のような単語形式で表され，ある場合には「私はいつも他の人を思いやる人間であろうとしている」や「よく緊張

　　1）　自己認識（self-recognition）の実験的研究では，自己の写真や動画が刺激として用いられる。

　　2）　民族や性別や出身地，あるいは職業のような社会的属性などが対象になることもある。また身長や体重などのような身体的特徴は言語のみならずボディ・イメージのような画像的自己概念として扱われることもある。さらに，現在の自分自身だけでなく，変化を暗示する過去や未来の自己もまた自己概念に含められる。

したり神経過敏になったりする」のような文形式で表される。これらは初めから行動特徴を表現しており，よい特性か悪い特性かといった評価的側面も含んでいる。直接的にその人の社会的存在としての意味と価値を表しているのである。

　自己概念には人格特性の他にも，身長や体重や外見のような身体的属性，職業や性別や人種のような社会的属性も含まれる。しかし，これらは単に属性の記述にすぎない。身長の高低や職業が社会の中でどのように位置づけられるのか，その属性の持ち主の評価や扱いがどのようになるのか，またそれらが自分自身の見方と一致しているか否か，このようなことと結びついたときに，単なる属性が自己概念として心理学的意味をもつようになる。これらの意味は，その自己概念の所有者に再び尋ねなければならない[3]。

　人格特性に関する自己概念は，「特性自己概念」と呼ばれてきた。自己概念としての特性の研究はどのように始まり，どのように展開されて現在に至っているのだろうか。

1　心理的適応の指標としての自己概念

　特性自己概念の内容や変化に心理学的な意味を与えて検討を始めたのは来談者中心療法で知られる Carl Rogers である（Rogers & Dymond, 1954）。彼は，人には自分自身の現状を理解する能力も情報を再体制化する能力もあるということを前提に，セラピストの仕事はその力を感じ取り開放することだと考えていた。つまり，クライエント自身の自己知覚の再体制化を促すことが心理療法におけるセラピストの重要な役割だとした。彼の療法は，知覚される対象としての自己，すなわち認識される自己のとらえ方の変化によって，クライエントの抱える問題を解決しようとするアプローチであった。

　Rogers の考えでは，自己知覚とは，ただ一意の自己がありそれが意

---

　[3]　これをこそ掘り下げて自己に関する「語り（ナラティブ）」を生成し，人々が自分自身をどのようにとらえているのかを検討するような重要な領域も発展している（McAdams, 1993）。

識されるのではなく，多くの意味内容をもつ自己像が相対化され，それらの自己像の相互関係が意識されることである。クライエント自身の中に多様な自己のとらえ方がある中で，本人が一つの自己像にとらわれていたり，自己像の相互関係を意識しないまま混乱したりしていることが「不適応」や「悩み」の大きな原因であると考えたのである。その混乱を取り除く鍵が自己知覚の再体制化である。Rogers 曰く，「ある個人が自分自身を知覚するあらゆる仕方，すなわち自分の性質，能力，衝動，態度や他者と関わる自分自身のあらゆる知覚が，自己に関する体系化された意識的な概念として受け入れられるとき，この達成は快適さと，緊張から解放された自由の感覚を伴い心理学的適応として経験される」(Rogers, 1947)。

では，Rogers はどのようにして自己知覚の再体制化について調べることができたのであろうか。それは Q 分類法（Stephenson, 1953）を用いてセラピー前後の自己概念の変化をとらえるという方法であった(Butler & Haigh, 1954)。Q 分類法は，1 枚に一つの記述文が書かれている数十枚のカードを用いる。回答者は，それらが自分自身に当てはまる程度を考えて，「まったく当てはまらない」から「非常によく当てはまる」に至るまで九つの山に分けるのだが，指定された枚数の通りに分けねばならない。通常は正規分布に近づけて，例えば，3 枚，5 枚，7 枚，10 枚，14 枚，10 枚，7 枚，5 枚，3 枚のように分けさせる。この例では，64 枚のカードを用いることになる。彼は様々なクライエントのカウンセリングの原資料のうち，自己について述べられた記述の中から無作為に100 個を選び，これを Q 分類用のカードに書き起こした。例えば「私は服従的な人間である」，「私は仕事に熱心である」，「私の心はすっかり混乱している」，「私は他人と完全に意見が衝突するのをこわがっている」，「私は人に好かれやすい」などである。そして，現在の自分自身が各カードの記述文にどれほど当てはまるかという「現実自己」と，自分の理想像にどれくらい当てはまるかという「理想自己」についてそれぞれ分類を求めた。カウンセリングによって自己知覚の再体制化が起こるならば，現実と理想が近づくことによってこの二つの分類は似たものとなり，個人内の相関係数は高くなるであろうという予想である。現実自己と理想自己の相関を扱う研究は現在でも行われているが，その先鞭をつ

けたのはこのRogersたちの研究である。結果として，クライエントグループでは，この個人内相関の平均値が，カウンセリング前では−.01であったものがカウンセリング後のフォローアップ期間において.31へと高まりを示した。カウンセリングを行わない統制グループでは.58から.59と変化がなかった。統制グループは問題を抱えていない人々なので，もともと現実自己と理想自己のQ分類がある程度似ているのである。

　Rogersの考えに刺激され，いくつかの研究が心理的適応と自己概念の関連を検討した。例えば，Brownfain (1952) は，自己概念の安定性の測定を試み，適応との関連を調べた。この研究では私的自己，ポジティブ自己，ネガティブ自己，社会的自己の四つの観点から同じ25個の項目（知性，社交性，寛大さ，身体的魅力など）に対して自己に関する評定を求めた。私的自己は，実際にそうだと思える自分自身についてのもっとも正確な評定であり，現実自己に相当する。得点が高いほど自己を肯定的にとらえていることが示せるように指標化された。ポジティブ自己は，実現は難しいかもしれないが，現実の自己として思い描けるなかでもっともよい自己の評定である。ネガティブ自己は，そうなることはないかもしれないが現実の自己として思い描けるなかでもっとも悪い自己の評定である。社会的自己は，集団内（この研究の対象者は同じ学内共同住宅に住む学生であった）の他者から見た場合に自己がどのように見られているかについての評定である。この評定を含めたことがRogersたちの研究と異なっている。このうちポジティブ自己とネガティブ自己は，それぞれ現実にありうる自己の姿の上限と下限であると考えられることから，その差異の小さいことが自己概念の安定性を表す指標とされた。

　したがって，安定性は各項目のポジティブ自己とネガティブ自己の差の総合計が得点となる。値が小さいほど安定していることを表す。これらの学生は，この得点によって自己概念の安定群と不安定群に分割された[4]。彼らがどのように「適応」的であるのかについて，上記四つの自

　　4）ただし，この分割に当たって，頑固さのようなパーソナリティは，自己に関する曖昧さに耐えられず，疑似的な安定性をもたらす可能性があることが考慮された。頑固で融通の利かないパーソナリティを主な要素として含む権威主義的傾向を測るFrenkel-Brunswik

己評定と，参加者に関する集団からの評価（10変数）が使われた。安定性指標の信頼性も報告されており，折半法（奇偶法）で.93と十分に高かった。ある項目群におけるポジティブ自己とネガティブ自己の差は，他の項目群においても同様にみられた。一方，私的自己（現実自己）と安定性の相関は－.25で，統計的にも有意であった。現実の自分が肯定的であるほど，ポジティブ自己とネガティブ自己の差が小さく，自己概念の安定性が高かった。しかし，尺度の得点範囲には上限があることから，私的自己の評価が高い人ほど，ポジティブ自己についてさらに高く評価する余地はなくなるので，ネガティブ自己との差が自ずと小さくなるというように，みかけ上の安定性を示している可能性があった。そのためBrownfainは，全参加者の私的自己の得点を25項目それぞれについて平均し，これらと各項目の安定性の相関をみている。この相関はr＝.19であり有意ではなかった。つまり，私的自己の平均値が高い項目ほど，ポジティブ自己とネガティブ自己の差が小さい（安定性が高い）というわけではなかった。したがって，現実の自分を肯定的にとらえている人ほど，自己概念の安定性は高かった。

　さて，適応との関係である。私的自己は25項目の特性項目への反応によって指標化されるが，彼らはその得点の平均値だけでなく，個人内の標準偏差（SD）を算出した。これは各個人の評定が25項目の間でばらついている程度を表す項目間の個人内SDである。この指標は不安定群（1.62）が安定群（1.25）よりも高かった。この結果は，理想自己であるポジティブ自己と最悪の自己であるネガティブ自己との差が大きい人は，真の自己と自分が考えるところの私的自己の評定について，項目間の変動が大きかったことを意味する。この変動は異なる意味をもつ特性語間での評定の相違を表すので，小さいSDは参加者たちが各項目において似た評定をしていたことを意味する。すなわち，どの特性においても肯定的な評定であったか，否定的な評定であったか，あるいはどちらともいえないなど中点付近が多かったか，概ねのこの3パターンに絞られる。否定的な評定の範囲で理想と現実の差が小さければ，適応を表すとは言

のF尺度と彼らの安定性指標には有意な相関が確認されたため，F尺度の高得点15名は分析から除外された。残りの47名の内，得点の上下3分の1に当たる高安定性15名と低安定性15名が選ばれた。

えないと思われるが，この研究において安定群の評定値は不安定群に比べて全体的に高かった。どの特性に対しても肯定的な評定をしたために，項目間のSDが小さかったことがわかる。また，私的自己と社会的自己の差，つまり自分が見る自分と他者が見る自分とのズレは，不安定群が34.95と安定群の18.58よりも高かった。自他の見方に開きがあるほど，集団内での適応はよくないかもしれない。実際，集団からの評価（どの程度好かれているか，どの程度知られているかなど）に関しても不安定群のほうが安定群よりも値が低く，不安定群の人々の社会的な評判は芳しくなかった。

このように，1950年代初頭において自己概念は適応との関連で検討されはじめたが，その後まもなく自己概念の測定をどのようにするべきかという方法的な検討がなされるようになる。

2　自由記述に現れる自己概念

自己概念を測定するために，予め定めた項目を用いるならば，自分をどのようにとらえるかというときに，はじめから枠を決めているようなものである。そこで，反応する際の自由度がより高い方法が開発された。「あなたは誰ですか（Who Are You?）」という問いに対してインタビュアーに三つの答えを提供するというWAY法である。Bugentalは，このような質問に対して提供される回答をカテゴリー化し，改良を重ねた（Bugental & Gunning, 1955; Bugental & Zelen, 1950）。彼らの示したカテゴリーと事例を表1-1に示した。最初の報告では17のカテゴリーがあり，それぞれの用いられる頻度がゼロではないかが調べられ，「不特定」と「両価的」を除いて基準は満たしているとみなされた。カテゴリーの修正も行われ，1955年の研究では12のカテゴリーに集約された。

一方，Kuhn & McPartland（1954）もよく似た自己概念の測定法を開発していた。20答法（Twenty Statement Test あるいは Who Am I Test）である。これは非常に単純なテストで，「私は誰でしょう（Who am I?）」という問いに対する答えを「私は」に続く20の空欄に自由に書くよう求めるテストである。基本的にはWAY法と同じだが，自問自答の形式

表 1-1 WAY 法の自由記述から得られた自己概念のカテゴリーと反応頻度

反応カテゴリー	反応頻度（％）	例
名前	63.3	ジョー
人称代名詞	12.3	わたし，私自身
社会的・科学的	27.3	人，人間，ホモサピエンス
比喩的	3.8	神の創造物
性別	61.9	少女，少年，女性，男性
年齢	8.0	
職業	62.3	学生
家族的地位	10.1	息子，コーキーの妻
社会的地位	6.3	復員軍人，ヒレル・トリデルタの代表
地理的・政治的・時間的位置	40.3	ヒルガード 2356 番地に住んでいる，合衆国市民，1949 年に生きている
国籍・人種・宗教	11.2	日系アメリカ人，コーカソイド，ユダヤ人，長老派（プロテスタント）
外見的特徴	5.2	背が高い，5 フィート 11 インチ
不特定	2.1	夜に出歩く
好ましい	13.3	人生を楽しんでいる
好ましくない	10.5	私は相容れない欲求の塊だ，内気だ
両価的	2.1	問題はあるが対処はできる
その他	3.8	スポーツに興味がある

注）反応頻度は，そのカテゴリーに含められる反応をした参加者の割合を表す。
出典）Bugental & Zelen, 1950 より

である点と求められる回答が 3 個ではなく 20 個であるという点が違っている。この方法を使って自己概念をとらえる作業を正当化する際，彼らは二つの点を強調した。一つは，James（1890）や Mead（1934/1973）が言及したように，自己は他のすべての対象と同じように一つの客体としてとらえられる対象であるということである。そして，もう一つは，自己が個人の行動を体制化し方向づけるということである。当時は社会心理学領域において態度研究が盛んであった。態度とはあらゆる対象について人々が持ちうるもので，個人の行動を体制化し方向づける内的傾向であるとされており，強力な行動の規定因であるとみなされていた（その後，態度と行動の一貫性についての研究が盛んになる）。自己も一つの対象である限り，人々は自己への態度を保持している。したがって，自己こそが個人の行動を体制化し方向づけるというのである。

「自己」が個人の行動を方向づけるという見方は，形を変えながらもその後の研究者たちによって維持されてきた。自己研究の大家 Higgins によると，自己と世界との関係とその関係がもたらす結果について，

人々は要約的・抽象的な知識を保持している。自己ダイジェストと呼ばれるこの知識は，自己制御が促進焦点になるか防御焦点になるかという方向に影響する（Higgins, 1996）。この「制御焦点理論」は現在も自己制御に関する有効な枠組みとして活用されている。

さて，20答法についてだが，それによってどのような自己が明らかになるだろうか。KuhnとMcPartlandは，参加者たちの自由な反応の内容をまず2種類に分けた。一つは，社会的に合意されるような個人の属性に関する情報である。例えば，「私は」に続いて，「学生」，「夫」，「娘」，「長男」，「シカゴ出身」などがくる場合である。彼らはこれを「合意参照事項（consensual reference）」と呼んだ。これらは外的に付与されるラベルのようなものであり，他者も確認可能な属性である。自己の客観属性といったほうがわかりやすい。もう一つは個人の解釈に依存する属性情報である。例えば，「幸せ」，「退屈」，「太りすぎ」，「よい妻」などである。これは「未合意参照事項（subconsensual reference）」と呼ばれた。これらは個人の自分自身に対する評価的な属性であり，他者がそれを同定しようとしても往々にしてズレが生じるような性質のものである。自己の主観属性といったほうがわかりやすいだろう。

彼らの研究で見出された参加者の反応の大きな特徴は，リストアップされる属性の中で客観属性のほうが主観属性よりも先に現れることである。自己概念の中で顕著なもの，つまり自分は誰かという定義にとって目立つものほど，つまり他者からみてもわかるものほど先に書かれる傾向があった。参加者たちがそれぞれ属している宗派も尋ねられており，これと組み合わせてみると，「ローマ・カトリック」や他の少数宗派を答えた人たちは，単に「クリスチャン」と書くような宗派の区別に無関心な人たちよりも，宗教的所属をリストの先のほうに書く傾向があった。20答法に現れる記述には，個人が社会的環境の中にある様々なカテゴリーと自己とを対応させていることがみてとれる。

WAY法も20答法も実施することは比較的容易だが，得られた回答の分類には時間を要する。複数の判定者による回答分類の一致性を確保することが重要であり，またその分類枠組みを構成するカテゴリーの妥当性も常に問題になる。それでも，これらの方法は必要に応じて参加者の規模が大きな研究にも使用されてきた。例えば，岩熊・槇田（1991）は，

小学生（3年生以上）・中学生・高校生4,948名を対象として，自己概念の発達的様相を知るために20答法を用いた。基本的な知見は，やはり年齢が高くなるほど記述がより多くのカテゴリーに分散し，自己概念の記述が多様になるということであった。この研究では，林の数量化とクラスター分析によって，得られた膨大な記述が三つのカテゴリーに大別された。「社会・生物学的基礎」のカテゴリーには，性別や住所，身体的特徴，血縁関係，生活態度などが含まれていた。反応頻度としてはこのカテゴリーがもっとも多く，全体の74％を占めた。「性格」は文字通り自分の性格についての記述であり，全反応の13％を，「欲求と自己評価」は将来の夢や希望，今の自分の状態などで全体の10％を占めていた。小学生は「社会・生物学的基礎」に関する記述が多く，3割ほどの児童はそのような記述しかしなかった。三つのカテゴリーすべてにまたがる記述は小学生でも2割弱にみられたが，中学生，高校生は4割〜5割にのぼった。性格に関する記述は，全体に占める割合がそれほど大きくはなかったが，高校生の男子のうち66.5％，女子のうち78％にみられた。小学生で性格記述をした者の割合は男子で45.3％，女子で54.9％，中学生ではそれぞれ68.0％と72.5％であった。中高生になると，性格記述をすることが多くなることがわかる。

　一方，Kanagawa, Cross, & Markus（2001）は，自己概念の文化比較研究において20答法を用いた。あらかじめ選定された項目を使って自己概念を測定するよりも，参加者自身が自分についてどのように表現するかを自由に書いてもらうほうが自己に関する思考内容を直接的にとらえやすいので，文化比較には適した方法といえる。日米の女子大学生参加者（128名と133名）の記述が，Kuhn & McPartland（1954）のものとは異なった16カテゴリーに分類された。表1-2は，その結果を示している。「興味・関心」や「目標・願望」は，記述された頻度が比較的高いものの，両国の女子学生に大きな差はなかった。日本人学生に多いのは「身体的」や「活動」であり，米国人学生に多いのは「純粋な心理学的属性」や「態度」，「関係性」などであった。また，記述の数そのものは米国人のほうが多いが，該当するカテゴリーの数は日本人のほうが多いという結果も得られた。加えて，記述された自己概念は，その意味がポジティブかネガティブかによって2分された。「身体的」，「条件付き特性」，

表 1-2 20答法のカテゴリーと記述例および反応頻度

カテゴリー	例	日本(%)	米国(%)
身体的	私は背が高い。 私はショートヘアだ。	13.38	4.69*
関係性	私は家族を愛している。 私は家族の中で一番若い。	6.27	10.19*
社会的所属と役割	私は学生だ。 私はテニス部のメンバーだ。	9	9.73
興味・関心	私は料理が好きだ。 私は映画を見るのが好きだ。	16.51	15.22
目標・願望	私は看護師になりたい。 私はオーストラリアに行きたい。	13.21	12.6
活動	私はよくジムで汗を流す。 私はパートタイムの仕事がある。	10.28	6.53*
短期的活動	私は今日、Tシャツを買った。 私は昨日、祖父の家へ行った。	3.76	0.7*
条件付き特性	私は時々朝に機嫌が悪い。 私は人前で緊張しやすい。	1.4	4.62*
純粋な心理学的属性	私は社交的だ。 私は自己中心的だ。	7.18	17.59*
態度	私は人種差別主義者ではない。 私は自衛隊のカンボジア派遣に反対だ。	2.03	10.38*
能力	私は数学が得意だ。 私は何の楽器も弾けない。	2.47	3.36
個体としての自己参照	私の名前はミシェルだ。 私は一人の人間だ。	3.85	1.47*
現在の状況	私はいま空腹だ。 私はいま心理学のクラスにいる。	6.73	1.55*
他者の判断	私はスポーツが得意だと思われている。 私は人に機転が利くと言われる。	0.61	0.41
所有	私はお金がない。 私は自動車運転免許をもっている。	1.6	0.82*
その他	私は4月生まれだ。 私の電話番号はxxxxだ。	1.72	0.16*

*) 両国間の差が5%水準で有意であったことを示す。
出典) Kanagawa et al., 2001 より作成

「純粋な心理学的属性」,「能力」については,ネガティブな記述は日本人が多く,ポジティブな記述は米国人が多かった。この研究の対象は女子学生に限られていたが,男性も対象に含めた類似研究も行われている(Cousins, 1989)。自分が何者であるかを自由に記述するときに,日米の人々の平均的な回答には差異があるようだ。

さらに,この研究の特徴は,20答法に回答する状況を操作した点にもある。参加者たちは「一人」,「指導教員の前」,「他の学生の前」,「集団(20〜50人)」のいずれかの状況で回答した。日米とも回答状況による違いはみられたが,日本人は多くのカテゴリーについて状況による差異がみられた。またポジティブな記述とネガティブな記述の比率は,米国人では一様にポジティブ記述が3倍ほど多く,回答状況によるその比率の違いはなかった。しかし,日本人は一人の状況ではポジティブ記述とネガティブ記述とがほとんど同程度で,他の状況ではネガティブ記述のほうが多かった。

20答法のような自由な記述を求める方法では,自己に関する様々な属性カテゴリーが得られる。その文化比較も興味深いが,ここでは議論を先に進める。自己概念が行動のガイドになると考えてきた社会心理学者が主に焦点を当ててきたのは,やはりその行動と結びつきの強い人格特性であった。

3　行動傾向の要約としての特性表象
——オールポートから特性5因子へ

自己概念の測定で頻繁に用いられる項目は,心理学者たちが人格特性あるいは単に特性と呼ぶ概念を表している。小学生から高校生までを対象とした20答法においては,特性関連の記述は全体の13%ほどで,中高生になると6,7割の者は何らかの特性的な記述をする(岩熊・槇田,1991)。性格のとらえ方にもいくつかの理論的な立場があるが,特性は「高い」,「低い」といったように性格的特徴の強さを表せる構成概念であり,行動と直接的に結びつき,個人の行動傾向を量的に表現する際に用いられる。

その特性研究の端緒となったのは，G. W. Allport（1937/1982）の研究である。しかしそれは自己概念ではなくパーソナリティの研究であった。それは特性論と呼ばれるパーソナリティに関する理論体系の一つの始まりでもあった。自己概念としての特性表象は，パーソナリティ特性論と関わりが深い。しかし，その関わりの深さゆえに，測定される変数が自己概念であるのか実体としてのパーソナリティ特性なのかという概念的な問題を内包することになる。

　Allportは，パーソナリティ特性は言語によってすでに記述されていると考えた。特性は行動に反映され，行動の性質は観察者によって言語化される。日本語でも「やさしい」，「大胆な」，「怒りっぽい」などのような単語が数多く存在し，いずれも行動や反応の様子を端的に表現している。彼は，40万語を収録したウェブスター英語辞典を言語の資料として，17,953語の特性関連語を抽出した（Allport & Odbert, 1936）。これらはあまりに多いので，四つのカテゴリーに大別された。第一は，「現実の」性格特性を象徴するもので，個人が環境に対応するための一貫した安定的なモードを表す語である。例えば「攻撃的 aggressive」，「内向的 introverted」，「社交的 sociable」である。人々が通常性格だと考えているものを言語的に示した単語のグループだといえよう。カテゴリー名称は「個人特性」である。今日まで言語の中で「特性」を表すものとされているのは，主にこのカテゴリーの単語群である。

　第二のカテゴリーは，いま現れている反応や一時的な精神状態や気分を表す単語群で，「まごついた abashed」，「早口 gibbering」，「喜ぶ rejoicing」，「半狂乱の frantic」などである。これらは特性そのものというよりも特性を反映した反応や状態を表すものだといえよう。カテゴリーの名称は「一時的状態」である。

　第三のカテゴリーは，人の特徴の評価を表す語である。「くだらない insignificant」，「そこそこの acceptable」，「立派な worthy」などである。他者からみたその人物の評価を意味する語であり，性格そのものを表しているのではなく，社会的な存在としての評価や評判を表している。Allportらはこのカテゴリーに入る語群を含めた理由について，これらの語による社会的な印象や判断は，社会生活の中で影響をもつとともに，社会心理学，社会学や倫理学にとっても重要な関心事であることをあげ

ている。カテゴリー名称は「社会的評価」である。

　第四は，上述のカテゴリーに含まれない語である。行動を説明するように，過去分詞を使って表される語句として，例えば「甘やかされた pampered」，「いかれた crazed」，「不格好な malformed」など，心理特性と直接間接に関連すると考えられているような身体的特徴として，「ずんぐりむっくり roly-poly」，「赤毛 red-headed」，「ハスキーな hoarse」など，能力や才能を表すものとして「才能ある able」，「天分のある gifted」，「多作な prolific」などが含まれる。カテゴリー名称は「比喩的，不確か」である。

　この Allport の研究は辞書から単語を抜き出して分類しただけともいえるが，特性研究の利便性を高めるのに大きく貢献した。例えば，Anderson（1968）は，このような単語の海から，さらに心理学的な研究において有効と思われるもの555語を抜き出した。まず，17,953語から特性を表すものとして有効と思われる3,500語を選んだ。このうち，「残忍な（ferocious）」や「荘厳な（majestic）」のような極端な意味をもつ語，「仰天する（aghast）」，「傷ついた（hurt）」など一時的状態を表す語，「やつれた（emaciated）」，「毛深い（hairy）」など身体的特徴を表す語，「美しい（beautiful）」，「魅惑的な（alluring）」など性と関連する語，その他「雄弁な honey-tongued」，「肛門 anal」[5]，「甘い fond」など印象形成課題に適さないと思われる語を除外した。この段階で2,200語が残ったが，多くは一般になじみのないものである可能性もあった。そこで，「その単語が自分にとってとても意味があるというものでなければ×を付ける」，「大学生の性格を表すのに適切だと思われる程度に応じて0, 1, 2, 3の数字を付ける」というルールで20名の大学生に評価をさせた。二人以上が×を付けた語は除き，適切さ評定の合計点を参照して低いものを除外した。このようにして555語を残した。これらの語について，100名の学生に意味の好ましさについて自分自身の意見として0点～6点による評定を求めた。図1-1は横軸が各語の好ましさの評定平均値であり，縦軸はそれぞれの平均値のポイントにみられた語の頻度

---

[5] Allport がこのような語を性格を表すものとして抽出したのは，フロイトの汎性欲説の影響であろう。

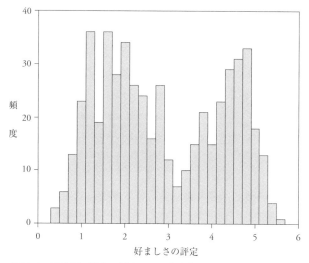

図 1-1 特性語に関する好ましさの評定値による出現頻度の分布 1
注) 横軸は値が大きいほど好ましい評定であることを表す。
出典) Anderson, 1968

である。好ましさの中程度のものが少なく，好ましくない語と好ましい語の二峰がみられる。若干だが好ましくない語が多い。またこれとは別に50名の学生に各語の意味の明確さについて0点から4点による評定を求めた。3分の2は平均で3.5点を超えており，多くの特性語は意味が明確だと判断された。この研究で得られた555語は，後に自己の特性認知や他者の特性に関する印象形成，特性の因子構造の研究などによく用いられた。

日本でも青木孝悦（1971）が Allport らの辞書的研究と Anderson の好ましさ評定にならって類似研究を実施した。こちらは三省堂の明解国語辞典（当時66,000語）を主な資料として国立国語研究所の分類語彙表，類語辞典（東京堂出版），反対語辞典（東京堂出版）をも参照しながら，3,862語を抽出した。その後，Allport のカテゴリーと独自基準を用いた分類方式で6名に分類判断をさせ，4名以上が同じカテゴリーに分類するという基準を満たした単語は2,193語であるとした。このうち Allport の個人特性カテゴリーに該当する455語について好ましさ評定を行っている。1点から9点で値の小さいほうが好ましい方向に尺度化された。論文に報告されたのは40歳代の社会人男性100名，男子大学生100

3 行動傾向の要約としての特性表象

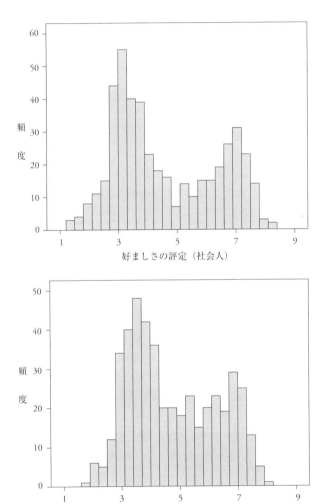

図1-2 特性語に関する好ましさの評定値による出現頻度の分布2
注）横軸は，値が大きいほど好ましい評定であることを表す。図1-1と数値方向を揃えるために青木（1971）が報告した好ましさの数値を逆転させてある。
出典）青木，1971より作成

名のデータである。原論文には回答者の評定について中央値が算出されていたので、これに基づき図1-2に好ましさと単語の頻度の関係を表した。Andersonのデータと同様に、社会人も学生も二峰性の分布であり、好ましくない語のほうが少し多い。

このような分布になるのは、大量にある特性語の中から意味が明確で複数の人の間で合意性があるものを選んだためということもあるかもしれないが、もうひとつには言語の中の性格を表す単語がそもそも好ましさの点で二峰性の分布をもつためかもしれない。単峰だとすれば、意味的に良くも悪くもないという語がもっとも多く存在することになるが、それでは人の特徴を表す語として有用ではない。特性を表す単語は、ポジティブな意味のものとネガティブな意味のものとが、人の生活の中でそれぞれ別々に作られ使用されてきたのであろう。実際、性格について書けと言われれば長所と短所を記述することが多く、社会的には性格をこの二側面から判断することが通例である。また、好ましい語彙よりも好ましくない語彙のほうが多いことからは、人々が性格のネガティブ面をより多様に言い表そうとしてきたということも示唆される。

このように、Allportの辞書的研究は、その方法のシンプルさゆえに作業の意味がわかりやすく、それを受け継いだ研究も数多くの単語から有効なものを選ぶことに専念できた。結果的に、特性は大別すればポジティブかネガティブかであった。しかし、この区別は意味的に抽象度が高く、具体的な行動との結びつきが曖昧である。またAllportの4分類も、単語の修辞上での区分であるともいえる。その後研究者の関心は、人の特性が意味的なカテゴリーとしては何種類あるのかに向いていった。

現在ではポジティブかネガティブという単純な区別の他に、五つの主要特性があるとする考え方に基づいた特性の区別がある。その五つとは、外向性、協調性、誠実性、神経質性、開放性であり、これらの5因子それぞれにポジティブな語もネガティブな語も含まれる。5因子モデルに基づく性格検査（下仲・中里・権藤・高山, 1998）では、例えば「私は誰にでも好意をもてる」といった文からなる測定項目が用いられる。しかし、特性とは行動傾向の記述概念である。したがって、より端的な形式で、例えば外向性は「話し好き」、「積極的」、「明るい」のようなより具体的な行動傾向を表現する単語の集合的表象とみなすことができる。こ

表1-3 特性5因子に含まれる特性語の例

外向性	協調性	誠実性	神経質性	開放性
話し好き	温和な	いい加減な	悩みがち	独創的な
無口な	親切な	ルーズな	不安になりやすい	多才の
陽気な	良心的な	怠惰な	心配性	進歩的
外向的	とげがある	勤勉な	気苦労の多い	洞察力のある
暗い	協力的な	計画性のある	弱気になる	想像力に富んだ

出典) 和田，1996より抜粋

のような単語は特性語と呼ばれている。

各特性はどのような特性語の集合で表されるだろうか。特性語どうしは，意味的な結びつきで考えることが可能なので，主観的な分類もできるが，心理学者たちは因子分析という手法を用いて，特性語の意味的構造を把握しようとした。その結果が5因子なのである。日本語では例えば和田（1996）による研究がある。各因子にどのような特性語が含まれるかは表1-3に示した。

4　認知的コンストラクト[6]としての特性概念

このようにして人の行動傾向の個人差を表す概念として特性が用いられるようになった。確かに特性は，通常我々が性格と呼んでいるものをよく表している。「おっちょこちょい」や「やさしい」といった語句は日常的に人の性格を指して使われている。多くの人は，特性は性格をよく表しているという主張に何の違和感もないであろう。パーソナリティとは何かというときに，特性は非常になじみやすい概念であり，人々の行動との対応も明確であるように思える。

しかし，そのことに納得していない研究者がいた。Walter Mischel（1968/1992）である。パーソナリティの状況主義的アプローチで知られる人物である[7]。彼は，特性概念を行動の説明のために用いる場合に大

---

6) 心理学領域では，コンストラクト construct は構成概念と訳される。しかし，Mischel（1968）の邦訳書（詫摩，1992）では，個人内にある他者認知に用いられる構造的枠組みを指すときには，コンストラクトと片仮名で表記していたので，ここでもそれに倣った。

7) 子どもの報酬遅延への耐性を調べる通称「マシュマロ実験」でも知られている。実

きな問題があると考えた。それは，行動に対する特性の影響力への疑問である。もし特性が安定的なもので人の行動に強く影響するならば，大抵の状況でその特性を反映した行動が現れるはずである。しかし，人の行動は状況に依存してかなり変化する。「やさしい」人はどんな場合も「やさしい」わけではなく，状況によっては怒りを表すこともある。実際，社会心理学者たちは多くの実験によって人々の行動が状況に強く規定されることを示してきた[8]。

では彼の主張は，特性の代わりに状況を行動の説明に用いるべきかといえばそうではない。同じ状況であっても，人によって行動が異なることは明白である。例えばパーティ場面は人々に社交的行動を促すが，誰もが社交的になるわけではない。そこで当初，この立場では，状況と個人の組み合わせによって行動が規定されるのは，特定の状況の中の特定の個人に，報酬による強化やモデリングが生じるからだと考えていた。つまり，Mischel の立場は，条件づけの原理によって行動の個人差を説明する行動主義や，代理強化による学習成立に言及した社会的学習理論に近かった。個人の攻撃行動を説明する際に，「攻撃的」という特性で説明するのではなく，個人が攻撃行動を示す状況に注目し，その状況では攻撃行動がその個人にとって報酬（相手が言うことを聞くなど）と結びつくため，あるいはそうした攻撃の有効性を観察学習するためだと考えたのである。

この考え方は特別なものではなく，心理学のモデルとしてはありふれたものである。むしろ，パーソナリティの状況主義は，その理論的価値よりも，特性論に対する批判を展開したところにインパクトがあった。その批判は主に特性を行動の説明に用いることに向けられていた。具体的には，特性概念と行動との循環論的な関係，言語に頼った特性の抽出，特性や他のパーソナリティによる行動説明力の低さをあげ，そのような

験参加者の子は目の前にマシュマロが一つのった皿を出される。そして実験者役の大人が，用事で部屋を出るが，部屋に戻るまでマシュマロを待てたらもう一つあげようといわれる。この実験でマシュマロを食べてしまう子よりも待つことのできた子のほうが平均的には将来の成績や収入が高くなる（Shoda et al., 1990）。しかし，社会・経済的要因を統制した再現研究では，この効果の実質的な大きさに疑問も出ている（Watts et al., 2018）。

8) スタンフォード監獄実験（Haney, Banks, & Zimbardo, 1973），服従実験（Milgram, 1974），社会的促進（Zajonc, 1965）など。

構成概念を用いずに行動説明を試みるべきではないかというのである。

　これらの批判を少し詳しくみておこう。Mischel によれば，特性を行動の原因としてみることは誤りにつながる。人は一般に，対象の特徴を把握するためにその様相を言語化する傾向があり，人の行動に関してはそれが特性語となる。Allport が選び出した特性語がまさにそうである。特性の辞書的研究とは，人が人の行動観察から作り出した概念を抜き出してまとめたものにすぎないのである。人が自分の理解の仕方に合わせて作った概念であるにも関わらず，あたかもそれらの特性語に対応する内的状態や人間の基本的性質が存在するかのように理解され，日常的にそれが行動の説明に用いられている。心理学者も，そのことを自覚せずに特性概念を説明に用いてしまう。そして，そのような概念である限り，行動の説明要因としての特性は循環論的にならざるをえないのである。Mischel 曰く，

　　　だが，パーソナリティ特性に与えられる名前を説明的実体として援用することは，行動についての解釈を行動の原因と混同することになる。パーソナリティ特性は，最初は単に行動の記述を修飾する副詞として用いられていた（例えば，「彼は不安げに行動する」）が，すぐに人そのものを記述するように一般化され（「彼は不安げな人だ」），そして，「彼には不安がある」というように抽象化される。……行動をもとにして人に当てはめられた心理的状態（「彼には不安の特性または状態がある」）が，そうした推測の基礎になった行動そのものの原因として扱われた場合，それでは何も説明したことにならない。われわれはすぐに，「彼が不安げに行動したのは，不安の特性があるからだ」という循環論に陥ってしまう。(Mischel, 1968/1992, p. 44)

　特性を説明概念として用いることへの疑問とは別に，特性を内的な実体とすることへの疑問も提起された。上述の循環論は，行動の原因を導く過程で観察結果からの推測に頼ったことに付随して生じる問題であり，仮にその推測が正確で，ある特性が実体として存在するならば，それを導いた過程の妥当性はともかく，特性を行動の説明因としてもよさそう

表1-4 未知人物と既知人物の特性評定における因子構造

特性	Ia	Ib	IIa	IIb	IIIa	IIIb	IVa	IVb	Va	Vb
おしゃべり－無口	.80	.90								
率直－秘密主義	.67	.78								
大胆－用心深い	.67	.79								
社交的－引っ込み思案	.85	.86								
人柄のよい－気が短い			.67	.80						
嫉妬深くない－嫉妬深い			.65	.64						
やさしい－頑固			.70	.80						
協力的－批判的			.67	.74						
きれい好き－無頓着					.72	.66				
責任感がある－信頼できない					.61	.86				
きちょうめん－きちょうめんでない					.55	.68				
辛抱強い－あきらめやすい					.63	.74				
落ち着いた－神経質な							.50	.61		
穏やかな－不安げな							.77	.82		
冷静な－興奮しやすい							.61	.71		
憂鬱でない－憂鬱な							.58	.65		
芸術的な－芸術的でない									.71	.75
知的な－無分別な									.69	.74
上品な－粗雑な									.20	.46
想像力ある－単純な									.72	.68
分散説明率(%)	26	23	25	22	17	22	17	18	15	15

注）最下段の「分散説明率」とは、その因子で全体データの分散の何%が説明されるのかを表す。この表では、Ia、IIa、IIIa、IVa、Vaは初めて会った人をターゲットにした特性評定データ、Ib、IIb、IIIb、IVb、Vbは、知り合いをターゲットにした特性評定データに基づく結果である。
出典）Passini & Norman, 1966 より作成

にみえる。しかし，Mischel は，特性が真に内的な実体として存在するのかという点にも疑問をもっていた。特性は実在するパーソナリティの反映なのではなく，我々が人物を認識するために用いる認知構造（枠組み）の反映であると考えたのである。言語はあくまでも人が観察した事柄を表すように作られてきたものであり，言語的に表されているからといってその概念が直ちに実体として存在するとはいえないという主張である。

　Mischel は，その証拠をいくつかあげている。表1-4 を見てほしい。これは見知らぬ人に対する特性評定から抽出した因子構造と，よく知っている人物に対する特性評定から抽出した因子構造が同じであることを示した研究である（Passini & Norman, 1966）。もし特性評定が，対象人物の内的実体を反映しているならば，見知らぬ人を対象とした評定はデタラメにならざるをえない。見知らぬ人の内面は知りようがないからで

ある。しかし，この表に示されているように，整然とした因子構造が抽出されている。これこそは特性評定が，対象人物の実際的な情報に基づいているのではなく，評定者の認知構造に基づいている証拠だというのである。

また，子どもが他の子どもを認知する際に用いる情報は，認知される側の情報よりも認知する側の情報のほうが大きいということを示した研究（Dornbusch, Hastorf, Richardson, Muzzy, & Vreeland, 1965）も Mischel の主張に力を貸した。この研究はキャンプに参加した子どもたちが，他の子どもたちがどんな人物かを68の記述カテゴリー（特性の他にも年齢や人種も含まれていた）を使って描写するというものだ。同じ一人の子どもを二人の子どもが記述したときには，平均的な情報の重複度は45％であったのに対し，一人の子どもが二人の異なる子どもを記述した場合の平均的な重複度は57％であった。こうした記述が認知される側に依存するならば，同じ人物に関する記述の重複度はもっと高くなるはずである。しかしそれよりも一人が行う別々の人物の記述のほうの重複度が高かったのである。この結果そのものは特性の実在性を完全に否定するものではないが，他者の特性に関する人々の判断は，認知される側の対象の特徴よりも認知する側の情報に依存するという見方は妥当に思える。

> ある人が何をしたかは，信頼できる方法で正確に記述できる。……たとえば，人が食後に置いていくチップの額や，慈善の誘いに対する金銭的反応，他人の悩みを聴くのに費やした時間の総量といったものを正確に測定することができる。一方，……人の特性や属性についての評定が提供するのは，むしろ評定者のコンストラクトについてのデータである。（Mischel, 1968/1992, pp. 71-72）

対人認知は認知される側の特性を正確に掌握する過程ではなく，認知する側のコンストラクトすなわち人物情報処理のための概念的枠組みが用いられる過程であるとする見方は広く受け入れられ，この対人認知コンストラクトの研究は，暗黙の人格観（Wegner & Vallacher, 1997/1988）として検討が進んだ。私たちの頭の中には他者の人格をどのようにみるのか，その評価の観点ともいえる概念がいつの間にか構成され使用され

表 1-5 対人認知の基本三次元

個人的親しみやすさ	社会的望ましさ	活動性
つめたい-あたたかい	たよりない-しっかりした	おとなしい-活発な
人のよい-人のわるい	安定した-不安定な	静かな-にぎやかな
感じのよい-感じのわるい	知的な-知的でない	内向的な-外向的な
親切な-いじわるな	慎重な-軽率な	うきうきした-沈んだ

出典） 林，1978より抜粋

ている。研究が進められた結果，日本では表1-5のような対人認知の特性三次元が知られるようになった。

　さて，今では人の基本的なパーソナリティ次元として，特性5因子（p.18）が知られている。このモデルには文化的普遍性があるとする研究も報告され（McCrae, Terracciano, & Members of Personality Profiles of Cultures Project, 2005; Yamagata et al., 2006），Mischelと同じ勢いでこのパーソナリティ・モデルに疑問を呈する人は少ない。しかし，自己認知や対人認知の研究においては，特性5因子も認知コンストラクトとして用いられる。本書でもこの観点から特性5因子を扱っている。

5　内的属性としての特性と特性に関する自己概念

　結局のところ，性格の記述概念としての特性と，自己概念としての特性はまったく同じ形式で扱うことができる。その区別が可能であるのかを試みた研究もある。特性5因子モデルの普及に貢献したMcCrae & Costaは，かつて特性と自己概念の類似性についても検討していた（McCrae & Costa, 1982）。この研究では特性に関するNEOモデル（5因子のうち神経質性，外向性，開放性を指す）が用いられた[9]。パーソナリティ特性項目に関する自己評定を自己概念の指標とし，同じ項目について配偶者が行った評定を特性の指標とした。配偶者は対象人物のもっとも近くでもっともよく行動を観察している人物であり，対象人物について多くの情報をもつからである。もちろん本人評定と配偶者評定は独立に行われた。これらのデータは米国メリーランド州ボルチモアのコミュニ

---

[9]　この二人の特性研究はのちにNEOモデルから5因子モデルへと拡張された。

ティ住民を対象に行われた加齢に関する縦断研究から得ており，年齢も21歳から89歳と幅広かった。男性139名と女性142名について，若年，中年，老年と年齢を3段階に分け，本人と配偶者の評定の相関係数を三つの特性について算出したところ，男性では.43〜.85（平均.60），女性では.37〜.60（平均.49）と概ね中程度以上の係数が得られた。これらの値は独立した二人の評定値の一致度としてみたときには決して高い相関とはいえないが，中程度であるのが彼らの示そうとしたことに適っていたのである。自分自身の行動観察あるいは主観的な自分自身の行動評価である自己概念は，外的に観察される行動に基づいて評定された特性をある程度反映しているが，同じものであるというには係数が低いからである。自己概念（本人の自己評定）と性格特性（配偶者による評定）は別のものを測定していると考えてよいだろうというわけである。もっとも，先にみたように観察者による他者の特性認知は，特性の基準指標として到底完璧なものではなく，観察者の認知コンストラクトを表すだけだともいえる。この研究に関して言えば，特性の自己認知と他者認知とがある程度一致したにすぎない。

　特性の自己評定と他者評定が思わぬ一致を示すという知見も報告されている。Watson（1989）は，250名の大学生参加者をグループに分け，見知らぬ人による性格認知の研究だとして自分の性格と互いの性格を評定させた。したがってグループはこれまでに会ったことのない人たちで構成された（知り合いがいた場合にはその人物については印象評定をしなかった）。円環状に着席し，順番に氏名だけを言ってから直ぐに性格評定を行った。評定では特性5因子を表す20個の両極5段階尺度が用いられた（例えば，「話し好き」—「寡黙な」）。自己評定と平均値としての他者評定との相関は，外向性が.41ともっとも高く，誠実性は大きな値ではないが.16と有意であった。他の三つの特性では有意な相関は得られなかった。これが思わぬ一致だというのは，対面して氏名を言うだけという状況での評定においてすら，自己評定と他者評定に有意な相関が得られたところにある。この研究では性格として自己評定が行われたが，少なくとも外向性に関しては，他者は一瞥しただけで相手の性格について本人の自己認知と似た結果を出すことができる。

　このような研究努力が重ねられてはきたが，性格を評価するのは実は

極めて難しい。自分自身の評価が主観に満ちており歪んでいるというのは誰もが納得するだろう。他者評価はどうであろうか。これは一見すると妥当な性格評価の基準になるようだが，ステレオタイプ的な見方（人種や職業や性に付与される）があり，やはりバイアスから逃れることはできない。自分自身でも他者評価でも正確には把握できないとなると，いったいどうすればよいのだろうか。

　McAbee & Connelly（2016）は，この問題にとっては「ジョハリの窓」（Luft & Ingham, 1955）が有効だとした。図1-3（A）に示すように，この窓は四つのパートから成る。自分も他者も知っている部分，自分しか知らない部分，他者しか知らない部分，自分も他者も知らない部分である。ある人が自分自身を表すものとして選んだ特徴と他者がその人を表すものとして選んだ特徴を組み合わせて，この四つのパートに分けるというのがよく知られている使い方である。自他がともに選べば，その特徴はアリーナに入る。自分だけが選んだ特徴は，ファサードに，他者だけが選んだ特徴は盲点に，どちらにも選ばれなかった特徴は未知に入る。

　McAbee & Connelly（2016）は，概念的にはこれとまったく同じ考えを特性の評定データに適用した。ある人物に関する自己評定と他者評定のデータを，図1-3（B）のようなモデルで表すと，その人物の特性に関する評定情報が，どの潜在変数でどの程度の割合を占められているのかが分析できる。図中の小さな正方形は観測変数であり，実際に得られる評定データを表している。このうち s1〜s4 が自己評定，a1〜a4，b1〜b4，c1〜c4 が他者評定である。これらの観測変数にはいくつかの円から矢印が向かっている。円は潜在変数とよばれる仮説構成概念であり，モデル内では矢印が向かっている先の観測変数に影響があると仮定される。特性は自己にも他者にも知られる部分なので，すべての観測変数（評定）に影響を及ぼす。また，アイデンティティは自分のみが知っている部分なので自己評定に影響する。つまり，自己評定の四つの観測変数には，特性とアイデンティティの効果が及ぶと仮定されている。なお図には描かれていないが，各観測変数には測定誤差が必ずある。それはジョハリの窓の場合には未知の部分に入る。

　他者評定については三人の観察者が仮定されている。これは一人でも

5 内的属性としての特性と特性に関する自己概念　　27

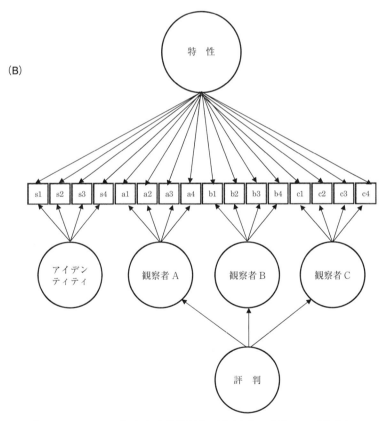

図1-3　ジョハリの窓（A）と特性評定に反映される成分のパス図（B）
注）パネル（A）の括弧内の語句はジョハリの窓としての用語
出典）McAbee & Connelly, 2016 より

二人でも，三人より多くてもよい。図では各観察者が潜在変数で表されており，観測変数（評定）に影響している。これらの潜在変数は観察者そのものというよりも対象人物に対する観察者の見方を表すと考えるとよいだろう。さらにこの三人の見方は評判（Reputation）から影響を受けている。評判は対象人物を囲む複数の他者に共有されている見方である。したがって，対象人物の社会的な評判が個々の観察者の見方を規定し，それがさらに観測変数に影響するという流れが仮定されている。

このモデルでは自他で共通に認められる部分が，その人の特性を表す成分だとされている。自他ともに同じ特性概念で記述されているとはいえ，それがその人に内在する特性を表す証拠にはならないのだが，自他ともに認めるところは少なくともその人の特性に関する社会的現実であるということはできる。先述した McCrae & Costa（1982）が検討したのもこの点であったといえよう。もちろん，それが内的実体を反映したものかどうかはまた別の科学的議論になるのだが，その社会的現実こそが人々の生活にとっては意味があるという見方もとれる。一方，自分にしかわからない部分はアイデンティティとして，他者にしかわからない部分は評判として概念化されている。この見方はパーソナリティ研究において特性評定という手法を用いて得られるデータの意味について，できる限り概念的な飛躍をせずに妥当な仕方での解釈をうながす分析枠組みの一つであるといえるだろう。

結局，Mischel の言うように，特性語に関する自己評定を直接パーソナリティを表すものだというのはためらわれる。しかし，それは人々が自分の性格的特徴をどのようにとらえているのかについて，歪みや偏りも含まれはするが，その人自身の見方を反映していることは疑いない。自分のパーソナリティをどのようにとらえるのかは，他者だけが知りうる部分や自他がともに認める部分とは違った側面として切り分けることができる。しかし，一般に自己概念という場合は，ジョハリの窓でいえば，自分だけが知りうる部分と自己と他者とがともに知ることのできる部分の双方を含むといってよいだろう。

特に自己概念を維持する上では，他者は重要な役割を演じる。Slotter & Gardner（2014）は，医学課程に進んで医師になろうとしている学生を対象とした研究でこのことを示した。参加者は医師としての適

性を調べるためのペーパーテストと患者に対する適切な質問の仕方を問う模擬診断のテストを受けるが，好ましくない結果を受け取る。これは医師になろうとしている参加者の自己概念へ脅威を与える操作である。参加者は事前に同性の友人を一人連れてくるように告げられていた。そして，実験者はこのとき，その友人に医師適性に疑いのある結果を受け取った人にどのようなことを言えばよいのか，次のような「助言」を与えていた。「証拠づけ条件」では，参加者の適性テストの結果がよくなかったときには，友人として彼または彼女がよい医師になれると思える証拠を示しながら声をかけてサポートしてほしいと依頼された。特に，授業でのよい成績や病気になったときに役立ったアドバイスなどを伝え，過度に感情的にならずに，できるだけ事実に基づいた話をしてあげてほしいと強調された。「情緒的あたたかさ条件」では，適性テストの結果がよくなかったときには，参加者に気遣いを示し，よき友人であることや愛すべき人物であり人として価値があるというような声掛けをしてサポートしてほしいと依頼された。「はぐらかし条件」では，適性テストの結果がよくなかったときには，その失敗から気をそらすようにして，次の週末の予定について話すなど適性テストの話題を避けるようにしてほしいと依頼された。参加者がテスト結果のフィードバックを受け取った後，友人たちは実験者の期待通りに，適切に条件に即した話を参加者にしたことが操作チェックによって確認された。その結果，参加者自身の「医師になろうとしている自分」についての確信度は，証拠づけ条件でもっとも高く，情緒的あたたかさ条件とはぐらかし条件の差はみられなかった。また，医師になるといった具体的な側面における自己概念の確信の高さは，全般的な自己概念の明確さを示す個人差指標（自己概念明瞭性）をも高めた。これは医師になろうとする学生の自己概念が危機にさらされた時，友人がその自己概念を支持する事実的証拠を示すことにより，その特定の自己概念が支えられるだけでなく，全般的な自己概念の明瞭さも支えられることになったことを意味する。他者が自己概念を支える実際的な行動的証拠をもっていることは，自己概念の安定にとっての一つの要因であることがわかる。

第 2 章

自己呈示と自己概念の分化

人々はどのような関係や状況であれ，そこにいる他者に特定の印象を与えている。私たちは他者から見られていることを知っているので，その目に映る姿が適切なものとなるよう印象のコントロールを試みる。ところが何が適切な印象であるのかは，個人の動機，他者の期待，状況の性質などにより異なるため，人々の行動は変化する。他者の目に映る印象を意識した行動調整は「自己呈示」と呼ばれてきた。行動特性に関する自己概念は，自己と他者の相互作用の履歴が記憶として蓄積されて形成されると考えると，自己呈示は分化した自己概念の構造形成にとって欠くことのできない社会的行動である。そこで本章では自己呈示について少し詳しく吟味してみたい。

1 日常生活における自己呈示と聴衆の分離

自己呈示とは，自己をある属性をもった人物として他者に示し，その他者が形成する自己の印象を調節しようとする試みである。「印象操作」という用語も自己呈示と同じ意味で用いられるが，この用語は自己自身に直接関わりのない出来事や対象に関する情報の調節も含めることが多く，より広い概念を指して用いるのが一般的である (Leary, 1993; Schlenker & Weigold, 1992)。具体的な自己呈示の定義としては「人が他者に呈示する姿を通して同一性を確立する過程」(Arkin, 1988)，「他者が作る自分のイメージをコントロールしようとする過程」(Leary &

Kowalski, 1990),「現実のあるいは想像上の他者に対して同一性を調整する活動」(Schlenker & Weigold, 1992)などが知られている。

では，自己呈示の研究はどのようにして始まり，その概念はどのように発展してきたのであろうか。自己呈示という用語を最初に用いたのは米国の社会学者 Goffman (1959/1974) である。彼は建物や施設の中で繰り広げられる人々の社会生活を考察するための枠組みとして，「劇作的アプローチ dramaturgical approach」を展開した。このアプローチは，施設の中の人々の行為が彼ら自身によって演出されていると仮定して行動を観察・分析するものであった。Goffman がこのアプローチを通して主張したのは，利益を得たりそれを保護したりすることを目的として，人々が他者の目に映る自らの印象の方向づけや統制を日常的に行っているということであった。Goffman はこの印象の方向づけや統制を「自己呈示」と呼んだのである。

人々の行為の演出は舞台 setting（家具，装飾品などの配置，その他の背景になる品々がある）に適合するように行われる。その舞台上で行為する人物は，地位，記章，服装，性，年齢，人種的特徴，身体の大きさ，容貌，姿態，言葉づかい，表情，身振りなどの個人的外面 personal front に彩られている。この舞台と個人的外面とが組み合わされて一つの劇が上演される。個人的外面はさらに外見 appearance と態度 manner に分類される。外見はその人の地位を表し，その人が何に従事しているかを伝えるものである。それは，主に服装やその他の身に付けた事物であり物理的な外面である。一方，態度は言語的あるいは非言語的コミュニケーションの取り方で，我々が日常的に言う「あの人の態度はよくない」といった使い方と同じく，行為者が将来の状況内で行うことを予期する相互作用上の役割を表している。例えば，高慢な態度は相手の服従を期待していることの表明であり，へり下った態度は逆に相手に従うことを表している。

Goffman (1959/1974) はまた，人々が自己呈示を通して他者に抱かせた印象を保護する手段となる「聴衆の分離 audience segregation」に言及した。ある聴衆と別の聴衆には呈示すべき自己が異なる場合がある。ある聴衆に対して示した自己を別の聴衆に対して呈示しても利益が得られないばかりか，かえって損害を招くときには，別の自己が呈示される。

しかし，異なる二つの自己を同時には呈示できない。その結果，ある聴衆の前だけで演じる自己が作られてゆく。このようにして，幾種類かの聴衆に対して，それぞれ自己の違う側面を呈示することになる。

聴衆の分離は，ある聴衆へ伝えてはならない自己の情報を不可避的に発生させる。ある人々に対して秘密にしておかねばならない情報を作ってしまうのである。例えば，家の中で子どもに接する時には威厳ある姿勢だが，職場で上司に接する時にはへりくだり腰の低い振る舞いをする父親もいるであろう。このような父親は，上司に頭を下げているところを子どもに見られてはならない。それまで作り上げてきた父親の威厳が失墜するからである。こうした秘密情報の漏洩は，自己呈示を通して他者に与えてきた印象を根底から覆してしまう恐れがある。Goffman が「破壊的情報 destructive information」と呼んだ所以である。破壊的情報が漏洩して印象が壊れた時，それを回復するのは困難であり，その関係において形成されてきた自己概念も大きく動揺する。

Goffman（1959/1974）が描いた自己呈示は，利己的な動機に支配されていた。もちろん，それは自己呈示の一側面ではあるが，後で述べるようにこの行為の意味はもっと広い。それでも Goffman は社会心理学者にとって極めて興味深い問題を提起し，新しい研究領域の発展のきっかけを作ったのである。

一方，我が国においては，北村（1962）が自己呈示と類似の概念を「仮面的行動」と呼び，4タイプの仮面を挙げた。第一に，人々は社会における役割を演ずるにふさわしい，あるいはそれに必要であると社会から認められている行動様式を仮面としてかぶることがある。これは，特定の職業，身分，地位などを表すためのものである。第二に，何かの目的または理由から社会の特定の人々の目を欺いて自分の本当の姿を隠すために仮面をかぶることがある。これは，知っているのに知らない顔をすることや内心は動揺しているのに平気な顔をすることなどで，手段としての仮面であり，変装であり偽装である。この仮面と近い関係にあるが区別すべき第三の仮面として，社会生活を円滑にし，自他が傷つくことを防ぐために自己を隠蔽することを目的とする仮面がある。第四は，自分をいっそう満足すべき姿に整え，改変するための仮面である。自己に備わっていない性格特徴を身に付けようとする傾向は補償や補足の要

求と言うことができ，人格の形成または再編成の一つの形である。これは理想自己の実現を目指してかぶる仮面であり，積極的自己形成として機能する。このように，仮面的行動は社会が個人に対して要求するものであると同時に，個人の自発的要求によるものでもある。人の所属する社会の超個人的な伝統や風俗・慣習などの文化規準や，その場の雰囲気や周囲の人々の個人的要求または期待が仮面を要求する。その一方で，自己の価値を高めるような一定の体裁の人格でありたいという個人的な願いや，心的内容の欠乏による空虚感からの解放を望む気持ちも仮面を要求する。北村（1962）の挙げた仮面のうち，最初の三つは Goffman（1959/1974）が自己呈示と呼んだものに相当すると考えられる。第四の仮面は Goffman が指摘しなかったものだが，現在では主要な自己呈示行動の一つに数えられている。

　Goffman（1959/1974）や北村（1962）の描いた自己呈示は，利己的な動機や社会的役割への適応あるいは自己形成といった目的に従って，他者に対する自己情報のコントロールが遂行される過程と見ることができる。したがって，自己呈示とは社会的な動機づけを含んだ自己制御システムの一種と言えよう（Karoly, 1993）。それは自己に関する情報を他者が理解しやすいように，あるいは自分に有利なように，編集して伝える「印象の制御」（Schlenker & Weigold, 1992）なのである。

2　自己呈示研究の枠組み

　自己呈示に関して優れた展望論文がいくつか発表されており，蓄積されてきた知見はそれらの論文に網羅されている。とくに次の3編が重要である。Leary & Kowalski（1990）は自己呈示の過程を印象動機と印象成分に分けて論じた。また，Schlenker & Weigold（1992）は自己呈示を広義にとらえ，幅広く関連研究に目を向けた。この二つの展望論文は対人行動としての自己呈示にどのような心理学的過程が含まれているかを解説している。一方，Tetlock & Manstead（1985）は自己呈示研究にまつわる理論的・方法論的問題が何かを論じた。ここではこれらの議論についてみていこう。

(1) 自己呈示の2成分モデル

　Leary & Kowalski (1990) は自己呈示過程を二つの成分に分解した。一つの成分は，人々の自己呈示の原動力となる「印象動機」である。彼らは主要な印象動機を三つ挙げた。第一に社会的・物質的成果の獲得を目標とする動機である。社会的成果とは承認や友情，援助，社会的影響力の上昇などを指す。これらはいずれも対人関係の中で獲得される成果である。物質的成果には，給料の上昇や職務条件の向上など組織関係から得られるものや貧しい人が見知らぬ人から得る施しのような偶然性の高いものも含まれる。人はこれらの成果の獲得に動機づけられて，他者に特定の印象（例えば，「正直な」，「親切な」，「好感がもてる」，あるいは「けなげな」，「可哀そうな」など）を与えることを試みる。

　第二は自尊心の維持・高揚を目標とする動機である。自尊心とは自分自身に対する肯定的な態度（attitude）のことである（Rosenberg, 1965）。自己呈示の研究者に限らず，多くの社会心理学者は，自尊心の維持・高揚を人間の行動の基本的動機として仮定してきた（Greenwald, 1980; Shrauger, 1975; Solomon, Greenberg, & Pyszczynski, 1991; Tesser, 1988）。課題遂行の失敗や他者からの拒否や批判は，「よい存在」としての自己への脅威である。このようなとき，人々は自尊心の維持・高揚が動機づけられ，自己呈示が促される。

　第三は同一性の形成を目標とする動機である。自己呈示とはそもそも特定の印象を与える行為である。同一性を形成するための自己呈示とは，自分自身による自己の認識内容と他者による自己の認識内容とを一致させる試みだともいえる。一般的には社会的に望ましい属性が目標になるが，昔から反社会的な「無頼漢」や「アウトロー」へのあこがれを抱く人は少なくないし，インターネット上では「オタクになりたい」という人もある。いずれにせよ個人的に望む同一性を獲得するために自己呈示が動機づけられる。

　これらの動機づけがあるとき，次の三つの要因によって自己呈示が促される。第一に，印象の目標関連性である。これは，自己呈示を通して達成しようとする目標に対して，ある特定の印象が関連している程度のことである。例えば，ある他者から承認されるために，その他者に特定

の印象を与えることが大きな効果をもつ場合，達成しようとする目標（この場合は他者からの承認）にその印象が強く関連することになる。例えば，従順であることを条件として子を承認する親に対しては，子は親からの承認を得たければ，自分が従順であるとみえるように親に与える印象を操作しなければならない。このようなときには印象動機が高まり，自己呈示が促される。一方，子に無償の愛情を注ぐ親は無条件に子を承認するので，子は承認を目標とした自己呈示を行う必要はない。このとき承認と親に与える印象は関連しない。同様に課題遂行の失敗によって自己が脅威にさらされるとき，特定の印象を示すことが自尊心の維持に貢献するならば，その印象の目標関連性は高くなる。特定のアイデンティティ（例えば，弁護士や男であること）を形成する際に他者に与える印象が役立つ場合も，印象の目標関連性は高い。第二の要因は目標の価値である。例えば，承認を得たり社会的影響力を高めるということに価値を見出すほど，印象動機は高まる。目標の価値づけの様相には個人差があるので，誰もが同じ目標に対して等しい価値を置くわけではない。第三は，望ましいイメージと現実のイメージの差異である。他者が保持する自己の印象が自分の受け入れられるイメージの範囲外にあると思われる時に印象動機が高まる。例えば，自分は「男らしい」と思っている男性が，周囲の人から必ずしもそう思われていないことを知ると，印象動機が高まって「男らしさ」の自己呈示が促される。

　自己呈示過程のもう一つの成分は印象構成である。これは，呈示される自己あるいは他者に与える印象の内容の選択とその呈示の仕方を決定する過程である。Leary & Kowalski は印象構成の規定因について五つの要因を述べた。そのうち二つは自己概念と望ましい（あるいは望ましくない）同一性イメージで，個人の内的要因である。自己概念や理想の自己イメージが社会的行動をガイドするという考え方は，他の研究者にも広く受け入れられている（H. Markus & Ruvolo, 1989; H. Markus & Wurf, 1987; Swann, 1985; Swann, Griffin, Predmore, & Gaines, 1987）。他の三つは対人的要因である。第一に牧師や政治家，教師などといった社会的役割は他者に与える印象の内容を制限する。第二に相手の価値の高さである。人は自分にとって重要な他者が望む，あるいは望むと思われる印象を作ろうとする。例えば，就職したい会社の人事試験担当者が望む印象や愛

する人が望む人物像などが示すべき印象の内容を規定する。第三に，現在他者からどのように見られているか，あるいは，将来他者からどのように見られる可能性があるかが印象の内容を規定する。つまり，他者が現在保持している自己の情報や将来予想される失敗などと矛盾しない印象，あるいはそれらを補う印象（Baumeister & Jones, 1978; Schlenker, 1975）が選択されることになる。

このように Leary & Kowalski は自己呈示の動機づけを高める要因と自己呈示の実行を導く要因を別々に論じた。自己呈示は印象動機が喚起されることによって促されるが，条件によっては同じ動機が喚起されていても自己呈示が抑制されることがある。各要因は必ずしも印象動機と印象構成のどちらか一方に影響するというわけではないが，実証研究を行う場合には両過程の区別を維持して各要因の独立効果を検証するようなデザインと測度を用いるべきであることが強調された。

Leary（1993）はこの2成分に「印象モニタリング」という第三の成分を加えた。これは他者が自分をどう見ているか，どう評価しているかということを監視する過程で，印象動機や印象構成の前段階に位置する。印象モニタリングに影響する一つの要因は自覚状態である。一般に自覚が喚起されると自己に関連する情報への関心が高まるが，自覚が印象モニタリングに影響するのは，自覚の高まりに加えて，自己の印象に注意を促すような社会的刺激が存在するときであるとしている。もう一つの要因は，相互作用の停滞である。例えば，コーヒーをこぼして相手の着物を汚してしまったり，相手のミスを責めた後で見当違いがわかったりすることなどの失態は，その場の対人的な流れを中断させる代表的な出来事である。このような失態の後に，人々は傷ついた自己イメージの回復を目指して弁解を行うが（C. R. Snyder, Higgins, & Stucky, 1983），そこには印象モニタリングが関与している。

(2) 対人過程における印象制御

Schlenker & Weigold（1992）は，人が自己に関わる情報を意識的にあるいは無意識的に調節したりコントロールしたりすることを印象制御と呼び，対人過程の中心を占めるものと考えた。その論点は，印象制御の動機，公的行動の特徴，望ましい同一性の危機における方略の三つで

ある。

　印象制御の動機として最初に挙げられたのは,「自己栄光化 self-glorification」である。これは自尊心維持・高揚の動機（人はポジティブな自己評価を好み追求する）と理想自己や望ましい自己イメージに近づこうとする動機を含んでいる。第二の動機は自己一貫性である。これは,人が既存の自己概念（たとえそれが否定的なものでも）を確認するための環境を構成しようと動機づけられるという Swann（1987）の自己確証理論を主な論拠としている。第三の動機は自己査定である。これは,人が自己に関する正確な診断的情報を獲得するように動機づけられること（Trope, 1986）を指している。動機の問題と関連させて, Schlenker らは自説の「自己同定理論 self-identification theory」（Schlenker, 1986; Schlenker & Weigold, 1989）の二つの基本的要素についても論じた。一つは利得性で, ある自己イメージが行為者の目標達成に役立つ程度のことである。もう一つは信用性で, ある自己イメージが行為者自身や他者がもっている情報に照らして正当化される程度のことである。

　Schlenker & Weigold は, 公的行動を私的行動と比較しながら, その特徴を次のようにまとめた。(a) 公的行動は他者の評価や期待に影響し, 行為者の同一性や対人的成果に影響するので, 私的行動よりも重要である。(b) 公的行動は将来においても一貫した行動をするように行為者を義務づけるので, 私的行動よりも強い関与が生じる。(c) 公的行動は疑問を挿まれた時には証拠を提出しそれが虚偽でないことを示す必要があるので, 私的行動よりも重荷である。(d) 公的行動は私的行動よりも生理的に喚起されやすい。(e) 公的行動は私的行動よりも社会的現実を決定する根拠となりやすい。

　ここで述べられた公的行動とは観察者の目前で展開される行動を指している。一般的に, 観察者とは現実に存在している他者であるが, Schlenker らは観察者が他者であろうと自己であろうと, 基準や規則に照した観察, 評価, 制裁など判断過程自体は似たものであると考えており, 自己や想像上の他者も観察者に含めている。

　第三の論点は, 望ましい同一性の構成を妨害する出来事が生じた時の対処方略である。ある個人の行為が社会的な規則を侵したり他者に被害を与えたりしたときに, その行為者の望ましい同一性は危機に陥る。そ

の危機を脱するために，人々は自己の行為に関する説明を行う。その方略は4種類ある。第一に，出来事自体の存在を否定することである。第二は，釈明で，出来事と行為者のつながりを弱めることである。具体的には，出来事に関する個人的責任を低めたり，出来事の原因を自己の外部に移行する。第三は，正当化で，出来事に対する観察者の解釈や社会的な意味づけを自分に不利にならないように変えさせることを目的とする。侵された規則の重要性を低めたり，被害が小さかったとみなしたり，別の規則を持ち出して行為の正当性を主張したりする。第四は，謝罪で，行為の責任を認めることである。謝罪は行為者に向けられる制裁や攻撃などの否定的反応や同一性へのダメージを最小にする。

(3) 自己呈示研究の理論的・方法論的問題

自己呈示研究が盛んになった理由の一つは，帰属理論，不協和理論，公平理論などによって説明されてきた現象を自己呈示という理論的観点から再解釈できる可能性を提起したことにある。これは従来の理論による説明と自己呈示による説明の対立と見ることもできるが，Tetlock & Manstead (1985) は，この両過程による説明の優劣を決しようとする作業は不毛であると結論し，その後の自己呈示研究に大きな影響を与えた。

その論文では，第一に，自己呈示に関する理論と研究のプログラムは，まだ未熟で発展段階にあることが論じられた。彼らは，自己呈示の基本的命題を「人々は自分の行動に対する社会的意義に敏感で，対人場面において望ましい同一性を作るように動機づけられている」(p. 60) ととらえ，この命題を出発点として明確化し，洗練していくことが研究者の仕事であると述べた。また，具体的な研究課題にも触れ，どんなタイプの印象を他者に示そうとするのか，自己呈示の動機は何か，自己呈示のターゲットは誰か，望ましい同一性を達成するための方略は何か，自己呈示をする人々の能力はどれほどか，自己呈示は意図されているかなどが検討されるべきであるとした。さらに，彼らは自己呈示研究にはっきりとした理論的構造がないことを懸念し，それが自己呈示の観点から結果を解釈しようとする研究者に対して何の制限も与えていないと指摘した。

第二に，自己呈示過程による説明と内的過程による説明の区別を行うための方法的戦略を概観して，それぞれの戦略が必ずしも両過程を区別するために有効でないと論じた。例えば，私的状況と公的状況における行動を比較して公的状況においてだけ生じた行動を自己呈示であると解釈するやり方に対して，実験室の中では被験者はたとえ一人であっても，どこかから観察されているという懸念や誰かが後で自分の行動を分析するという考えを抱いたりするので，完全な私的状況を作るのは事実上極めて困難であると述べた。

　第三に，理論間の対立は必ずしも必要ではなく，別の選択肢がありうると論じた。ある理論が正しく，ある理論は間違いであり，実証研究の役目はどれが正しい理論であるかを検証するものだという論理実証主義ではなく，競合するどの理論も正しいもので，実証研究は相補的なそれぞれの理論が扱える条件を明らかにするために行うという構造主義的立場をとっている。つまり，一方では自己呈示過程が重みをもつ状況があり，他方では内的過程が重みをもつ状況があるという立場である。そして，理論と実証研究が取り組むべき点を三つ挙げた。一つは，行動基準の内容と機能を明らかにすることである。行動基準の内容とは，どのような個人的同一性や社会的同一性が評価の対象になるのかといったことである。基準の機能とは，どのような状況でこの基準が作用するのか，それは観察者の信念や価値にどのくらい敏感なのかといったことである。二点目は，人と状況の相互作用の予測とその検証を行うことである。行動基準のタイプは人それぞれであり，状況によって変化もする。また，ある行動基準を活性化させる状況は，その基準に頼る傾向をもつ人により大きな影響を与えることが考えられる。三点目は，行動を基準に合致させる過程を明らかにすることである。つまり，どのようにしてその基準が選択されるのか，その選択に影響する要因は何かということである。現在の社会心理学には，限定的で単一的な仮説を述べただけのミニ理論が蔓延していると言われる（Shaw & Costanzo, 1982/1984）。彼らが最終的に望んだのは，それらに取ってかわる統合的な理論的枠組みであった。

　これまでの議論から浮ぶ問題は次の通りである。第一に，自己呈示には概念的問題がある。どのような行動を自己呈示と定義するか，自己呈示のターゲットは誰かということが自己呈示研究を行う上で常に問われ

るべきである。第二に，自己呈示の動機あるいは目標が何かを明らかにすることが重要である。人々が何を満たそうとして自己呈示をするのか，自己呈示を生み出す原動力は何かを整理する必要がある。自己呈示は常に何らかの動機づけや目標によって促されると考えるべきである。第三に，自己呈示の規定因として研究されるべき要因は，他の社会的行動の場合と同様に，個人内の要因（自己概念やパーソナリティ要因）と状況的要因である。自己呈示に関しては自己概念と状況的要因の相互作用の分析が特に興味深い課題である。Swann らによる試みはあるものの（Swann, 1987; Swann et al., 1987; Swann, Stein Seroussi, & Giesler, 1992）人々がどのようにして自己概念と，社会的状況に喚起される他の動機との折り合いを付けるかは十分に検討されていない。

上述の三つの問題に対応させて，この後は，自己呈示の概念的問題，動機，規定因について順に論じる。

3 自己呈示の範囲とターゲット

(1) 範　囲

自己呈示と呼べる行動の範囲については，研究者たちの間に立場の相違がある。一つは，自己呈示を限定的にとらえる立場である。A. H. Buss & Briggs（1984）は，自己呈示研究の枠組みの中で，パーソナリティ特性や個人差が無視されていることを憂慮し，それらを組み入れたモデルを提案した。彼らは，ステージ上の行動カテゴリーとして，見せかけ pretense，形式性 formality，シャイネスを挙げ，これらと関連するパーソナリティ特性を論じた。見せかけは，行動例としてたとえば利得を目的とした取り入りなどが挙げられ，自分を演じる意識の高い個人にしばしばみられるものとされた。形式性は，役割や因習に即した行動をとることである。我々は確かに形式を重んじる人とそうでない人の存在を経験的に知っている。シャイネスはステージ上の不安や緊張と関連し，適切に行動できない自己を隠すための反応である。したがって，特定の印象を与えるというよりも悪い印象を与えないための消極的な自己呈示だとみなされる。Buss らは，これらの対極に当たるステージ下の行

動として，自己呈示的動機を含まない純粋な表出行動 expressiveness を仮定した。これは率直な言葉で語り，ありのままの自分でいることを指す。このモデルは，何が自己呈示で何が自己呈示でないかの区別を試み，ステージ上の自己呈示にどのようなパーソナリティが関与しうるかを論じたものである。同様に，Jones & Pittman（1982）は，自己呈示を人々が影響力の増大に動機づけられて実行する戦略的行動であるととらえ，自己呈示ではない社会的行動として，課題に没頭している状況下の行動，純粋な情動表現，十分に身についた習慣的な行動，自己実現や自己開示などを挙げた。そして，自己呈示は社会的行動の重要なカテゴリーの一つではあるが，それはあくまでも下位カテゴリーであることを強調した。これらの研究者は，その背後に特定の動機を仮定することによって自己呈示を限定的に定義する立場にある。

　このような限定的な立場を代表して，Briggs & Cheek（1988）は，無意識的な行動や習慣的な行動をも自己呈示に含めることは，自己呈示をあらゆる社会的行動と同一視するに等しいと論じた。自己呈示の概念の適切な用い方は，ステージ上とステージ下の行動を区別したり（A. H. Buss & Briggs, 1984），特定の社会的行動に限定することであるという。彼らの定義によれば，自己呈示はある時点において望ましいイメージや印象を特定の他者に伝達する試みの中で，慎重に意図的に選択され発せられた言葉と行為である。

　もう一つの立場は，自己呈示の範囲をもっと拡張し，それを日常の社会生活の中のありふれた活動であるとみるものである（Goffman, 1959/1974; Schlenker, 1985）。この立場の研究者たちは次のように考えている。呈示される自己の情報は基本的には真実であるが，行為者の目標と観察者の期待などの環境に適合させて表現されるものである。そして，社会的相互作用において人はいつ自己呈示を行うかと問うことは，社会的相互作用において人はいつ認知を行うかと問うことと等しい。自己呈示の過程は常に作用している（Shelenker & Weigold, 1992）。また，偽りの自己を呈示しようとする場合も真の自己を呈示しようとする場合も，他者に抱かれた印象を維持し続けるためには一定の配慮や努力が必要である。したがって，呈示される自己が真であれ偽であれ自己呈示としての過程は極めて類似している（Goffman, 1959/1974）。

この立場の唱導者であるSchlenker & Weigold（1989）は，限定的立場をとる研究者たちが自己呈示行動に否定的価値を（暗黙に）与えていることに反発した。限定的定義は自己の利益の増大や他者への影響を自己呈示の動機として仮定するので，自己呈示が悪質な虚飾であるかのような印象を与えるというのである。

(2) ターゲット

　自己呈示の一般的な定義は，他者が形成する自己の印象のコントロールであり，そのターゲットは他者であると考えることが多い（Baumeister, 1982; Goffman, 1959/1974; Jones & Pittman, 1982）。しかし，Schlenker & Weigold（1989）は自己呈示の観察者として現実の他者の他に，自己や準拠人物 reference others も含めた。準拠人物とは個人が特別な敬意を払っていたり，その価値感や意見を自分の手本としている人物で，故人や著名人などを含んでいる。観察者としての自己は，単に外側の視点から自己を見るのではなく，反省や内省を行い内側から自己を制御する役割を担う。Greenwald & Breckler（1985）も他者と自己の両方をターゲットと見ている。彼らは，公的自己の評価の基礎となるのが外界の観察者としての他者であり，私的自己の評価の基礎となるのが内在する観察者としての自己であると考えた。

　しかし，自己に対して自己呈示が行われるか否かはまだ議論の余地がある。この問題は「自己呈示」の概念的な把握の仕方にもある程度依存するであろうし，自己への自己呈示を他者への自己呈示のプロセスと同様に扱えるという実証的証拠はまだ得られていない。また少なくとも，次の自己呈示に関する動機の議論でみるように，経済的利益の獲得を目標とした自己呈示が自分自身をターゲットとして行われることは考えにくい。経済的利益は通常他者から与えられるものであり，自己への自己呈示では何らその利益の管理者に訴えることはできない。しかし，一方で，自分に好ましい印象を示すことが，自尊心の維持・高揚や同一性の形成に寄与することはあるだろう。自己への自己呈示の目標は，他者に向けられる自己呈示とは完全には一致しないが，動機を満たすという点で類似した機能を有するとはいえるだろう。

4 自己呈示の動機

　さて上述の議論からもわかるように，自己呈示の議論の中心の一つはその動機づけである。何が人々の自己呈示を動機づけるのであろうか。研究が始まった当初，自己呈示は，部下が上司に取り入ったり，人が嘘をついて自分をよく見せたりするといった否定的な価値をもつ動機によって促されるものとみられていた。自己呈示にはこのような側面が確かにある。しかし，研究の発展により，自己呈示は，決して醜い欲求だけに従うものではなく，自尊心を高めたいという欲求や自分自身の存在の確認あるいはそれを維持・形成しようとする欲求に促されるものであることが明らかにされている。動機は人々の行為の意味を理解する上で重要である。これまでの研究によると，功利的動機と自己知識が喚起する動機に大別できる。

(1) 自己呈示の功利的動機

　自己呈示は，人々の功利的な関心によって実行される。それは，物質的な利益や他者に対する影響力の発揮，また，優越感や高揚感を得ることなどである。功利的動機の観点では自己呈示は道具的である。つまり他者に与える印象を操作して作られる自己イメージそのものが目的であるわけではない。その自己イメージを確立することによって望みの利得や満足を得ることが目的である。したがって，この動機にとって「自己」は二次的である。それゆえ，あからさまに功利的動機にしたがった自己呈示は，確たる自己に立脚した行為ではなく，風見鶏的で定まらず否定的にとらえられる。例えば上司に取り入る「おべっか使い」といったイメージには皮肉や軽蔑的な意味が込められている。しかし，自己呈示を通して得られる利得は物質的，経済的なものにとどまらない。自尊心の維持・高揚や社会的勢力の拡大・維持は，社会生活を営む人々にとって必須のものであるがゆえ，自己呈示を通してその獲得が追求される。

　自尊心の維持・高揚　　Rosenberg（1965）によれば，自尊心とは自己

に対する肯定的な態度である。自己に対する態度は他の対象（例えば，政治や食物など）に対する態度と同じ次元に沿って評価されうるが，その性質において両者には異なる点がいくつかある。自己への態度に特徴的なのは，それが肯定的になるように動機づけられていること，重要度が高いこと，態度形成の対象が常に存在していること，恥，罪，屈辱，プライド，自己満足など特有の感情と関連することなどである（Rosenberg, 1965）。人々には自尊心を高めそれを維持したいという欲求があると仮定する研究者は多い（Greenwald, 1980; Shrauger, 1975; Solomon, Greenberg, & Pyszczynski, 1991; Tesser, 1988）。

　これまでに自尊心の維持・高揚の動機を満足させるために用いられる様々な認知的・行動的方略が検討されてきた。下方比較 downward comparison（Wills, 1981），自益的帰属 self-serving attribution（Weary & Arkin, 1981），セルフ・ハンディキャッピング self-handicapping（Berglas & Jones, 1978）や栄光浴 basked in reflected glory（Cialdini et al., 1976）などである。この動機は困惑状況や課題に失敗した後に増加する援助行動にも作用していると考えられており（Apsler, 1975; Cialdini & Kenrick, 1976; Harada, 1983），この効果は特に高自尊心の人たちに顕著にみられる（J. D. Brown & Smart, 1991）。自己確証 self-affirmation（Steel, 1988; Steel, Spencer, & Lynch, 1993）と呼ばれる自尊心維持のための認知的方略も報告されている。これは，ある自己イメージが脅かされたときに，自己の別の側面に注意を向けることによって全体的自己の適切さを確認し，それを維持するという方略である。また，社会的判断のバイアスも自己高揚的な形で現れる。公的な失敗の後では自己と他者の属性評価は平等に行われるが，私的な失敗の後では自己に対する評価が他者に対する評価より高まる（Brown & Gallagher, 1992）。

　本章の観点から見て重要なのは，これらの方略のうちあるものは自己呈示とみなせるということである。例えば，Arkin, Appelman, & Burger（1980）は，対人不安の低い人の自益的帰属傾向が，ボーガス・パイプライン[1]のある条件で低下することを見出した。ボーガス・パイ

1）ボーガス・パイプライン（bogus pipeline）とは，偽の実験装置のことである。生理指標を測定するための電極を実験参加者に実際に貼りつけ，虚偽反応が実験者にあらわになると思い込ませるための手続きに用いられる。

プラインは自己呈示の動機を減少させる効果があるので，彼らは，自益的帰属傾向の低下は実験者に対する自己呈示として帰属が表明されている証拠だと考えた。Schlenker, Weigold, & Hallam (1990) は，逆に，被験者の自己呈示の動機を高める操作を行って帰属パターンの変化を検討した。その結果，全体的傾向として自益的帰属が観察されたが，特に，自尊心の高い人たちが実験者からよい印象を作るように告げられ帰属結果を他者がみると思わされたときに，自益的帰属がもっとも強く生じた。この帰属パターンは自己呈示動機が弱い条件下でも生じるものの，その動機が強い条件下でより顕著にみられることは，それが自己呈示であることを示している。

　セルフ・ハンディキャッピング[2]も自己呈示方略の一つとして実行されることがある。Berglas & Jones (1978) が見出したセルフ・ハンディキャッピングは，被験者が易しい課題でよい成績を得たとき（随伴的成功）よりも難しい課題でよい成績を得たとき（非随伴的成功）のほうが，その後，類似の別課題を行う際に，課題遂行を抑制すると説明された薬物を多く服用するというものであった。抑制薬を服用すれば，たとえ次の課題の成績が悪くてもその原因を薬に帰着させることができ，先に遂行した難しい課題での成功が傷つかずに守られるからである。Kolditz & Arkin (1982) は，同様の実験状況を設定し，被験者に薬物を服用させる際に，その服用量を実験者が知ることのできる公的服用条件と知ることのできない私的服用条件を設けた。その結果，公的服用条件では，随伴的成功条件よりも非随伴的成功条件のほうが課題抑制薬の服用量が多く，セルフ・ハンディキャッピングが観察されたが，私的服用条件では成功の仕方による服用量の差は見られず，その量は公的服用の随伴的成功条件と変わらなかった。セルフ・ハンディキャッピングが公的条件でのみ観察されたことは，それが自己呈示であることを強く示唆する。また，課題抑制薬の代わりに，課題の練習量をセルフ・ハンディキャッ

---

　2)　セルフ・ハンディキャッピングとは，自尊心を維持するための方略的行動の一種であると考えられている。課題の遂行レベルが低かったとき，ハンディがあると，能力不足だったからではなく，ハンディがあったからだと解釈できる。つまり，自己防衛という目的のために，これを利用し，自らハンディを負って，原因解釈が曖昧になるような状況を作り出す行為を指す。

ピングの指標とした研究（Tice & Baumeister, 1990）においても，実験者が観察する公的練習条件のほうが観察しない私的練習条件よりも練習量が少なかった。これらの研究は，被験者が実験者の目前でより強く自分にハンディを課したことを示している。

　また，失敗によって他者に投影された否定的な自己イメージの回復を図る方略も見出されている。Cialdini & Richardson（1980）は，被験者に創造性テストを課し，彼らの3分の1にはその結果が「平均的」であったと伝え，他の3分の1には創造性は「低い」と伝え，残りの3分の1には結果を伝えなかった。その後，被験者たちに自分の所属する大学かライバル校の様々な教育設備について評価を求めた。すると，創造性が「低い」というフィードバックを受け取った被験者たちだけが，自分の所属する大学の方をライバル校よりも有意に高く評価した。創造性テストで失敗を経験した被験者は，自己イメージを回復させるために，自分と関連のないライバル校よりも自分の所属する大学の評価を高めたと考えられる。また，Cialdini & De Nicholas（1989）は，被験者に社会性テストを課して成功か失敗を経験させた。その後，名をダグラスという架空の人物のプロフィールを被験者に渡してよく読むように告げ，自分との類似性を尋ねる複数の質問をした。プロフィールは，実は4種類で，ダグラスの社会性が高いと記されたもの，それが低いと記されたもの，ダグラスの知性が高いと記されたもの，それが低いと記されたものがあり，すべてのプロフィールにはダグラスの誕生日が被験者と同じになるように工夫が施されていた。そして，類似性の質問をした時に何割の被験者が誕生日が同じことについて言及するかが調べられた。すると，成功を経験した被験者のうち，社会性の低いダグラスのプロフィールを読んだ者は，他のプロフィールを読んだ者よりも同じ誕生日に言及することが多かった。一方，失敗を経験した被験者は，知性が高いダグラスのプロフィールを読んだ時にもっとも誕生日に言及する割合が高かった。この結果について，Cialdini & De Nicholas は，成功したときに共通の誕生日に言及することによって失敗者と自己を結びつけているのは謙遜で，失敗したときには同じ誕生日への言及で優れた他者と自己を結びつけ，他者の栄光に預ろうとしていると解釈した。これらは自分自身の情報を直接に伝達しているわけではないが，優れた人物と自己が関連する

ことを他者に示そうと試みているという理由で，間接的な自己呈示方略とみなされるようになった（Cialdini, Finch, & De Nicholas, 1990）。

さらに，他者に否定的な側面を知られた後で，それと別の側面について肯定的な自己評価を表明する補償的自己呈示を行ったり（Baumeister & Jones, 1978），他者が後で作業成績を知る場合には予測された成績に合致した自己呈示を行うが，成績を知られない場合には予測された成績に関係なく高い能力の持ち主であることを印象づけようとする自己呈示を行うこと（Schlenker, 1975）も明らかになっている。

このように自尊心維持・高揚動機は幅広く社会的行動に影響している。では，なぜ人々はそれほどまでに自尊心を維持・高揚させようとするのであろうか。この動機は，我々の社会生活において，どのような役割を担っていると考えられるであろうか。この動機とそれに従う種々の方略の主要な役割の一つは，自己が精神的に不健康な状態に陥らないように防衛することであると思われる（C. R. Snyder & Ford, 1987 参照）[3]。実際，自尊心を維持できずに低いレベルに落としてしまうことは，精神的健康の悪化をも意味する。対人的緊張（田中，1992），対人不安（Leary, 1983），抑うつ（Kernis, Grannemann, & Mathis, 1991）や不安定な自己概念（Baumgardner, 1990; J. D. Campbell, 1990）などの不適応状態は低自尊心と強い関連がある。

しかし，低自尊心の人々も，間接的なものではあるが，自尊心を高めるための方略を実行している。彼らは，自分の属する集団への関与度が大きい場合より小さい場合に，その集団を他の集団よりも高く評価するといった間接的な自己高揚を行ったり（J. D. Brown, Collins, & Schmidt, 1988），自己に対してよい評価をした他者を公的に賞賛し自己に悪い評価をした他者を公的に軽んじることによって，自尊心を回復させたりすることがわかっている（Baumgardner, Kaufman, & Levy, 1989）。低自尊心の人々が不適応状態から抜け出す道は残されている。

加えて，高自尊心がすべての面で有利というわけでもない。高自尊心

---

3) 他にソシオメーター仮説（Leary et al., 1995）と恐怖管理理論（Solomon et al., 1991）の議論がよく知られている。ここでは詳述しないが，前者は，自尊心とは，他者との親密な関係への欲求を満たしている程度を指し示す指針であるという。後者は，自尊心とは，人が死すべき運命を意識することからくる恐怖を緩和する心理的防壁として働くという。

の人は自己の肯定幻想 positive illusion（Taylor & Brown, 1988）を抱えているので，達成が困難な高い目標を設定して悪い結果を招くといったように，自己制御に失敗しやすい（Baumeister, Heatherton, & Tice, 1993; Heatherton & Ambady, 1993）。また，現実的な判断は抑うつ的な人たちのほうがそうでない人たちより正確であるという報告もある（Alloy & Abramson, 1979; Dunning & Story, 1991 も参照）。

社会的勢力の拡大　　社会的勢力とは他者に影響を与える力のことである。我々は必要なすべての報酬を他者との相互作用から得なくてはならず，また，その他者は私たちに報酬を与えるためにただ待っているわけではない。したがって，それを得るには，自分を主張したり，自分のして欲しいことや欲しいものを得られるように，うまく他者に影響を与えることが必要になる（Tedeschi & Norman, 1985）。

　このように，自己呈示を他者に影響を与えるための戦略的行為として見る立場がある。この見方をとる研究者たちは，社会的勢力の拡大が自己呈示の主要な動機であると考えている（Jones & Pittman, 1982; Tedeschi & Norman, 1985）。この主張の背景には取り入り行動に関する多数の研究がある。取り入りは「個人的な特性の魅力について特定の他者に影響を与えるように不正に計画された戦略的行動」と定義される（Jones, 1990, p.177）。具体的には，自己に対して他者が感じる魅力を高めるために，意図的に他者を賞賛したり他者に同調したりすることである。取り入りを通して行為者が狙うのは自己に対するよい扱い（昇進，給料の上昇など）の機会を増加させることである。Jones & Pittman（1982）は，取り入りを含めて，他者への影響を意図して実行される五つの自己呈示を挙げた。自己宣伝は自己の能力が優れていることを，示範は自分が誠実で勤勉であることを，哀願は自分が弱々しく助けが必要であることを，威嚇は自分が危険人物であることをそれぞれ印象づけて自己の影響力を高めようとする方略である。また，Baumeister（1982）は自己呈示の動機の一つとして，聴衆への迎合 pleasing the audience を挙げたが，これは観衆の好意を獲得したいという欲求で取り入り行動と関連するものである。この動機に関して，後に Baumeister & Tice（1986）は威嚇や哀願の動機をも含めるために概念を拡張し，聴衆への演出

表2-1　Tedeschi & Norman（1985）による自己呈示の分類

戦術的（一時的）・主張的	戦略的（長期的）・主張的
取り入り　自己宣伝 哀願　威嚇　示範　など （自分の望みの印象を与える）	魅力　尊敬 名声　評判　信頼　など
戦術的（一時的）・防衛的	戦略的（長期的）・防衛的
弁解　正当化　謝罪　報復 セルフ・ハンディキャッピング　など （不利な印象を抱かれないようにする）	薬物・アルコール依存 心気症　学習性無気力　など

playing to audience という用語を使った。

　Tedeschi & Norman（1985）は，Jones & Pittman（1982）の分類を発展させた形で，自己呈示を主張的―防衛的，戦術的（一時的）―戦略的（長期的）の二次元四カテゴリーに分類した。表2-1がその枠組みである。主張的自己呈示は積極的にある印象を他者に与えようとする試みであり，防衛的自己呈示は社会的承認を失うことを避けるための自己呈示である。これらの自己呈示はそれぞれ獲得的スタイルと防衛的スタイルとも呼ばれる（Arkin, 1981; Arkin & Shepperd, 1990）。一方，戦術的自己呈示とはある対人場面において採用される断片的な行動によって（短期的に）他者に特定の印象を与えることを指しており，戦略的自己呈示とはそうした断片の積み重ねによって（長期的に）他者に特定の印象を与えることを指している。したがって，主張的自己呈示戦術はJones & Pittman（1982）の挙げた取り入り，自己宣伝，示範，哀願，威嚇などで，それを戦略化したものが魅力，尊敬，名声，地位，信用などの獲得である。防衛的自己呈示戦術は弁解，正当化，謝罪，セルフ・ハンディキャッピングなどで，それを戦略化したものがアルコール依存，麻薬依存，恐怖症，精神疾患などである。この分類の特徴は軍事的用語を用いて自己呈示タイプを区別しているところにあり，社会的勢力の拡大を目指す行動であるというTedeschi & Norman（1985）の自己呈示の見方をよく反映している。

　社会的勢力の拡大に動機づけられる自己呈示はこのように戦略的であるが，他に対人場面における戦略的行動として，対人葛藤の解決方略や他者を自分の思いどおりに動かすための影響方略がある。これらの方略の研究は自己呈示の分野とは独立に発展を遂げてきた（Falbo, 1977;

Falbo & Peplau, 1980; Howard, Blumstein, & Schwarts, 1986; Kipnis, Schmidt, & Wilkinson, 1980; Rule, Bisanz, & Kohn, 1985; van de Vliert & Euwema, 1994; Yukl & Falbe, 1990; 福島・大渕, 1996)。Cody & McLaughlin (1990) は, 自己呈示と解決方略および影響方略を戦略的コミュニケーションと呼んだ。彼らの目的は両分野の統合ではなく, その活性化にあったようだが, 解決方略や影響方略は確かに自己呈示的側面をもっている (福島・大渕・小嶋, 2006)。

経済的報酬と社会的報酬　自己呈示研究には行動主義的アプローチも見られる。Jellison & Gentry (1978) は, 好意をもっている人ではなく, 気に入らない人に資源を与えるという仮想的な社会状況においては, 被験者は資源を得るために相手から嫌われるような行動をとることを見出した。この知見を証拠として, Jellison (1981) は, 社会的承認を求め社会的不承認を避けようとする一般的行動傾向が資源の獲得という目標を媒介しているにすぎないと主張した。日常生活の中では社会的承認を得ることによってしか資源が得られないので, 見かけ上, 他者からの承認が追求されるというのである。

彼は資源を報酬として重視していたようだが, Foa (1973) によれば人々にとって報酬的価値をもつものはもっと多い。その報酬のリストは愛情, 地位, 情報, 金銭, 物品, サービスである。「愛情 Love」は尊重や暖かさ快適さの感情が表現されたものである。「地位 Status」は名声, 尊重, 評判の高低を伝える評価的判断が表現されたものである。「情報 Infomation」はアドバイス, 意見, 教示, 啓発などを含み, 愛や地位に分類される行動を除外したものである。「金銭 Money」はあらゆる硬貨, 通貨, トークンなど標準的な交換価の単位である。「物品 Goods」は有形の製品, 物資, 材料である。「サービス Service」はある人物の身体や所持物に対する活動でしばしば他者のための労働を意味する。このうち愛情と地位は社会的報酬であり, 他の四つは経済的報酬と言えよう。さらに, A. H. Buss (1986/1991) は社会的報酬を刺激性報酬と感情性報酬に分けた。刺激性報酬には他者の存在, 他者による注視, (他者の) 反応性, (対人場面における) イニシアチブが含まれ, 感情性報酬には尊敬―無礼, 賞賛―非難, 同情―軽蔑, 愛情―敵意の四つの両極次元が含

まれる。

　Foa（1973）や Buss（1986/1991）の見方にならえば，他者からの承認は社会的報酬である。行動主義的観点から予測すると，複数の報酬が得られる可能性のある状況下ではもっとも誘因価の高い報酬を得るように自己呈示が行われるはずである。したがって，Jellison & Gentry（1978）が計画した実験を異なる種類の報酬の選好を扱ったものとみれば，その実験状況では社会的報酬よりも経済的報酬のほうが誘因価が高かったと解釈できる。実験室だけで出会う他者からの社会的報酬は確かに魅力に乏しいかもしれない。いずれにしろ，経済的報酬と社会的報酬がどのようにして人々の自己呈示を動機づけるのか，その過程に関する証拠は不足している。しかし，Leary & Kowalski（1990）が主要な自己呈示の動機としてこの二つの報酬を挙げているように，これらの報酬が自己呈示を促すとみることは不合理な仮定ではないように思える。

　なお，得られる報酬や課されるコストが他者から与えられるものである限り，この動機は社会的勢力の拡大を目指す動機と非常に強い関連がある。報酬という観点から自己呈示を理解するやり方は，組織内の自己呈示に関する研究（Giacalone & Rosenfeld, 1989; Rosenfeld, Giacalone, & Riordan, 1995）にとって有効であろう。

(2) 自己知識が喚起する自己呈示の動機

　研究者たちは，自己知識を情報処理や行動制御のシステムの一部と考えてきた。それは，ある人の属性に関する抽象的な情報（例えば「やさしい」，「頑固」，「女性的」）と，その人の経験，思考，活動に関する具体的な情報（例えば「今朝5キロ走った」，「昨日眠れなかった」，「電車で席を譲った」）からなる階層構造としてモデル化される（Kihlstrom & Cantor, 1984; Kihlstrom et al., 1988）。あるいは，それは自己の動機づけや行動を促し，また逆にそれらによって活性化される動的な構造体としてモデル化される（Kunda & Sanitioso, 1989; H. Markus & Wurf, 1987; Schlenker & Weigold, 1989）。いずれにおいても，自己に関して蓄積された知識が中心概念となっており，それが新しく入力される情報の処理を行ったり行動時のガイドとして作用したりすると仮定されている。

　この自己知識が喚起する自己呈示の動機として考えられるのは，自己

一貫性と同一性の形成・維持である。同一性においてはその内容も重要である。また，これらの動機にとって「自己」は一次的対象であり，自己それ自体の維持や変化が目的である。

自己一貫性　自己一貫性とは，自己と行動の一致を維持し不一致を修正しようとする動機である。これは Lecky (1945) 以来，人間の基本的な心理過程の一つと認識されてきた。認知的斉合性の諸理論 (Festinger, 1957/1965; Heider, 1958/1978) もこの過程を支持している。例えば，Secord & Backman (1961) の初期の「対人的一貫性理論 interpersonal congruency theory」は，人々は安定した自己概念あるいはパーソナリティを構成するように動機づけられるというものであった。その後 Backman (1988) は，人々の自己概念や同一性は自分自身の行動によって変化していくものであるという立場をとり，パーソナリティの変容過程をその理論に取り入れて発展させた。この理論は自己一貫性と後述する同一性の形成・維持の動機をともに含んでおり，自己知識に基づく二つの動機的側面を統合しているものと言える。

また，Trope (1986) によれば，人々は自己のスキルの改良や向上に役立てるために自己査定を行う。自己が環境の中で有効に活動できるようにするためには，それが自己を肯定するものであろうと否定するものであろうと，診断的な情報を求める必要がある。否定的評価は普通感情的コストを伴うので避けられがちだが，それが有効な情報となる可能性がある時には，人は確かに否定的評価を求める (Trope & Neter, 1994)。

一方，Swann (1985, 1987) は，人の社会的行動は自己概念の確認に動機づけられていると考えている。彼の自己確証理論によれば，人は自己概念と一致するような情報を求め，そのような情報の獲得に有利な環境を積極的に構成しようとする。そうすることによって社会的環境の予測とコントロールが容易になるからである。この過程は否定的な自己概念をもつ人の場合にも働く。実際，否定的な自己概念をもつ人や抑うつ的な人は，自分に対して悪い評価をする人物を相互作用の相手として好む傾向がある (Swann, Stein-Seroussi, et al., 1992; Swann, Wenzlaff, Krull, & Pelham, 1992; Swann, Wenzlaff, & Tafarodi, 1992)。

同一性の形成・維持　人が目標とする自己への接近に動機づけられることは多くの自己理論家たちが述べてきた（Baumeister, 1982; Gollwitzer, 1986; Higgins, 1989; Leary & Kowalski, 1990; Rogers, 1959; Schlenker & Weigold, 1989）(Baumeister, 1982; Gollwitzer, 1986; Higgins, 1989; Leary & Kowalski, 1990; Rogers, 1959; Schlenker & Weigold, 1989)。目標とする自己は必ずしも理想自己や望ましい自己を意味しない。自己確証（Swann, 1985, 1987）や自己査定（Trope, 1986）の過程で否定的な自己が目標になることもありうるからである。目標として否定的な自己を含めることについては研究者たちに見解の相違があるが（例えば，自尊心維持・高揚動機理論の支持者と自己確認理論の支持者の間），ある特定の同一性を目標としてその形成や維持が動機づけられるという仮定は多くの研究者によって受け入れられている（Higgins, 1987; H. Markus & Ruvolo, 1989; Schlenker & Weigold, 1989）。

　自己呈示の研究者もこの動機が自己呈示の原動力の一つであると考えている。Baumeister（1982）は自己呈示を促す動機の一つに「自己構成 self-construction」を挙げた。この動機は理想自己や個人的目標の達成である。Leary & Kowalski（1990）も人々が同一性を形成する手段として自己呈示を用いると仮定している。

5　目標となる同一性

　では，人々が目標とする同一性とは何であろうか。人々は何になろうとし，何になりたくないのであろうか。Tetlock & Manstead（1985）の言うように，この問題は自己呈示研究の課題の一つである。その内容を明らかにするためには多様な同一性概念を整理する必要がある。次に，その整理のために有効と思われる二つの概念的枠組みを簡単に見ておこう。

(1) 社会的同一性と個人的同一性

　これまでの理論的・実証的分析によると人々の同一性は二つのカテゴリーに大別される（Brewer, 1991; Turner, Hogg, Oakes, Reicher, &

Wetherell, 1987/1995)。一つは社会的同一性 social identity である。これは「男性」，「日本人」，「警察官」など自己を定義づける社会集団によって与えられる自己知識の一側面である。職業的同一性（Matula, Huston, Grotevant, & Zamutt, 1992）や民族的同一性（Cameron & Lalonde, 1994）はこのカテゴリーに入る。もう一つは個人的同一性 personal identity である。これは「優しい」，「頑固」，「スポーツが得意」など自己を定義づける個人的な属性によって与えられる自己知識の一側面である。Turner et al.（1987）は，これらの同一性を抽象度の異なるカテゴリーとしてとらえている。個人的同一性は抽象度がもっとも低いカテゴリーであり，社会的同一性は中位レベルのカテゴリーであり，もっとも上位のカテゴリーは他の生命と比較した人間としての同一性である。下位レベルのカテゴリーはより上位のカテゴリーにすべて包含される。また，Deaux（1993）は社会的同一性と個人的同一性の区別を認めた上で，それらは相互に関連しており，結びつきの強い対応関係があるととらえた。少なくとも一人の人の中では「妻」や「母親」といった社会的同一性が「受容的」，「信頼できる」，「理解ある」といった特定の個人的同一性と対応的に結びついているというのである。この主張は Turner et al.（1987）が行った同一性の概念化を個人レベルでより具体的に述べたものと言えよう。

(2) 望ましい同一性

Schlenker（1985, 1986; Schlenker & Weigold, 1989）は人々が目標とする同一性の理論化を試みた。自己同定理論と呼ばれるこの理論の基本的仮定は，人々はある状況においてもっとも望ましい同一性を呈示しようとするというものである。同一性の望ましさはその利得性と信用性によって決定される。同一性の利得性とはその同一性が個人の価値や目標実現に役立つ程度である。例えば，功利的動機を満たす同一性は利得性が高い。一方，信用性とはある同一性を支持する証拠が存在する程度である。彼らは科学理論の信頼性評価基準をアナロジーとして用い，次の六つの基準をその証拠になるものとして挙げた。それは (a) 経験的一貫性，(b) 内的一貫性，(c) 単純さとわかりやすさ，(d) 一般的な仮説や価値との整合性，(e) 合意妥当性，(f) 確かさと説得スキルである（本書 pp.

67-68 に各基準の説明がある)。自己同定理論では,利得性が望ましい同一性の動機的成分であり,信用性が認知的成分であるとされている。この二成分によって,人はある状況の自己同一化を計るというのである。

6 自己呈示の規定因

自己呈示の規定因に関する概観はすでに行われている (Leary & Kowalski, 1990)。ここでは特に,状況的規定因として,相互作用相手の属性,文脈,経済的報酬と社会的報酬を挙げ,個人内要因として,自己概念,自己理解,パーソナリティを挙げる。

(1) 状況的規定因

相互作用相手の属性　相互作用を行う相手がもっている価値は,自己呈示を規定する要因として早くから注目されていた。例えば,女性のスナック菓子の摂食量は,魅力的な男性が目前にいる場合のほうが魅力的でない男性が目前にいる場合よりも少なくなること (Mori, Chaiken, & Pliner, 1987; Pliner & Chaiken, 1990),女性が魅力的な男性から「女性的」と思われている場合よりも「男性的」と思われている場合のほうが自分を「女性的」に見せるためにスナック菓子の摂食量を減少させること (Mori et al., 1987),就職の面接場面において面接者が伝統的な女性観をもっていることを女性の被面接者が知っていると,その被面接者がより伝統的な女性的態度を面接者に示すこと (von Baeyer, Sherk, & Zanna, 1981) などがわかっている。これらの知見が示唆するのは,人々は自分にとって価値の高い観察者が望ましいと思っている(と自分が感じる)印象を与えるように自己を呈示するということである。

一方,価値とは独立に,相互作用相手の行動的特徴が返報的に自己呈示を規定することもある。相手が自己宣伝的な場合には被験者も自己宣伝的になり,相手が謙遜的な場合には被験者も謙遜的になる (Baumeister, Hutton, & Tice, 1989)。また,相互作用の相手が子ども,外国人,精神遅滞の人々である場合には,人々の話し方は明らかに変化する (DePaulo & Coleman, 1986)。人々は相手のコミュニケーションの仕方に合せるよ

うに自己のコミュニケーションの仕方を調節するのである。

　このように自己に対する相手の価値の高低や相手のコミュニケーション様式の相違に応じて異なる自己が呈示される。これは Goffman (1959/1974) が聴衆の分離と呼んだことである。しかし，過去の研究はいずれも人工的に異なる聴衆を設定し，その反応の違いを分析していた。日常生活において人々はどのように聴衆を分離しているのであろうか。頻繁に接する家族や友人など身近な聴衆は分離されているのであろうか。もし人々が身近な他者を分離し，異なる自己を呈示しているなら，各聴衆に対してどのような自己を何のために呈示しているのであろうか。身近な他者を対象とする自己呈示はまだ十分に検討されていない（ただし，Leary, Nezlek, Downs, & Radford-Davenport, 1994 も参照）。

　文　脈　Nesler, Tedeschi, & Storr (1995) は，M. Snyder (1974) の自己モニタリング尺度に対する回答が文脈（カバーシートに書かれた教示の種類や尺度の組合わせ）によって変化することを示した。映画俳優のような「演技力」を測るものだと説明されて自己モニタリング尺度に回答した場合は，特別な教示を行わない場合に比べて，女性は高得点に，男性は低得点になった。また，「性的欺瞞（一般的に否定的な属性と見られる）」に関するいくつかの尺度に回答した後でモニタリング尺度に回答した場合は，単独で回答した場合に比べて，得点が有意に低かった。これはモニタリング尺度を性的欺瞞のように一般的に望ましくない傾向を測るものと参加者が知覚したためと考えられる。これらの結果は，望ましい同一性の呈示とみなせるかもしれない。しかし，実験場面において何が自己呈示であるかを結論づけるのは難しい（Tetlock & Manstead, 1985）。Nesler らの実験の参加者は誰に自己を呈示したのであろうか。それは実験者であったかもしれないし（この場合には自己呈示と言える），自分自身であったり，あるいは，他者の存在とは無関係な自己高揚的反応であったかもしれないからである。

　参加者が実験者の教示や実験意図を暗黙のうちに察知し，それに迎合することによって「自分はよい参加者である」ことを示そうとしたり，「自分は望ましい人物である」ことを示そうとして反応を歪曲させることは，社会的望ましさや承認欲求に関する研究（Crowne & Marlowe,

1960; Strickland, 1977),あるいは実験者効果の研究(Rosenthal, 1967)によって確認されてきた。Neslerたちの実験は,パーソナリティ尺度に対する回答が,与えられた文脈の中で望ましい方向へ偏ることを明らかにしたものであり,これらの研究の延長線上に位置づけられる。

正または負の報酬 人々は他者にある印象を与えることによって罰を回避したり,報酬を得ようとしたりする。例えば,R. M. Kowalski & Leary (1990)は参加者を大抵の人が嫌がる課題(人前で一人で歌う)を行わなければならない状況においた。しかし,その課題を行う人物として特定のタイプの人だけを選ぶと説明し,参加者に逃げ道を与えた。人物の選定は実験者とは別の監督者が当たると告げた。そして,ある条件では精神的に不適応な人に課題を行ってもらうと告げ,別の条件では精神的な適応度の高い人に課題を行ってもらうと告げた。彼女たちの予想は,嫌な課題を避けるために参加者が自分を不適応者に見せたり適応者に見せたりするというものであった。結果はこの予想と一致していた。参加者は課題回避を目指し,条件に応じて戦略的に自己呈示を変化させたのである。

この実験で興味深いのは,他者から不適応者と見られることが自尊心維持・高揚の動機に反するにも関わらず,参加者がそれを行ったということである。自尊心を維持するには不適応者と見られないように自己を呈示する必要がある一方で,嫌な課題を避けるためには不適応者にならなくてはいけなかった。嫌な課題は一種の罰や負の報酬と見ることもできる。したがって,この実験は自尊心と罰回避の動機の対立を扱っていたと言える。そして参加者たちは罰回避を選択した。自己呈示の動機が対立する状況の研究は少ないが,各々の動機がどのような条件の下で喚起され,どのような条件の下で弱まるか,優先度の高い動機はあるのか,動機と個人差変数との関わりの強さはどれくらいか,などの問いに答えるためには,動機の対立状況がもっと検討されるべきである。

(2) 個人内要因

自己概念 一般に自己概念は自己呈示の規定因として考えられている(Leary & Kowalski, 1990)。しかし,自己概念が直接に自己呈示を規

定することを示した研究はほとんどない。それは，人々のもつ自己観が自己呈示に反映されるのは自明と考えられるからであろう。この要因が自己呈示に対して興味深い影響をもつのは，社会的状況が要求する行動と自己概念の内容が対立する時や，状況的に特定の自己概念が重要になる時である。

　自己概念と自己呈示の関連については，Schlenker & Weigold (1990) の研究が印象的である。その研究では，まず，私的自己意識の高い人たちが「自律的」な自己概念をもつことが確認された。私的自己意識の高い人は，意志決定や行動が自己の内的基準に従う傾向が強いので，結果として既存の態度を変化させにくく，同調行動が少ないと考えられており (Fenigstein, Scheier, & Buss, 1975)，この予想を支持する結果も得られてきた（例えば，Scheier, 1980)。態度変化や同調が少ないことは自律的な行動傾向と言えるので，私的自己意識の高い人が「自律的」という自己概念をもつことは予想されたことであった。次に，Schlenker & Weigold は一つの実験を行ったが，その仮説が大変興味深い。それは，私的自己意識の高い人は行動自体が自律的なのではなく，他者の目に自律的に映るように行動しているという仮説であった。Schlenker らは実験の第一セッションで複数の問題に関する参加者の態度と参加者の個人的好み（好きなスポーツ，趣味など）を質問紙によって尋ねた。第二セッションでは，態度測定に用いた問題について他者と討論してもらうと参加者に告げた。そして，討論において相手に関する情報量の不釣り合いがどのような影響を及ぼすかをみるために，相手には討論の前に参加者が回答した個人的好みの質問紙を見せるが，相手の情報は参加者には見せられないと告げた。半数の参加者には，相手はあなたの質問紙への回答からあなたのことを自律的な人物と思ったようだと告げ，残りの半数の参加者は依存的な人物と思ったようだと告げた。さらに，討論の前に互いの立場を知るために話題となる問題への態度を相手に伝えるという名目で，第一セッションで回答した項目を含む態度調査票に回答を求めた。このとき参加者の所属する大学の多数の人がどんな態度をもっているかがわかるような資料を添付した。類似条件では，その資料が示す多数派の回答は第一セッションの参加者の回答とほぼ等しく，非類似条件では参加者の回答とは反対方向に異なっていた。したがって，類似条件

では，参加者は資料に示されている多数派と異なる態度を表明しないと，自分が他の人間と違う考えの持ち主であることを相手に伝えられない状況におかれたことになる。しかし，そうした行為はこの条件の参加者自身にとっては態度の一貫性を欠くことになる。Schlenker & Weigold の関心は，私的自己意識の高い参加者がこの一種のジレンマをどう解決するかにあった。結果は，この特性をもつ参加者が自己の態度の一貫性を捨てて他者の目に自分が自律的に映るように多数派と異なる態度を表明する自己呈示を行ったことを示していた。したがって，私的自己意識の高い参加者が追求したのは，自己概念と自己の行動を一致させること（自律的になる）よりも他者の目に自己概念と一致する自己を映すこと（自律的に見せる）であり，これは仮説の通りであった。

　　自己観 self-construal　　Markus & Kitayama（1991）は，人々の自己のあり方は文化的に異なる二つのタイプがあると主張した。一つは西洋文化圏で支配的と考えられる相互独立的自己である。これは自己と他者を互いに切り離された別個の存在として理解することである。もう一つは東洋文化圏で支配的と考えられる相互協調的自己である。これは自己と他者の間の結びつきを仮定し，それらが互いに切り離すことのできない連動的存在として理解することである。このような考え方は Triandis（1989）や浜口（1988）にもみられ，いわゆる日本人論としてムラやイエの人間関係が日本人の行動を強く規定することは以前から指摘されてきた（木村，1972；中根，1967）。

　細部は異なるにしても，文化的自己理論は，これまでしばしば報告されてきた日本人の自己卑下傾向（例えば，高田，1987；吉田・古城・加来，1982）と米国人の自己高揚傾向（例えば，Greenwald, 1980; Tesser, 1988）に合理的な説明を与えるものである。さらに，Kitayama, Markus, Matsumoto, & Norasakkunkit（1997）では，自己観が各文化における社会化の過程とかかわって構成されることを示すために，二つの要因が検討された。第一は，「選択的チューニング効果」で，人々が注目する自己関連情報は文化によって異なるという仮説に基づく。具体的には，米国では他者から独立した人間になることが奨励される。その価値観に合わせるには，独立して生きられるレベルに，自己の能力が達しているか

を常に確認する必要がある。そのため米国人は，望ましい自己に注目しがちであり，結果として自己高揚的になる。一方，日本では他者と調和できる人間になることが奨励される。その価値観に合わせるには，調和を妨げるような落ち度が自己にないかを常に確認する必要がある。そのため日本人は，望ましくない自己に注目しがちであり，結果として自己批判的になる。第二は，「文化的状況の効果」で，文化的に発生する状況の性質が自己高揚や自己批判に影響するという仮説に基づく。その仮説では，そもそも米国文化は自己高揚を促すような状況を発生させやすく，日本文化は自己批判を促すような状況を発生させやすいだろうとしている。この研究では，日米の多数の学生が自尊心の高まる成功状況と自尊心が低まる失敗状況を書き出し，その中からランダムに選ばれた事例が別の学生に示された。これらの学生は，事例で述べられている各状況に自分が直面したと仮定して自尊心が変化すると思う程度（高まるか低まるか）を回答した。第一の選択的チューニング効果があるとすれば，状況がどちらの文化から得られたにせよ，米国人は自己のよい面に注目しがちであるので，成功状況で自尊心が高まる程度が失敗状況で自尊心が低まる程度を上回るはずであり，反対に，日本人は自己の悪い面に注目しがちであるので，失敗状況で自尊心が低まる程度が成功状況で自尊心が高まる程度を上回るはずである。第二の文化的状況の効果があるとすれば，米国人であっても日本人が書き出した事例では自己批判的に，日本人でも米国人が書き出した事例では自己高揚的に反応するはずである。つまり，状況を集める時点ですでに，米国では自己高揚を日本では自己批判を行いやすい事例が得られる可能性があり，もしそうであるならば，社会の中に発生する状況の性質が文化によって異なることが示唆される。結果は，仮説と一致して，米国人は自尊心上昇傾向が下降傾向よりも強く，日本人は下降傾向のほうが強かった。

パーソナリティ　自己呈示に影響すると仮定されるパーソナリティ要因はいくつかある。第一は自己モニタリング（R. D. Lennox & Wolfe, 1984; M. Snyder, 1974）である。Snyder（1974）の初期の概念化によれば，高自己モニタリング者は他者の自己表現や自己呈示に敏感で，それらを自己表現や自己呈示のガイドラインとして使用する。つまり，この特性

は自己呈示への関心の高さや自己呈示のスキルの高さに関する個人差を扱っているとみられていた。その後，自己モニタリング傾向を測定する質問項目の因子的不安定さが指摘され（Briggs, Cheek, & Buss, 1980），大幅に改訂された尺度が発表されるにいたった（Lennox & Wolfe, 1984）。改訂版の方は自己呈示の防衛的スタイルと獲得的スタイルを測定する質問紙に変貌を遂げていった（Lennox, 1988; Wolfe, Lennox, & Cutler, 1986）。オリジナルの尺度は概念的に洗練するために項目数を減らされたものの目立った変化はみられず（Snyder & Gangestad, 1986），Briggs & Cheek (1988) は自己モニタリング概念が社会的行動の研究に与えた貢献を認めつつも，その発展的解消の時期が来ていると主張した。

　第二は自己意識特性（Fenigstein et al., 1975）である。このパーソナリティ特性には，私的自己意識特性と公的自己意識特性の2種類がある。すでに触れたが，私的自己意識特性は自己の感情や態度や思考など内的で他者が知ることのできない側面に注意を向ける傾向の強さである。従来はこの特性の高い人は状況によって振る舞いや態度を変えることはなく自己呈示とは無縁であると考えられていたが，Schlenker & Weigold (1990) によって，その考えに対する疑問と反証が提出された。一方，公的自己意識特性は自己の外見や振る舞いなど，外的で他者が目にする側面に注意を向ける傾向の強さである。この特性の高い人は自己呈示的に振る舞うことが容易に予想される。Doherty & Schlenker (1991) によれば，公的自己意識が高く私的自己意識の低い人は，相手に知られた自分の特徴と一致させるような自己評価を相手に表明した。しかし，自分の特徴に関する情報ソースの妥当性が低かったり，そうした情報が相手に知られていない場合には自己高揚的に自己評価を表明した。つまり，彼らは他者からの承認を最大にし，不承認を最小するような自己呈示方略を採用したのである。

　第三は，自己呈示の負の側面に関連するパーソナリティで虚偽や欺瞞などの特性を表すものである。その代表例はマキャベリアニズム（Christie & Geis, 1970）である。例えば，マキャベリアニズム尺度の得点が高い人は低い人よりも嘘を相手に見抜かれにくく（Geis & Moon, 1981），巧みに偽りの自己を呈示できる。また，Hunter, Gerbing, & Boster (1982) によると，マキャベリアニズム尺度はいくつかの因子から構成

されており，その中には，迎合や虚偽の因子がある。迎合因子の項目は「有力者は持ち上げておくのがよい」や「人を操るのに一番いい方法は，相手が聞きたがっていることを話してやることである」で，虚偽因子の項目はいずれも逆の意味で記述してある逆転項目で「人に嘘をつくのはどんな理由でも許されない」や「どんな場合でも正直が一番である」などである。これらの項目を見ると，迎合因子も虚偽因子も自己呈示の負の側面に関連している。二つの因子はもとのマキャベリアニズム尺度（Christie & Geis, 1970）では二面性に含まれている。A. H. Buss（1986/1991）は，人が純粋な乳児からいかに外面を取り繕い，嘘や隠しごとをして他人を操るようになるかを論じ，その操作的な行為と関連するパーソナリティ特性として二面性と D. M. Buss & Craik（1985）による「打算性」をあげた。打算性を測定する尺度の代表的な項目は「人の同情を得るために，傷ついたふりをしたことがある」や「出世のためと，人に取り入ったことがある」で，やはり自己呈示的な行為を表している。

　マキャベリアニズムとともに，自己愛とサイコパスを合わせて暗黒三人格 dark triad と呼ぶ（D. L. Paulhus & Williams, 2002）。社会的観点からみてネガティブな人格の持ち主はどのような自己呈示を行うのであろうか。これまでに，自己愛は社会的に望ましく見せようとするが，マキャベリアニズムやサイコパスはそうした傾向はかなり低いこと（C. M. Kowalski, Rogoza, Vernon, & Schermer, 2018）や，SNS（social networking sites）上での自己呈示として，自己愛やサイコパスの傾向が高い人ほど投稿する自分自身の写真の枚数が多いこと（Fox & Rooney, 2015）などが明らかになっている。

7　対人関係と望ましい自己イメージ

　本書のテーマにとっては，呈示を望む自己イメージや実際に示す自己イメージが対人関係によって異なることをみておくのがよいだろう。日常生活の中で人々がいかに異なる自己を身近な人々に呈示しようとしているのか，本章の最後にその様相について検討しよう。
　Goffman（1959/1974）によれば，自己呈示のターゲットである聴衆は

分離されており，異なる聴衆には異なる自己が呈示される。これは，相手に応じて目標となる同一性や自己イメージが異なることを意味する。Schlenker（1985, 1986）の自己同定理論は，自己イメージの利得性や信用性が自己呈示するための望ましさを決定すると仮定しているので，この理論からも同様の仮説が導出できる。しかし，相手によって異なる自己が呈示されるといっても，それはどこまで可能なのであろうか。人々はいったいいくつの自己をもつことができるのであろうか。どんな人も呈示できる自己が無限にあるわけではなく，類似の環境で社会生活を送る人々の間で，呈示可能な望ましい自己イメージに極端な相違があるとは考えにくい。人々の望ましい自己イメージには一定の共通性があり，一般的に望ましい同一性があると仮定したほうが現実的であろう。さらに，自己呈示の対象をある特定の種類の人物（例えば，父親や友人）に限定するならば，人々が抱く望ましい自己イメージもかなり限定されると考えられる。人々がもつ望ましい自己イメージの内容とはどのようなものがあるだろうか。またそれらと対人関係との関連はどのようであろうか。

　Jones & Pittman（1982）が示したように，人々は，好感が持てる，価値ある（忍耐力のある，熱心な），有能な，危険な（無慈悲な，気性の荒い），無力な（ハンディのある，不幸な）といった印象を他者に与える努力をする。しかし，自律性（Schlenker & Weigold, 1990）や女性性（Mori et al., 1987）など，この分類以外の自己呈示の存在も明らかになってきた。呈示される自己イメージのタイプは Jones & Pittman（1982）が指摘したよりも多様だと考えられる。

　福島（1996）は，父親，母親，教師，友人，好意をもつ異性に対して大学生が示したいと思う自己の内容を自由記述法で調査し，それらの分類を試みた。これらの対象人物は，人間の成長過程において大きな影響を与える「重要な他者 significant others」であるとみなされ，多くの人にとってそれらの他者の前にいる自己としてどのような姿が望ましいのかをイメージすることが比較的容易である。

　調査の方法は単純である。質問紙を使って「あなたは父親にどんなイメージを示したいですか」と尋ねて自由に記述することを求め，他の対象人物についても同様に次々と尋ねたのである。望ましい自己イメージ

表 2-2　他者に示すことが望ましい自己イメージ

イメージタイプ	意　　味
1　知性的	学業成績優秀で，他にもいろいろなことを知っている。頭がよく鋭い。知的な事柄への関心が強い
2　リーダー	視野が広く，判断力もあり，リーダーシップがとれる
3　やさしい	やさしく思いやりがある。人の嫌がることも進んで行い，人が困っているときは助けてあげる
4　明るい	明るく活発で，楽しく話をする。社交的で，顔が広く，親しみやすい
5　まじめ	まじめで責任感がある。礼儀正しく，人から信頼される。あまりでしゃばらない
6　自律的	精神的に自立しており，自分の意見や自分の目的をきちんともっている。けじめがあり，他人に左右されない。自律的である
7　熱心	何ごとにも熱心で，一生懸命である
8　個性的	何か人と違った部分をもつ。人から変わっているとか，個性があると思われる。得意なことや趣味がある
9　タフネス	体が丈夫で，スポーツが得意。力強く，男らしい
10　スマート	清潔で健康的，かっこいい
11　理解力ある	相談相手になれるような理解力のある人。相手を安心させられる。本音で話ができる
12　未知性	表面的には現れない内に秘めた何かがある。相手が知らない未知の部分がある
13　慎重	あわてず，慎重で落ち着いている。頼りになる
14　おおらか	おおらかで，のんびりしている
15　消極的	いいかげんな，無関心な，自信がない，頼りないなど
16　その他	以上のタイプに含められないイメージ

出典：福島，1996より

はKJ法（川喜田，1986）を参考にしながら分類された。対象人物ごとに被験者の記述の中から自己の姿を表す言葉だけが抜き出された。意味の上で，似た言葉をまとめて概念的に相互排他的な15のイメージタイプにまとめた。この15のどのタイプにも含められないものは「その他」とされた。これら自己イメージの内容は表2-2のようであった。

表2-3は各対象人物に対して自己報告された望ましい自己イメージの頻度である。モードとなるタイプをみると，父親と母親については被験者のおよそ半数が「自律的」を望ましい自己イメージとしてあげた。友人と異性については4割前後が「明るい」をあげ，教師についてはおよそ半数が「まじめ」をあげた。他に頻度の大きなカテゴリーをみると，父親について「まじめ」，母親について「やさしい」「まじめ」，友人について「理解力ある」「まじめ」「慎重」，異性について「やさしい」「まじめ」「慎重」，教師について「知性的」「熱心」となっている。これらのうち，「知性的」「やさしい」「明るい」「まじめ」「自律的」「熱心」

表2-3 望ましい自己イメージが報告された頻度

イメージタイプ	対象人物					Q検定
	父親	母親	友人	異性	教師	
1 知性的	5.6	6.7	11.1	6.7	30.0	*
2 リーダー	1.1	1.1	1.1	4.4	0.0	
3 やさしい	5.6	21.1	15.6	25.6	0.0	*
4 明るい	4.4	4.4	45.6	37.8	6.7	*
5 まじめ	26.7	18.9	23.3	23.3	48.9	*
6 自律的	50.0	47.8	10.0	13.3	10.0	*
7 熱心	10.0	3.3	1.1	3.3	28.9	*
8 個性的	1.1	0.0	7.8	4.4	5.6	*
9 タフネス	4.4	1.1	1.1	7.8	2.2	
10 スマート	0.0	2.2	0.0	14.4	0.0	*
11 理解力ある	5.6	4.4	30.0	11.1	0.0	*
12 未知性	2.2	1.1	2.2	8.9	1.1	*
13 慎重	8.9	4.4	21.2	22.2	0.0	*
14 おおらか	2.2	2.2	1.1	4.4	1.1	
15 消極的	4.4	4.4	8.9	2.2	6.7	
16 その他	26.7	23.3	26.7	31.1	15.6	

注) 数値は各対象人物を条件としたときに当該イメージを報告した参加者数の百分率（％）である。
*) コクランのQ検定により5％水準（df = 4）でこれらの数値に対象人物間の有意差があったことを示す。
出典) 福島, 1996より

「個性的」「スマート」「理解力ある」「未知性」「慎重」の11種類は対象人物間の頻度に有意差がみられた。

全体をみると，それぞれの対象人物に特徴的に多いタイプがあることがわかる。父親と母親には「自律的」イメージを示したいと考える大学生が半数いたが，その同じイメージを友人や異性や教師に示したいと考える大学生は少なかった。また，母親に対して「やさしい」イメージを示したいと考える大学生は全被験者の21.1％であったが，父親に対しては5.6％にすぎなかった。

さらにこれらの自己イメージを別の参加者に示して，各対象人物について示したいイメージを五つ選ぶよう求めた。その頻度が表2-4である。「知性的」「やさしい」「明るい」「まじめ」「自律的」「熱心」「個性的」「タフネス」「スマート」「理解力ある」「未知性」「慎重」「おおらか」の13タイプに対象人物による相違があった。自発的な報告であっても，イメージを選択する方式であっても対象人物によって望ましい自己イメージが異なることがわかる。なお，これらの研究は男子大学生を対象としていたが，伊藤ら（2016）は女子大学生を対象としてこれらの望ましい

表 2-4　望ましい自己イメージを選択した参加者の割合

イメージタイプ		対象人物					Q検定
		父親	母親	友人	異性	教師	
1	知性的	57.0	55.7	41.8	35.4	82.3	*
2	リーダー	24.1	20.3	17.7	11.4	17.7	
3	やさしい	41.8	55.7	53.2	65.8	2.5	*
4	明るい	29.1	41.8	55.7	51.9	27.8	*
5	まじめ	54.4	53.2	25.3	31.6	67.1	*
6	自律的	65.8	58.2	27.8	32.9	45.6	*
7	熱心	40.5	39.2	34.2	30.4	68.4	*
8	個性的	41.8	31.6	57.0	44.3	62.0	*
9	タフネス	15.2	11.4	12.7	17.7	2.5	*
10	スマート	2.5	7.6	17.7	36.7	0.0	*
11	理解力ある	40.5	30.4	64.6	54.4	19.0	*
12	未知性	22.8	12.7	30.4	31.6	48.1	*
13	慎重	39.2	45.6	30.4	27.8	40.5	*
14	おおらか	21.5	31.6	27.8	22.8	10.1	*
15	消極的	3.8	5.1	3.8	3.8	3.8	

注）　数値は各対象人物を条件としたときに当該イメージを選択した参加者の割合を全参加者に対する百分率（％）で示したものである。参加者は五つまで選択可能であった。
*）　コクランのQ検定により5％水準（$df=4$）でこれらの数値に対象人物間の有意差があったことを示す。
出典）　福島，1996より

　自己イメージに「愛嬌」，「家庭的」を加えて選択率を調べたところ，やはり対象人物による相違が「消極的」を除くすべての自己イメージでみられた。

　このように明らかに，望ましい自己イメージの内容は対人関係によって異なる。このような望ましい自己イメージの分化はなぜ起こるのであろうか。福島（1996）は Schlenker（1985, 1986），Schlenker & Weigold（1989）の自己同定理論に依拠して説明を試みた。この理論によれば，ある自己イメージの呈示がふさわしいかどうかは，状況要因によって変化するそのイメージの利得性と信用性によって決定される。自己イメージの利得性とはそのイメージが個人の価値や目標実現に役立つ程度である。本章で議論された，自己呈示の動機を満足させるような自己イメージ，すなわち功利的動機としての自尊心維持・高揚，社会的勢力の獲得，経済的・社会的報酬の獲得や，自己知識が喚起する動機としての自己一貫性や同一性の維持・形成の動機を満たすことに貢献する自己イメージは利得性が高い。一方，信用性とはある自己イメージを支える証拠が存在する程度であり，Schlenker & Weigold（1989）は科学理論の信頼性

の評価基準を用いて自己イメージの信用性を定義した。その基準は六つある。

1) 経験的一貫性は，ある個人の自己イメージが，他者や社会的環境内に保持されている既存の情報と一致している程度である。そうした情報には，その個人の過去の行動や評判，所属集団のポリシー，個人に寄せられる期待なども含まれる。2) 内的一貫性は，異なる自己イメージが論理的に矛盾なく構造化されている程度である。3) 単純さとわかりやすさは，自己イメージが直接的で伝わりやすい程度である。人々は複雑な情報や曖昧な情報を受け入れない傾向があるため，単純でわかりやすいものほど信用性が高まる。4) 一般的な仮定や価値との整合性は，自己イメージが，社会に広く受け入れられている価値観や考え方や規則と一致している程度である。社会規範や常識から逸脱した自己イメージ（例えば，「ガングロ」や「ズリパン」）は信用性が低く長期的には受け入れらないため，採用する人は減少する。5) 合意妥当性は，自己の周囲にいる人々，特に家族や友人や職場の人々など関わりの深い人々が自己イメージに同意する程度である。6) 確かさと説得スキルは，ある自己イメージが優れた演技によって確実に示されている程度である。発言の力強さやアイコンタクト，自信に満ちた態度とともに示される自己イメージは信用性が高まる。

例えば，Baumeister & Jones（1978）は，被験者は他者が自分についてあらかじめもっている情報と一致するように自己呈示を行うことを示したが，他者が自分に関する情報をもつかもたないかは，経験的一貫性の基準として信用性を規定する要因だといえる。

福島（1996）では，特定の状況要因が想定されていたわけではない。しかし，父親，母親，友人，異性，教師との対人関係は自ずと違った状況的意味を内包している。同じ自己イメージでも関係においてその利得性や信用性は変化すると考えられる。例えば，青年期の男子にとって，一人前の大人になることや親の世話にならずに生活することは，自分の力の向上を意味し，自己評価を高めることになるであろう。したがって，父親から「独り立ちすること」は自己評価の高揚という目標になりうるので，それを達成させるような「自律的」イメージの利得性は高い。父親と同じ「親」という属性をもつ母親の場合も同様である。しかし，友

人の場合にはそれほど有益な目標となりにくいので，利得性は低いと考えられる。父親や母親と友人について被験者が報告した「自律的」イメージの頻度の違いは，そのイメージに対する知覚された利得性の違いを反映していると解釈できる。一方，信用性の基準のうち，一般的な仮説や価値との整合性や合意妥当性の観点からすると，自己を観察する相手の価値や好みと一致する自己イメージは信用性が高くなる。したがって，観察者が異なることによって信用性も変化する。例えば，一般に教師は知的能力や学習の態度を重視するので「知性的」「熱心」なイメージはかなり高い信用性をもつが，友人や異性は必ずしもそうではなく，一般には楽しくつきあったり，悩みごとの相談にのってくれたりすることを重視するので，彼らとの関係においては「明るい」「理解力ある」などのイメージの信用性が高くなるであろう。このように，対人関係に依存して望ましい自己イメージが関係特定的に異なることは，利得性と信用性の観点から説明される。

しかし，望ましい自己イメージの内容が関係によって異なることは，自己全体としてみたときに，特に経験的一貫性や内的一貫性を低下させると考えられる。この点に関して，Schlenker & Weigold (1989) は，利得性も信用性も文脈に依存するので，異なる他者に対しては異なる利得性と信用性の基準があるとした。しかし，その議論が成立するためには，経験的一貫性にとっては，Goffman のいう「聴衆の分離」が成立している必要があり，内的一貫性にとっては，第4章で検討するように，個人内において各文脈に関連する自己表象が相互に独立している必要がある。

このような条件が成立していることを確認するのは，必ずしも容易ではないが，状況によって異なる自己イメージについて，説明のための概念が準備されると，後の研究の解釈にも役立つ。吉田・高井 (2008) は，他者からの期待が状況的な自己認知の変容に及ぼす効果を調べた。この研究によると，友人との雑談場面では特性5因子のうち調和性が，重要な講義の場面では誠実性が期待されており，この期待に沿った特性評定のシフトが見られることを報告した。期待に沿ったイメージは，例えば社会的承認を得やすくさせるので利得性が高い。また，友人との雑談での調和性，講義を受けるときの誠実性は一般的な価値と整合するので，

信用性も高い。また，長谷川（2005）は，福島（1996）が見出した自己イメージについて，母親，好意をもつ異性，教師を対象として示したい程度と実際に示している程度を尋ね，これらの3種類の対象人物間での評定の相違をみるために標準偏差を算出した。そして，文化的自己観と評定の相違との関連を調べたところ，相互協調的自己観が優勢な人ほど多くの自己イメージについて示したい程度も，実際に示している程度も，3種類の対象間の標準偏差が大きかった。つまり，相互協調的自己観が優勢な人ほど対人的文脈によって望ましい自己イメージが異なっていることを示した。文脈によって自己呈示を変容させることの利得は，相互独立的な自己観が優勢な人よりも相互協調的な自己観が優勢な人にとって大きいということが示唆される。

第3章

特性自己概念の分化

───────

　人は様々な他者と関係を構築し，彼らとの相互作用の中で多様な振る舞いをする。その振る舞いをみた他者の心の中には，それぞれ独自のその人のイメージが生成される。William James のいう「社会的自己」である (James, 1890)。彼がそう表現したのは自己本体を離れて社会的に存在する表象としての自己を表すためであったと思われる。様々な他者の中にある複数の社会的自己はまた，「鏡映的自己」(Cooley, 1902) として自己本体へと映し戻される。こうして人々の自己認知の内容は，多かれ少なかれ他者によって変化することになり，その人の自己概念に分化した構造をもたらす。

　このような対人相互作用におけるフィードバック過程によって自己概念の形成が促されるという議論は，古典的理論にとどまるものではない。例えば，実験者に依頼されて外向的に振る舞った人のほうが内向的に振る舞った人よりも自己概念としての外向性評価は上昇し，行動的にも外向性の高まることが確認されている。しかもそうした効果は私的状況における行動よりも公的状況における行動に強くみられる (Tice, 1992)。同様の現象は他の研究者によっても確認されてきた (McKillop, Berzonsky, & Schlenker, 1992; Schlenker, Dlugolecki, & Doherty, 1994; Schlenker & Trudeau, 1990)。この現象は「社会的行動の内面化」として知られている (Tice & Wallace, 2003)。

　つまり，自己の行動傾向の内面化には自己自身の観察によるだけではなく，その行動を知る他者の存在も欠かせない。そして，そのようにして自己自身に把握された結果が，行動特性に関する自己概念である。社

会心理学者やパーソナリティ心理学者は，行動そのものだけでなく，特定の行動を遂行した結果としての自己の認知にも関心を向けてきた。このような自己概念の形成過程を基礎として，この領域の研究者たちは，特に関係性や役割という社会的文脈に対応して分化した自己概念の構造とその意味を探求するようになった（Block, 1961; Donahue, Robins, Roberts, & John, 1993; Linville, 1987）。本章ではこの自己概念の分化とその測定法に着目する。

1 分化した自己概念のモデル

　自己概念の分化や多面的な同一性は多くの研究者によって注目されてきた。そこに通底する考えは，人々の自己認知は固定的なものではなく，多様な社会的状況に適応するために相互作用の相手やその時に意識している他者によって流動的・力動的に変化し，その結果として，人は自己を多面的にとらえる傾向をもつに至るということである。
　分化した自己概念を記述するために，いくつかのモデルが提案されてきた。ここでは二つの例をみるが，いずれも社会的状況の区切りを他者や集団に求め，それぞれの下での自己の行動特性を記述している。それが自己概念の分化という現象に言及するときの典型的なアプローチの方法である。まず，Ogilvie & Ashmore（1991）は，個性記述的に特性自己概念を分析するために自己の特性に関する認知表象は，その個人が他者と行った相互作用の経験を含んでいると論じ，それを「他者といる自己の表象 self-with-other representation」と呼んだ。彼らは参加者に重要な人物をリストアップさせ，それらの人物といるときの自己の特性について判断させた。そこから得られる人物×特性の行列データについて階層的クラス分析（HICLAS）と呼ばれる手法で分析した。これは，行列を構成する二つのクラス（人物と特性）に含まれる要素をそれぞれクラスター化して，各クラス内でのクラスター間の関連性とクラス間でのクラスターの対応関係を描く手法である（De Boeck & Rosenberg, 1988）。個人ごとに分析を行えば，個性記述的に自己概念の様相をみることができる。

1 分化した自己概念のモデル

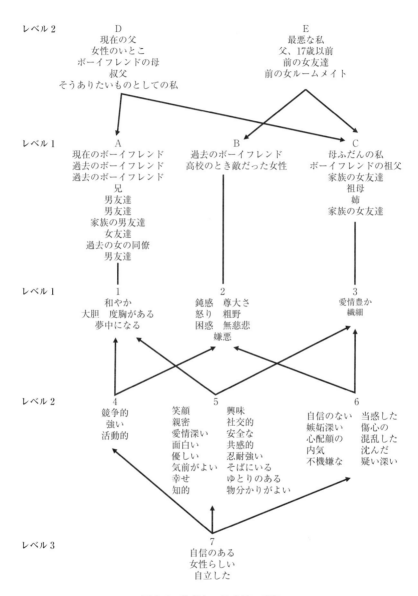

図 3-1 他者といる自己の表象

出典） Ogilvie & Ashmore, 1991 より

図 3-1 はその一例で，サラという女性の分析結果である。人物にも特性にもレベル 1 がある。両者は直接的に対応関係を有するクラスターである。つまり，サラの心の中では，クラスター A の人物といるときには自己はクラスター 1 で表される特性で，B のときは 2 で，C のときは 3 で表される。サラは男友達といるときには自分は「和やか」で，「大胆」で，「度胸がある」，「夢中になる」といった特徴があると思っている。母親や家族の友人といるときは普段の自分に近く，「愛情豊か」で「繊細」だと思っている。しかし，クラスター B のような関係のよくなかった人物といるときの自分は，「怒り」や「困惑」や「尊大さ」などネガティブな感情が支配的であるようだ。人物クラスと特性クラスの関連はこのようにレベル 1 で表現されている。一方，レベル 2 以降はクラス内のクラスターの関連を表すだけである。人物クラスのレベル 2 には二つのクラスターがある。これらはそれぞれ矢印で示されるレベル 1 クラスターと類似性をもつことを意味する。特性クラスのレベル 2 も同様で，クラスター 4 の特性は，サラの心の中では，クラスター 1 と 2 の特性と関連がある。これらの関連は，異なる他者といる自分に対してどのように特性を評価したかというパターンによって構成される。こうした分析は，各個人の心的な表象として存在する「他者といる自己」の全体像を描き出す試みだといえるだろう。

　一方，Deaux（1993）は，個人的同一性と社会的同一性の関連に着目した。一般に，個人的同一性とは個人のもつ行動特性に関する同一性で「自律的」，「情け深い」などの行動特性として表される。社会的同一性とは他者と共通する社会的属性や所属集団や社会的役割と結びつく同一性で，「日本人」，「男性」，「○○大学の学生」など社会集団を表すラベルで表象される。Deaux のモデルでは，この個人的同一性と社会的同一性は構造的に独立しておらず，相互に関わりあっている。つまり，社会的同一性にも特性表象が結びつくとみている。例えば，ある女性は「母親」，「妻」，「友人」という異なる社会的同一性を保持しているが，「母親」や「妻」と対応する特性自己概念は，「受容的」，「信頼できる」，「理解のある」，「熱心に取り組む」であり，「友人」と対応するのは「幸福な」，「平和的」，「感謝的」であるというように，それぞれに異なる個人的同一性が結びついている。このモデルは，複数の特性自己概念の集

合が一人の個人の中に混在している様相を社会的同一性という区分と対応づけて表現しているところに特徴がある。

2 分化の指標

　我々に自己を多面的にとらえる傾向があることは，他者との比較からも明らかにされている。自己と他者に関する特性判断の相違を検討した Sande, Goethals, & Radloff（1988）によると，正反対の特性（例えば，真剣な―ふざけた）があることは他者よりも自己について認められやすく，それゆえ自己の行動を他者の行動よりも予測しにくいと感じる一般的傾向があるという。人は他者と比較して，たとえ矛盾があったとしても自分は多くの特性を備えているのだと思う傾向がある。

　もちろん自己概念の分化の程度には個人差がある。問題は，その個人差をどのような方法によってとらえるかにある。いくつかの異なる理論的立場からその測定方法が考案されてきた。

(1) 自己概念分化（SCD）とその修正指標

　Block（1961）は，社会生活を営む人々が複数の異なる役割関係をもつことに注目し，その役割の推移と自己の連続性との不整合が大きいと心理的適応が阻害されると考えた。役割による変化が過剰な人は「役割拡散」であり，アイデンティティの核をもたず，自己の連続性や自己の統一性を確認させるような内的参照基準を失っているとして，一方の極においた。また，逆に変動が極端に少ない人は「役割硬直」であり，どのような状況でも決まった行動をとり，異なる環境が要請する多様な責任を軽んじているとして，もう一方の極におき，そのアイデンティティの核は，真の自己の統合体ではなく，むしろ自己喪失の脅威に根ざした幻であるとした。つまり，この両極端の人々は，いずれも不適応的であり，役割による自己の変動においてバランスの取れている人が適応的であるとした。変動と不適応とは逆 U 字型の関係があると考えたのである。

　この考えを実証するに当たり，Block は大学生41名に対して「同性の

親(あるいはこれに相当する人)」,「異性の親」,「同性の親友」,「魅かれている異性」,「子ども」,「雇用主かこれと似た地位の人」,「特に関心のない単なる知人」,「もっと深く知りたい知人」という八人との関係とそこでの自分の行動を表すものとして,提示された20語の特性語がそれぞれどの程度適切だと思うか,順位による評定を求めた。ここから各個人について8×8の順位相関データが得られ,これにThurstoneのセントロイド法による因子分析を施し,その第一因子の分散説明率を「対人一貫性」の指標とした。しかし,対人一貫性と不適応指標(不安傾向)の散布図を作成すると,逆U字型ではなく明らかな直線関係がみられた。相関係数はr=-.52であった。つまり,役割拡散であるほど不適応であり,役割硬直であるほど適応的であるという結果が得られた。なお,対人一貫性の平均値は71.4であった。これは8×8のマトリックスで表される評定の分散のうち,71.4%を第一因子で説明できるということを意味する。残りの28.6%が説明されない分散であり,誤差も含めて評定に役割間の相違をもたらしている部分となる。

　Donahue et al. (1993)は,Block (1961)とほとんど同じ方法を採用して追試を試みた。信頼できる結果を得るために,複数の心理的な適応指標を準備し,特性語も20語から60語に増加させて測定の範囲を拡大した。また,「学生」,「友人」,「恋人」,「息子または娘」,「労働者」の五つの役割関係を設定し,各役割における自己の行動的特徴がどのようであるのかを強調して特性評定を求めた。さらに,個々の役割を単位としてすべての特性語を各役割内で一斉に評定する方法と,五つの役割下での状態を各特性語について繰り返し評定する方法を設けて,評定の仕方の影響も検討した。この研究では60語の特性語評定は順位ではなくリッカート尺度を使って,各語が各役割をとる自分にどの程度当てはまるかの評定を求め,96名の参加者ごとに5×5の積率相関マトリックスが構成された。個人ごとの主成分分析によってBlockと同様に相関マトリックスに対する第一主成分の説明率を算出した。ただし,自己概念の分化という側面を強調するため,対人一貫性ではなく,第一主成分で説明できなかった割合,すなわち100から第一主成分の説明率を引いた値にSCD (self-concept differentiation:自己概念分化)という名称を与えて分析に用いた。二つの評定方法による結果の差異はなく,SCDは役割単位の方

法では24.6%, 特性語単位の方法では24.2% であった。そして適応指標との関連をみると, SCD が高いほど自尊心は低く (r = − .39), 抑うつ気分や神経質傾向が高かった（それぞれ r = .44, .30）。Donahue et al. (1993) はさらに, 女性のエイジングに関する縦断研究に SCD の測定を途中から追加し, 52歳時点での SCD が過去の情緒的適応度の指標と負の相関をもつことを示した。52歳時点の SCD は,「娘」,「配偶者」,「母親」,「友人」,「仕事」の役割について特性5因子をカバーする16個の特性語を使って測定された。この SCD と不適応の関連については, カリフォルニア心理インベントリー (CPI) の幸福感 (well-being) を用いた。幸福感は21歳, 27歳, 43歳, 52歳の各時点で測定され, これらと52歳時点の SCD の相関は, それぞれ r = − .25, − .35, − .38, − .31であった。Block (1961) が用いた不安傾向の指標も各年齢時点で測定されており, これも52歳時点の SCD と正の関連がみられており, SCD が心理的不適応と関連があるとする見方を支持した。興味深いのは, 21歳から43歳までの対人関係や仕事の変化が大きかった人ほど52歳時点の SCD が高かったことである。この結果は, 社会生活上の変化が自己概念分化の度合いを高めたこと, つまり SCD が現実的な役割の変化を反映しうる可能性を示唆している。

　一方, SCD にはその計算方法に由来するバイアスのあることが Baird, Le, and Lucas (2006) によって指摘された。構成概念の定義上, SCD には役割間の相違のみが反映されるべきであるのに, そうではない。この指標は主成分分析の第一主成分の説明率を用いるが, 仮に役割間の評定の相関係数がすべて r = 1.0の場合には, その説明率は100%になる。一般に, 相関係数が1.0になるのは, 二つの変数 x と y の値がまったく同じ場合と, x と y の変化のパターンが同じ場合である。2組の値 (x, y) がまったく同じ場合だけでなく, それらの値の比が同じならば, その二つの変数の相関係数は1.0になる。SCD でいうならば, 二つの役割について得られた項目評定値の変動パターンが等しければ, それらの役割に関する評定値間の相関は1.0となり, 主成分分析の中では両者は区別されなくなってしまう。単純化した具体例でみよう。仮に, 一つの役割で外向性7点, 誠実性5点, 神経質性3点であり, 別の役割で外向性5点, 誠実性3点, 神経質性1点, もう一つの役割では外向性

表 3-1 同じ役割間 SD をもつ二つのケースが異なる SCD を示す例

	項目間 SD の高いケース			項目間 SD の低いケース		
	役割 A	役割 B	役割 C	役割 A	役割 B	役割 C
項目 1	5	4	4	4	3	3
項目 2	1	1	2	2	2	3
項目 3	4	5	4	3	4	3
項目 4	2	1	1	3	2	2
項目 5	5	5	4	4	4	3
項目 6	2	1	1	3	2	2
項目 7	4	5	5	3	4	4
項目 8	1	2	1	2	3	2
平均	3.00	3.00	2.75	3.00	3.00	2.75
項目間 SD	1.69	1.93	1.67	0.76	0.93	0.71
分散説明率		92.7			63.6	

注） 役割間 SD はすべての項目で 0.58 であり，この二つのケースで異なっていない．最下段は，表中データによる主成分分析の第 1 主成分の分散説明率（%）を示している．
出典） Baird et al., 2006 より

6 点，誠実性 4 点，神経質性 2 点のケースがあるとする．このケースでは役割間の相関係数はすべて 1 である．したがって SCD は 0 だ．しかし，三つの役割で外向性も，誠実性も，神経質性も得点は異なっており，個々の特性評定には役割間変動がある．このように，各役割における項目間変動のパターンが同じである場合には，役割間変動が存在しても SCD に反映されない．Baird らの示した例もみておこう．表 3-1 に引用した例では各項目の役割間分散（標準偏差）が等しいとき，項目間分散の大きなケースが小さなケースよりも第一主成分の分散説明率が高くなる，すなわち SCD は低くなることを表している．つまり，同じ役割間分散でも項目間分散の違いによって SCD が影響を受ける．彼らは SCD はそれが表すべき役割間の分散だけなく，概念的には関連のない項目間分散にも依存することを正しく指摘したのである．

このバイアスは不適応指標との関連にゆがみをもたらす．例えば，SCD は自尊心と負の関連があることが示されている．しかし，自尊心の高い人は一般に，ポジティブ項目に高い評定を，ネガティブ項目に低い評定をする傾向がある．例えば，表 3-1 の左のケースで，項目 1，3，5，7 がポジティブ項目で他がネガティブ項目であるとみてほしい．このような評定傾向は，そうした傾向のない人とくらべて系統的に項目間分散が大きくなり，主成分分析の第一主成分の分散説明率を大きくする

（SCD を小さくする）バイアスを伴う。もちろん自尊心の高い人は特性評定が役割間で一致しているかもしれないが，Baird らの示した例のように，項目間分散が大きいことによって不当に第一主成分の分散説明率が高くなる可能性がある。

　Baird らによれば，自己概念の役割間変動を表す指標としては主成分分析による SCD よりも，単に各特性項目の役割間の SD（標準偏差）のほうが望ましい。単純に役割間の変動をとらえられるからである。しかし，ある項目の役割間 SD は，その項目の平均値とその二乗に依存する性質がある。図 3-2 のパネル A は Baird らが示したものだが，0～4 のリッカート尺度を使った場合に得られるすべての平均値を横軸に，すべてのありうる標準偏差を縦軸にプロットしてある。尺度の両極では小さい SD が得られやすく，中央付近で大きな SD が得られやすいことがわかる。つまり，このような評定尺度の SD はそもそも平均値と二次の曲線関係にある。さらに，パネル B は平均値の分布が左に歪んでいる場合には，平均値が高いほど SD が大きいという傾向が必然的に表れることを示している。もし，右に歪めば，逆に平均値が高いほど SD は小さくなる。Baird らは，役割間 SD はこのような二つのバイアスを含んでいるので，特性項目の役割間 SD に平均値とその二乗を回帰させた残差こそが，バイアスを含まない適切な SCD の指標であるとした。そのようにして作成された修正 SCD は，主成分分析による SCD ではみられた自尊心や他の健康度の指標との関連が，弱まるか消失した。

　Fukushima & Hosoe (2011) は大学生サンプルと成人サンプルを用いた SCD 研究を実施した。Baird et al. (2006) と同様に，自尊心や健康度の指標は主成分分析を用いるオリジナルの SCD とは関連したが，役割間 SD や修正 SCD はその関連が弱まるか消失した。また Dunlop, Walker, & Wiens (2013) は，特性語ではなく，特性項目文（「私は自分のことをよそよそしい人間だと思っている」）を使った 5 因子モデルのインベントリー（John & Srivastava, 1999）を用いて，オリジナル SCD や修正 SCD と適応指標の関連を分析し，やはり同様の結果を得ている。複数の役割を想定した特性評定から自己概念の役割間変動を求める場合，計算方法によるバイアスのない修正 SCD が適しているようだ。

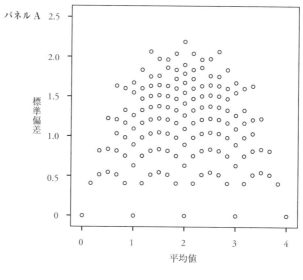

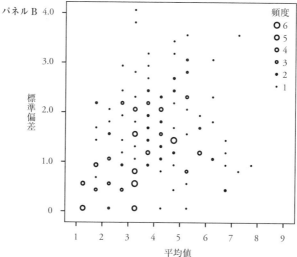

図3-2 リッカート尺度の評定データにおける標準偏差（SD）と平均値の関係

注）パネルAはBairdら（2006）の例示と同じように，0～4点の尺度で六つの役割が設定された場合に得られる平均値と標準偏差のすべての組み合わせを示している。パネルBは，1～9点の尺度で五つの役割が設定された場合の，ある一つの特性語（「怒りっぽい」）の実データに基づき平均値と標準偏差の関連（r = .31）をプロットしたものである。

(2) 自己複雑性

SCD は自己概念の役割間変動を表す指標であったが，一方，役割に限定せず，より幅広く自己の構造的な分化度を表す指標もある。Linville (1987) の自己複雑性 (self-complexity) である。この測定は，Q 分類法のように特性語を記したカードを用いる。自分の中にある様々な自己の側面であれば，どのようなものでも列挙してその側面に名前を付け，それぞれの側面がどのような特徴をもつかをそのカードを配分して表すという作業を参加者に求める方法である。Linville (1987) が示した例では「友達との関係」，「家族との関係」，「男性との関係」，「研究」，「身体的」，「パーティ」，「寮生活」，「家庭生活」，「学校」，「社会生活」，「仕事」，「活動」のような自己の側面があげられた。少ない人では三つの側面，多い人では12の側面がみられた。この研究では，33枚の特性語が記されたカードと，それらと同じ特性語を使いたい場合に単語を書き写して使う白紙のカード10枚を渡された。参加者は各側面について任意の枚数のカードを配置した。それらのカード配置から次式のように情報量基準 H と同じ方法で自己複雑性が算出された。

$$SC = \log_2 n - (\Sigma_i n_i \log_2 n_i)/n \tag{1}$$

この式で n は使われた特性の数 (33個) で，n_i は側面の組み合わせで使われた特性の数である。側面の組み合わせは少しわかりにくいが，仮に側面 A と側面 B の2側面だけが報告されたとしよう。この場合，ある特性は，側面 A だけで使われる，側面 B だけで使われる，側面 A と側面 B の両方で使われる，あるいはどちらにも使われないという四つの場合がある。このとき，n_1 は側面 A だけに使われた特性の数，n_2 は側面 B だけに使われた特性の数，n_3 は側面 A と側面 B の両方で使われた数，n_4 はどちらの側面にも使われなかった数である。側面の数が増えればそれだけ側面の組み合わせも増大することになる。自己複雑性は側面の数が多いほど，そして側面間で使われる特性が独自であるほど高くなる。

自己複雑性の研究目的も，自己概念の構造と心理的適応の関係にあった。しかし，Linville は自己複雑性がストレスに対する緩衝材の役目を

果たすという仮説を提案した。自己複雑性は，自己概念が複数の側面に分かれた分化構造を有することをいうが，一つの側面がダメージを受けても，別の側面が維持されていることによってそのダメージが自己概念全体に広がることを防げるという見方である。例えば「家族との関係」でネガティブな経験をしてそこでの自己概念が揺さぶられても「友達との関係」や他の側面における別の内容をもった自己概念が安定しているならば，家族とのネガティブ経験によって自己概念全体が不安定になることはなく，したがって精神的健康への影響も少ないと考えられる。

　この見方に従えば，自己複雑性が高いほどストレスによる自己概念のダメージが緩和され，適応的であることになる。106名の大学生を対象としたLinville（1987）のデータでは，自己複雑性そのものは抑うつとの相関は$r = .18$であったが，有意ではなかった（身体的不調とは弱いが有意な正の相関があった）。しかし，2時点（T1，T2）にわたる調査データを用いて分析すると，T2の抑うつを結果変数としたとき，説明変数として，T1の抑うつ，T1のストレス評価，T1の自己複雑性を含めてこれらの影響を取り除いた後でも，T1のストレス評価×T1の自己複雑性の交互作用効果が有意で，ストレス評価が高い時ほど自己複雑性の高い人のほうが抑うつが低かった。このような効果は身体的不調と知覚されたストレス，あるいはインフルエンザや頭痛などの疾患の有無についてもみられた。一般にストレスが高いほど罹患率は高まり不適応状態になるが，Linvilleの仮説と一致して，自己複雑性が高い人はストレスが心身に及ぼすネガティブな影響が緩和されていた。

　そのような効果が本当に生じるのであろうか。Rafaeli-Mor and Steinberg（2002）は70の研究の5,354人の参加者からなるデータを用いてメタ分析を行った（ただし，結果変数は抑うつやムード・情緒状態あるいは自尊心であった）。この研究によると自己複雑性が高いほど適応度は有意に低かったが，効果量としては小さかった（$r = -.04$）。また，研究データのタイプによっても結果は異なり，ストレス経験後の両者の関連を扱った12の研究データでは$r = .03$となり，効果量としてやはり小さいが，自己複雑性が高いほど適応的であった。反対にポジティブな経験（成功など）の後の両者の関連を調べた九つの研究データでは$r = -.27$となり，自己複雑性が低いほど適応度は高かった。これは自己概念の構

造が単純である人ほどポジティブ経験の影響が精神的にプラスになることを表している。経験の効果が考慮されていない残りの49の研究データではr＝－.04であった。彼らはさらにLinvilleの唱えた自己複雑性のストレス緩衝仮説を検討するため，この仮説の検証に関わる交互作用（自己複雑性×ストレス）効果について報告のあった24の研究データに言及した。目的の交互作用効果は，緩衝効果があるなら負の係数になる。正の係数であれば，自己複雑性はストレス下で不適応の度合いを高めることになる。交互作用の係数が報告されている研究のうち係数が負であったものが12研究，係数が正であったものは7研究であった。残りの5研究は交互作用が有意でないため，係数の報告がなかった。Linvilleの仮説通りであるともそうでないとも言える結果である。結局，自己複雑性は，ある条件下ではネガティブイベントに対して人々が不適応に傾くことを抑止する緩衝効果をもつが，別の条件下では自己複雑性の高さがネガティブイベントの発生時に不適応的状態へ向かわせるともいえる。その条件が何であるのかは現在のところ明確になっていない。

　実は，こうした混乱は自己複雑性の指標にあるとする研究もある。自己複雑性は，先のSCDと同様，指標の妥当性に関する問題を抱えている。自己複雑性はそもそも自己概念の複雑さを表す指標である。したがって，その値が高いほど自己側面の数は多くなり，自己側面の意味的重複は小さくなっていなければならない。しかしRafaeli-Mor, Gotlib, & Revelle (1999) の分析によると，Linville (1987) の情報量基準を適用する自己複雑性の指標は，自己側面の数とは高い相関があるものの（r＝.71），自己側面間の意味的重複に関しては自己複雑性が高いほど重複も大きかった（r＝.24）。このとき，意味的重複（OL）は次の式で算出された。

$$OL = \frac{(\Sigma_i (\Sigma_j C_{ij})/T_i)}{n(n-1)} \quad (2)$$

C_{ij}は，側面iと側面jのいずれにも当てはまる特性語の数
T_iは側面iに当てはまる全特性語の数
nは当該実験参加者が生成した自己側面の数

　榊 (2006) はこうした研究に鑑み，情報量基準Hをそのまま自己複雑

性の指標とするのではなく，自己複雑性を「自己側面の数／意味的重複」として表す指標 SC を提案した。そして H と SC とを用いて気分不一致効果との関連を検討した。気分不一致効果とは，人は不快気分のときほど想起する記憶がポジティブになるという効果を指す。これが自己複雑性と関連するのは，自己概念に意味的重複の少ない多様な側面があることによって，現在の不快気分が自己全体に広がらずに，その不快気分の影響を受けていない複数の自己側面からポジティブな記憶を想起できるからである。結果として，H とこの効果との関連（r = .14）は有意ではなかったが，SC は有意であった（r = .38）。新たに提案された SC 指標のほうが理論的予測を裏づける結果をもたらしたのである。

(3) 矛盾度

自己概念はすべてが明瞭で意味的に一貫しているわけではない。例えば，自分自身が話し好きかということを考えるとき，「そういうときもあれば，そうでないときもある」と思う人も少なからずいるだろう。すでに述べたように Sande et al.（1988）は，意味的に正反対の特性については，他者よりも自己に対してどちらも当てはまると回答する傾向があることを見出した。

同様のことは，パーソナリティの二面性を測定しようとした次のような試みにみられる。森（1983）は意味的に対立する特性語を30対作成し，それらを図 3-3 のように配置してそれぞれの特性語についてどの程度自分に当てはまるかを回答させるという方式をとった。各対の特性語は反対の意味をもつので，二つの評定値の相関は負になる。例えば，「口数少ない」と「話し好きな」の対の評定値の相関係数は r = − .75，「それとなくいう」と「単刀直入」は r = − .54であり，これらは対立性項目と呼ばれた。是か非かが比較的明確な特性だといえる。しかし，中には負の値がそれほど大きくないものや正の相関を示す対さえみられた。例えば，「自立的」と「協調的」は r = − .05であり，「実際的」と「理論的」は r = .17であった。これらは「共存性項目」と呼ばれた。共存性項目は多くの参加者にとって同時的に「当てはまる」と答えうるものだが，そのような回答パターンには個人差もある。項目の種類に限らず，対となった特性語の評定差が全般的に小さく，どちらも自分に当てはま

2 分化の指標

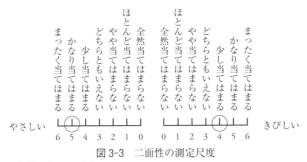

図3-3 二面性の測定尺度
出典) 森, 1983より

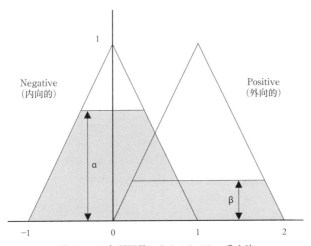

図3-4 三角型関数によるMin-Max重心法
出典) 林・小田, 1996より

るという二面的な反応を示す参加者もおり, こうした人はパーソナリティの二面性をもつとされた（桑原, 1986；森, 1983）。

このような曖昧さをとらえる別の方法として, 林・小田（1996）は, ファジィ理論から導かれたFCR（Fuzzy-set Concurrent Rating）法を応用した。これは「外向性」のようなレベルの特性概念に対する正極と負極を構成する複数の特性語から得られる評定値の最大値を用いて図3-4のような対称三角型関数を適用し, 正負両極の最大評定値に基づいて囲

まれる面積の重心 G を定積分により求める方法である。林・小田 (1996) の G は次式で計算されている。

$0 \leq \alpha < \frac{1}{2}$ または $0 \leq \beta < \frac{1}{2}$ のもとで，$\alpha \geq \beta$ の場合,

$$G = \frac{\beta(\beta-3)}{(\alpha^2 - 2\alpha - \beta)} - 1 \tag{3}$$

$0 \leq \alpha < \frac{1}{2}$ または $0 \leq \beta < \frac{1}{2}$ のもとで，$\alpha < \beta$ の場合,

$$G = \frac{\alpha^2 - \alpha - 2\beta^2 + 4\beta}{\alpha - \beta^2 + 2\beta} - 1 \tag{4}$$

$\alpha \geq \frac{1}{2}$ かつ $\beta \geq \frac{1}{2}$ の場合,

$$G = \frac{2\beta^2 - 4\beta + 1/4}{\alpha^2 - 2\alpha + \beta^2 - 2\beta + 1/4} - 1 \tag{5}$$

　α と β は，ある特性概念の正負両極を構成する複数の特性語の当てはまり評定の最大値である。例えば，外向性の「外向的な」，「積極的な」，「活発な」などは正極側の項目，「内向的な」，「消極的な」，「おとなしい」などは負極側の項目になる。仮にこの 6 項目で外向性を測定するとすれば，G 算出のための α は負極側 3 項目のうちの最大評定値，β は正極側 3 項目のうちの最大評定値となる。なお，評定尺度の値は，0～1 の範囲に変換して計算される。質問紙上のリッカート尺度が 1 点～ 7 点ならば，「0, .16, .33, .50, .67, .84, 1」のように変換される。

　α と β を用いる方法は，小田・林 (2002) でいう 2 項目 FCR 統合式の Min-Max 重心法のケース 1 からケース 3 に当たる。ただし，この G は結果的には一つの特性（例えば外向性）を測定する複数の項目への当てはまりの平均値とそれほど大きく変わらないようである。

　ファジィ評定法でむしろ興味深いのは，特性概念の評定に関する矛盾度 C を 0～1 の範囲で算出できることである。ここでは，この矛盾度に注目しよう。その式は次のようになる。

$$C = 0.5 \times (\alpha + \beta) \times \min(\alpha/\beta, \beta/\alpha) \tag{6}$$

　α と β は，その特性に関する負極と正極になるわけだが，この二つの

値が近いほど C が大きくなるように作られていることがわかる。

　林・小田（1996）では，特性5因子に関する自己概念の矛盾度 C は，.46〜.56の範囲にあった。これらの値は一般的な自己についての適合度から得た値であり，文脈を設定した特性評定ではなかった。他者を評定したときの矛盾度（$M = .40$）よりも自己を評定したときの矛盾度（$M = .50$）のほうが有意に大きいことも報告されており，Sande et al.（1988）と同様の結果も得られている。

　ところで，この方法を応用するに当たり，負極に当たる項目を測定に用いなかった場合や正負の項目のバランスが著しく悪い場合（負極の項目が一つしかないなどのとき）はどのように考えたらよいだろうか。項目に付随する尺度が「まったく当てはまらない」〜「非常に当てはまる」などのワーディングで構成されているならば，次のように対処が可能ではないかと思われる。尺度が1点から9点の範囲であれば，当てはまらない側の1点，2点，3点，4点をそれぞれ1.0，.75，.50，.25として負極とし，5点を0にする。当てはまる側も同様に，正極とする。ただし，この代替法ではある特性に関する項目がすべて正極側（またはすべて負極側）に評定されてしまうと β（または a）が得られず重心 G も計算できない。参加者の評定の仕方に依存するという欠点がある。

　さて，福島（2013）はSCD研究と同様の手法で測定されたデータを用いて，上述の代替法で矛盾度の算出を試みた。すなわち，役割文脈を特定し，各役割について特性5因子を表す特性語の自己評定を求め，自己概念の矛盾度を算出した。同じ役割文脈内ならば評定の一貫性が高まり，自己概念のばらつきも低下すると考えられる。したがって，文脈特定的な自己概念は一般自己概念より小さな矛盾度が得られると期待できる。この予想の下に，大学生を参加者とした質問紙調査を実施した。

　この質問紙による自己概念の調査は2時点にわたる測定が実施され，最終的に341名が参加した。この調査データはこの後の分析でも度々用いられるので，以降は「SCDデータセット」として言及する。ここではこれらのうち最初の測定で矛盾度の算出が可能であった299名（男性189名，女性110名）のデータについてリストワイズ方式で分析した。

　自己概念に関しては，特性5因子モデルと対応する特性形容詞50語を使って，例えば「学生としての自分」というように，五つの役割文脈

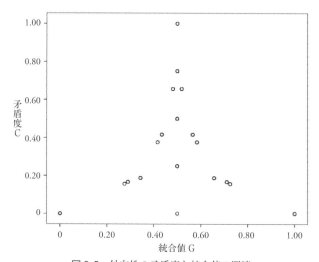

図 3-5　外向性の矛盾度と統合値の関連
注）　統合値も矛盾度もともに最小値 0～最大値 1 で表され，G の中点は 0.5 である。これらの算出法は小田・林（2002）にならった。

（学生，息子／娘，友人，恋人／異性，仕事）における自己について各特性語で表される特徴をどの程度感じるか，「まったく感じない」(1)～「非常に感じる」(9) の尺度上での回答を参加者に求めた。矛盾度 C を算出するため，各項目の評定値を 0～1 の範囲に変換した。その際，正極側の項目は，中点の 5 点を 0 として，これより高い評定値の 6 点，7 点，8 点，9 点を .25，.50，.75，1.0 として β の算出に用いた。一方，中点より低い評定値の 4 点，3 点，2 点，1 点を .25，.50，.75，1.0 として α の算出に用いた。負極側の項目は，中点より高い評定値であった項目は α の算出に，中点より低い評定値であった項目は β の算出に用いた[1]。

1）　尺度上の 1 点から 9 点を「0, .125, .250, .375, .500, .625, .750, .875, 1」というように置き換える方法もあるが，そのようにしなかった主な理由は，開放性に負極側の項目がなく，α が求められなかったためである。なお，開放性以外の各特性に関する 10 項目のうち，外向性は正極側が 5 項目，負極側が 5 項目，協調性はそれぞれ 8 項目と 2 項目，誠実性は 6 項目と 4 項目，神経質性は 3 項目と 7 項目であった。仮に，これらの特性についてこの方法で評定値を置き換えると，矛盾度は平均して高くなる。例えば，正負両極で尺度上はどちらも 7 点が最大値であったとすると α も β も .750 だが，本文中に示した方法では，α も β も .50 になるからである。つまり，同じ尺度評定値でも置き換え値が大きくなることで α と β の差

文脈特定的な自己評定の矛盾度を先の式にしたがって算出すると，5文脈それぞれについて五つの特性の矛盾度が得られる。これら25個の矛盾度の範囲は$C=.30 \sim .42$であった。図3-5は，学生役割における外向性の矛盾度Cと統合値Gの関係を示したものである。林・小田（1996）と同様のパターンを描いており，矛盾度と統合値にはこの図のような定型関係がある。

　文脈ごとに算出された矛盾度について，特性ごとに平均したものが表3-2の上段である。一方，中段は一人の参加者から得られる特性評定の値を文脈を区別せずに全体的に考えて，正反応（尺度上で当てはまる側）の最大評定値と負反応（尺度上で当てはまらない側）の最大評定値を用いて算出した矛盾度である。上段と中段の値を比較すると，文脈特定的な矛盾度よりもすべての文脈を通して算出された通文脈の矛盾度のほうが有意に大きかった（$ts=21.3 \sim 23.1, p<.001$）。複数の文脈にわたって特性評定を行うと，単一の文脈における特性評定よりも同じ特性に関する評定の振幅が広がることをよく表している。さらに，補足データとして別の研究参加者162名（男性42名，女性119名，不明1名）に同じ特性語を使って一般自己概念の評定を求めて矛盾度を算出した。一般自己概念は複数の文脈における自己概念をすべて反映すると考えることもできる。そうだとすれば，通文脈と同程度の矛盾度が得られるかもしれない。しかし，これらの値は表3-2の下段にあるように，通文脈の矛盾度よりも文脈特定的な自己概念の矛盾度に近かった[2]。

　さらに，文脈特定的な自己概念の矛盾度と通文脈の自己概念の矛盾度については，先に紹介したSCD（Donahue et al., 1993）や修正文脈間SD（Baird et al., 2006）とどのように関連するのかも検討した。これらは同じ評定データから算出できる（自己複雑性は同データからは算出できないので，この分析には含まれていない）。各特性の矛盾度の総平均とSCDとの相関を表3-3に示したが，これをみると，文脈特定でも全文脈でも自己

も大きくなる。
　2)　この一般自己概念の矛盾度Cは，林・小田（1996）と比較すると低い。しかし，それは本章の注1で述べた通り，置き換え値の相違によるものと解釈できる。林・小田（1996）は7段階の尺度だが，これを0〜1に置き換えると，「0, .16, .33, .50, .67, .84, 1」となる。中点が.50であるため，必然的にαとβの差は拡大する。

表 3-2 特性 5 因子の文脈特定および通文脈の自己評定における矛盾度

	特性					総平均
	外向性	協調性	神経質性	誠実性	開放性	
文脈特定	.35	.34	.39	.37	.36	.36
通文脈	.59	.57	.66	.60	.59	.60
一般自己概念	.36	.34	.40	.36	.32	.35

注) 矛盾度の理論的範囲は 0〜1。文脈特定の場合，5 文脈×5 特性で25個の矛盾度が得られるが，本表では特性ごとに平均値を示した。
出典) 福島，2013より

表 3-3 自己評定のばらつきを表す指標間の関連

変数	1	2	3	4
1 文脈特定	—			
2 通文脈	.86	—		
3 修正文脈間 SD	.74	.86	—	
4 SCD	.18	.27	.34	—

注) 修正文脈間 SD とは，五つの文脈で回答された同じ項目の評定値の標準偏差から，項目平均値の影響を取り去って文脈間の反応のばらつきを指標化したものである。
出典) 福島，2013より

概念の矛盾度は修正文脈間 SD と高い相関が，SCD とは低い相関があった。これはオリジナルの SCD よりも修正文脈間 SD のほうが矛盾度 C とより近い構成概念であることを表している。また，文脈特定の矛盾度は，値が高いほど特定の単一文脈の中で自己が不安定であることを表すが，これが通文脈の矛盾度や修正文脈間 SD とも関連した。単一文脈内の自己認知が意味的な矛盾を含み安定していなければ，それは結局自己全体でみたときにも安定していないことになる。したがって，単一文脈内の矛盾度が高ければ，その必然として文脈間の矛盾度や文脈間の評定のばらつきも高くなると理解できる。

3 分化の指標とパーソナリティの関連

上述した異なる分化度がどのようなパーソナリティ変数と関わるのかも興味深い。ここではそれを検討した著者の研究（福島，2014）につい

て述べる。研究1と研究2が実施されており，これらは用いた尺度も重なるところが多いので，使われた尺度の概要について先に述べ，変数間の関連については二つの研究についてまとめて述べる。

通常，自己概念の分化を調べるためには，複数の社会的役割をとる自己について特性語評定を求め，そのデータから分化度の指標を構成する。上述したようにその指標には複数のタイプがある。ここでは主成分分析を使ったSCD（Donahue et al., 1993），役割間SD，修正役割間SD（Baird et al., 2006），ファジィ評定法による矛盾度C（林・小田，1996）に着目する。これらは同じ評定データに基づいて算出できるので，指標の相互相関を調べることも，他の個人差変数との関連を比較することもできる。

研究1では，「SCDデータセット」を用いた。大学生341名（男性215名，女性124名，不明2名）の参加者に，五つの役割文脈（学生，息子／娘，友人，恋人／異性，仕事）で特性5因子と対応する特性語を示し，各役割における自分自身にそれぞれの特性をどの程度感じるかについて自己評定を求めた。これを1ヵ月の間隔で2度実施した[3]。2度の調査に参加したのは233名（男性146名，女性87名）であった。

これに加えて，次のような複数のパーソナリティ変数が測定された。自尊心の測定には，自分に対する肯定的な感情を測るとされているRosenbergの尺度の邦訳（星野，1970）を用いた。例えば「自分にはたくさんの長所があると思う」，「自分に大体満足している」など10項目で構成される。各項目は「まったくそう思わない」(1)～「非常にそう思う」(4)の4段階リッカート尺度上に回答する形式である。取りうる値の範囲の最小値は10点，最大値は40点である。

自己概念明瞭性の測定には，Campbell et al.（1996）が作成した尺度を邦訳して用いた[4]。自己の分化とは意味として正反対の構成概念であり，「自分が誰でどんな人間か，はっきりとした感覚がある」，「自分についての考えが，自分の中でよく変わるように思う」など12項目で構成される。各項目は「まったく当てはまらない」(1)～「非常によく当てはまる」(7)の7段階のリッカート尺度上に回答する形式であり，取り

---

[3] 前節の(3)矛盾度において紹介した研究と同じ調査データを用いている。この調査研究への参加者は2回の調査に参加したが，1回目のみの参加者，2回目のみの参加者もいた。

[4] 徳永・堀内（2012）も信頼性・妥当性を検討した邦訳版を作成している。

うる値の範囲は12点から84点である。

　GHQ（General Health Questionnaire）は，精神的健康調査票と呼ばれるもので，Goldberg（1972）が作成した60項目の尺度である。身体的症状，不安と不眠，社会的活動障害，うつ傾向の下位尺度からなる。ここでは中川・大坊（1985）による邦訳版を用いた。例えば，ある特定の症状について「たびたびあった」，「いつもと変わらなかった」，「なかった」，「まったくなかった」のような四つの選択肢から一つを選んで回答する。各選択肢には3点，2点，1点，0点を与えるリッカート法による得点化をした。取りうる値の範囲は0〜180点であり，値が高いほど健康度が低いことを表す。

　自己愛については，Raskin & Terry（1988）のNarcissistic Personality Inventory（NPI）を邦訳して用いた。2項選択法で40項目から構成されている。NPIには初期の54項目版もあるため（Raskin & Hall, 1981），40項目版はNPI40と呼ばれることもある。例えば，「褒められると照れくさい」と「褒められるのが好きだ」の選択では後者が自己愛的項目であり選択されると1点になる。取りうる値の範囲は0〜40点である。この邦訳尺度を使った研究はすでにいくつか実施されており，自己愛者が示すと予想される反応をとらえることができる（Fukushima & Hosoe, 2011；福島・岩崎・青木・菊池, 2006）。

　社会的望ましさの測定には，古典的なCrowne & Marlowe（1960）のSDS（social desirability scale）の邦訳短縮版を用いた（北村・鈴木, 1986）。10項目からなり「はい」または「いいえ」のいずれかで回答する。例えば，「仮病を使ったことがあります」に「いいえ」と答えれば1点になる。取りうる値の範囲は0〜10点である。

　孤独感については，UCLA孤独感尺度（Russell, Peplau, & Cutrona, 1980）の諸井（1985）の邦訳を用いた。例えば，「私には頼りにできる人が誰もいない」，「私は疎外されている」などの20項目について「決して感じない」（1）〜「しばしば感じる」（4）のリッカート尺度に回答する。取りうる値の範囲は20〜80点である。

　解離性体験尺度も用いた。人格障害の一種に解離性障害という概念がある。アイデンティティや自己の行動の記憶や意識は，通常は統合されて全体的な自分自身のものとして経験されるが，その統合機能に障害が

あるとき解離性障害とみなされる。Bernstein & Putnam（1986）は，この解離性障害の程度は健常者が体験しうる病理的でないレベルから多重人格のような病理的なレベルまで連続する次元上に表せると仮定し，それを測定する質問票を作成した。Carlson et al.（1993）による改訂版を田辺（1994）が邦訳しており，ここではその28項目を用いた。具体的には「自分がある場所にいるのに，そこにどうやってたどりついたのかわからない，というようなことのある人がいます。あなたにはこのようなことがどれくらいありますか」，「着た覚えのない服を着ていた，というようなことのある人がいます。あなたにはこのようなことがどれくらいありますか」のような項目文に，0％から100％まで10％刻みの尺度が付される。0％を「そういうことはない」，100％を「いつもそうだ」として該当箇所の数値を円で囲むように教示される。得点化は0％を0点とし10％刻みで1点ずつ増やし100％を10点として採点する。取りうる値の範囲は0～280点である。

　研究2の参加者は大学生288名（男性143名，女性140名，不明5名）であった。このデータも後の分析で用いるため「SCDデータセット2」[5]とする。研究1と同様に，自己の特性自己概念の測定は1カ月間隔で2度実施した。2度調査に参加した者は243名（男性122名，女性121名）であった。自己の特性評定に用いる特性語の数は，特性5因子について各5語ずつと研究1から半減させた。また，孤独感尺度を除外し，知覚されたストレス尺度（Cohen, Kamarck, & Mermelstein, 1983）の邦訳版（鷲見，2006）を加えた。この尺度は主観的に感じるストレスの強度を測定するもので，「この1カ月間，神経質になり『ストレス』を感じましたか」のような14項目からなる。「まったくなかった」(0)～「いつもあった」(4)のリッカート尺度を用いて測定された。取りうる値の範囲は0～56点である。この尺度は自己概念と同じタイミングでGHQとともに2度測定された。

　また，バランス型社会的望ましさの尺度を加えた。社会的に望ましい

---

[5] 自己概念の測定に用いた項目数が一つの役割について25項目（特性5因子×5項目）になっていることと，含めたパーソナリティ尺度が少し異なる他は，SCDデータセットと同様のデザインであった。新潟大学の学生が，授業内で2度の調査への参加機会を与えられ，243名が任意で参加した。

反応は，強い自覚なしになされる場合と意識的になされる場合がある。この両者をとらえるために Paulhus (1984) によって開発された尺度である。ここではその邦訳版（谷, 2008）を用いた。前者は自己欺瞞と呼ばれており，「私は自分で決めたことを後悔しない」，「私が感じた他人の第一印象はよく当たっている」などの12項目である。自分自身の不完全さを認識しない傾向といえるだろう。後者は印象操作と呼ばれており，「道路や公共の場所で，ごみを落としたことはない」，「人をののしったことがない」などの12項目である。悪い人間に見えないようにする傾向といえる。こちらのほうが元来の社会的望ましさ概念に近い。しかし，いずれの因子にも社会的に望ましい人間であろうとする動機づけが作用していると考えられているので，この2因子で一つの尺度が構成されている。なお，邦訳版の項目数はオリジナルより少ないが，因子構造は同様であることが確認されている（谷, 2008）。評定には，「まったく当てはまらない」(1) から「非常に当てはまる」(7) のリッカート尺度が用いられる。取りうる値の範囲は24〜168点である。

　研究1も2もまず，五つの役割における自己の特性評定のデータから自己概念の分化度の指標を算出した。SCD は個人別の主成分分析を用いるオリジナルの方法と，Baird ら（2006）の役割間 SD を平均値で統制した修正 SCD，林・小田（1996）の矛盾度 C である。これらは2回測定されていたので，再検査信頼性を検討した。研究1では，SCD が.65，修正 SCD が.80，矛盾度が.73であった。SCD はやや低かったが，修正 SCD と矛盾度は十分であった。ところが研究2では順に.69, .60, .60と研究1に比べ修正 SCD と矛盾度の信頼性が低かった。

　これらの指標については2時点の平均値を算出し，パーソナリティ変数を含めて指標間の相互相関を計算した。表3-4に示されているように，研究1，2とも，基本的には同様の結果である。修正 SCD と矛盾度は相関が非常に高く，両者と他の指標との関連もほとんど同じパターンである。したがって，この二つの分化度の指標はほぼ同じ性質をもつと考えてよいだろう。一方，SCD はこれらと低い相関しか示さなかった。修正 SCD や矛盾度はもっぱら役割間の評定の相違が反映されるが，主成分分析による SCD は，その計算過程で項目間の分散が反映されるため，同じ評定データを用いても値の性質が異なってしまうことが反映さ

表 3-4 自己概念の分化度指標の相互相関とパーソナリティおよび健康度指標との相関

		研究1			研究2		
		1	2	3	1	2	3
1	SCD	—	—	—	—	—	—
2	役割間 SD	.34*	—	—	.37*	—	—
3	矛盾度	.28*	.87*	—	.26*	.82*	—
4	自己愛	−.03	.33*	.31*	.05	.24*	.21*
5	自尊心	−.24*	−.02	−.05	−.08	−.06	−.06
6	自己概念明瞭性	−.24*	−.12*	−.08	−.26*	−.15*	−.12
7	社会的望ましさ	−.18*	−.06	−.03	−.29*	−.04	−.07
8	バランス型社会的望ましさ	—	—	—	−.28*	−.25*	−.26*
9	解離性体験	.22*	.24*	.24*	.23*	−.22*	.23*
10	孤独感	.29*	−.01	−.03	—	—	—
11	知覚されたストレス	—	—	—	.19*	.22*	.23*
12	GHQ	.25*	.10	.11	.28*	.21*	.22*

注) 分化度の各指標,自尊心,自己概念明瞭性,GHQ は測定2回の平均値である。
*) 5%水準で有意であったことを示す。
出典) 福島,2014より

れている。

　社会的望ましさについて,修正 SCD と矛盾度は有意な関連を示さなかった。SCD は,社会的望ましさと負の相関を示し,社会的望ましさが高いほど分化度が小さくなるという関係を表している。ここにはすでに論じた SCD のバイアスが関与していると思われる。社会的望ましさが高い人は,自己の特性評定においても望ましさを求めるので,肯定的な項目への当てはまり判断が高くなる。これは役割間の評定の関連を高め,SCD を小さくする効果がある。このことが両者の負の相関をもたらしたのだと考えられる。SCD は回答者の望ましい反応を示そうとする動機づけとも関連するようである。

　SCD と自尊心との間にはやはり負の相関がみられたが,これも社会的望ましさの場合と同様であろう。自尊心の高い人ほど肯定的な項目への当てはまり判断が高くなり,役割間の評定の類似性が高くなる結果として SCD が小さくなるためと思われる。

　自己概念明瞭性は自己概念の分化とは逆の概念である。この尺度は主観的に自分の特徴が何かをはっきりと定めてとらえている程度を表す。したがって分化の指標とは負の関連をもつはずである。実際,自己概念明瞭性と分化度の指標との相関係数は,それほど強い関連ではないが,

自己概念が明瞭であるほど，SCD や修正 SCD が低いことを示していた。しかし，矛盾度はそのような関連を示さなかった。

また SCD が高いほど，GHQ が高く精神的不健康の傾向があった。研究1では，修正 SCD と矛盾度は GHQ との関連が有意ではなかったが，研究2では，三つの分化度すべてが GHQ と関連し，知覚されたストレスや解離性体験ともすべて正の相関がみられた。

また，BIDR-J によると，SCD のみならず他の2指標も，社会的望ましさが高いほど分化度が小さかった。これは，役割間で自己の特性に関する評定の差異を小さくすることが社会的に望ましい反応であることを示唆している。参加者が，自己に関して一貫した評価をするほうが望ましいととらえたことは十分に考えられる。複数の役割を設定して繰り返して評定を求める方法の場合，このような反応のバイアスがある可能性に留意する必要があるだろう。しかし，SDS 短縮版については，研究1も研究2も SCD のみが負の相関を示した。つまり，修正 SCD や矛盾度は，SDS 短縮版では測れないような社会的望ましさの側面と関連しているということである。谷（2008）は，自己欺瞞は自尊心と関わるが，SDS は自尊心と相関がみられないことから，BIDR-J が SDS とは異なる社会的望ましさの側面を測定できる可能性があるとした。言い換えれば，BIDR-J には自尊心の高さとかかわるような社会的望ましさの側面があるといえる。しかし，修正 SCD も矛盾度も自尊心とは関連がなかったことから，SDS にはない自尊心との関わりが社会的望ましさと分化度との関連をもたらしたとも言い難い。分化度と社会的望ましさとの関連を見極めて行くことは今後の課題の一つである。

さて，三つの分化度がすべて同じデータから計算されたことを考えれば，この指標間の関連は評定者の信頼性係数のような意味をもつとみられる。同じ情報を評価したときに異なる評定者の間でどの程度その評価が一致するかという問題だからである。修正 SCD と矛盾度は一致したが，SCD と他の分化度はそれほど一致しなかった。このパターンは研究1と2でまったく同一である。SCD だけが他と異なる値になるのは，おそらくそこに測定項目間の分散が反映されているためであろう。

研究1も2も，SCD が高いほど，GHQ のような精神的不健康の指標も高くなった。これは先行研究と同様である（Baird et al., 2006;

Fukushima & Hosoe, 2011)。しかし，研究2では修正 SCD と矛盾度も不健康の指標と関連があった。Bleidorn & Ködding, (2013) は54の研究から SCD と様々な健康指標との関連を表す207の相関係数を用いて両者の関連をメタ分析した。その結果，自己概念の分化度と不健康の間に $\rho = .28$（95％信頼区間 .23〜.32）の関連があるとされた。二つの変数の間に実質的な関連があるとみなせる値である。

　個別の研究では分化度と健康度の有意な関連がみられないこともあるが，全体的には弱い関係があるとみてよいだろう。分化度の高い人が自己概念の不安定な人だとすれば，Carl Rogers の議論に照らしてこのような関連があるのも理解できる。ただし，これは SCD や修正 SCD あるいは矛盾度を自己概念分化の指標とした場合のことである。なお，本書第5章で述べるように，自己概念の分化について，関係文脈の間にみられる自己概念の相違を多面性として，文脈内の自己概念の変動と区別したところ，文脈内の変動が不健康と正の相関をもつ一方で多面性は有意な相関が得られていない。

4　特性自己概念の分化と自己愛

　前節では分化度の指標とパーソナリティ変数との関連をみた。しかし，ある変数と分化度に関連があったとして，心理学研究として重要なのは，なぜそのような関連があるのかを説明することである。先の変数のうち自己愛に関しては，自己概念の分化度との関連について理論的な観点を含めて研究が進められている。

　自己愛の構成概念は複雑である。NPI の作成者である Raskin & Terry (1988) は，次のような七つの下位因子があるとした。権威（権威やリーダーシップがあると感じる），うぬぼれ（自分の力量に対する過信），優越感（他者より優れていると感じる），自己顕示（自分をひけらかしたり注目を求める），搾取性（他者を操れると思っている），虚栄心（自分の身体を見たり見せたいと思っている），特権意識（自分に特別な権利があると感じている）である。Emmons (1984) は，搾取性と特権意識，リーダーシップと権威，優越感と傲慢，自己陶酔と自己賛美の4因子を報告した。

Corry, Merritt, Mrug, and Pamp（2008）は，それまでの自己愛尺度に関する代表的な因子モデルについて確認的因子分析を行い，リーダーシップと権威，自己顕示と特権意識がそれぞれ一つの因子を構成する2因子モデルを提案している。

　自己愛に関心をもつ研究者は多く，1990年代の後半から特に社会心理学者たちの間で自己愛パーソナリティについて理解が進展してきた。その牽引役となったのは，「存在脅威モデル」（Baumeister, Smart, & Boden, 1996）ある。このモデルは，米国社会における自尊心賛美に疑問を呈し，高自尊心になることが必ずしも好ましい結果をもたらすものではないということに焦点を当てて登場してきた（Baumeister, Campbell, Krueger, & Vohs, 2005）。自尊心の高い人々の中には，過度に高い自己評価をもち，それが現実に裏打ちされていないことによる情緒的不安定さをもつ者がいる。彼らは自我脅威（自分への批判など）に対して心理的に脆弱で，防衛的な攻撃反応を示し，高過ぎる目標に挑戦して失敗することも多い。その典型が自己愛パーソナリティの持ち主であるというのである。こうした人々は，高い自己評価に彩られているという意味では内容において単純だが，それが容易に傷つきやすいという意味では構造において不安定な自己概念をもつといえる（Bushman & Baumeister, 1998; Morf & Rhodewalt, 2001）。

　一方，「自己制御過程モデル」（Morf & Rhodewalt, 2001; Rhodewalt, 2001）は，自己愛者が直面する矛盾を指摘した。自己愛者は，自己概念，個人内の認知・感情的制御，対人戦略，社会関係の4要素の相互影響過程を通して，常に誇大自己の構成のために社会環境を積極的に操作するが，他者への関心に欠けるため肯定的な自己へのフィードバックが得られないというのだ。さらに，「実行モデル」とその拡張版（W. K. Campbell, Brunell, & Finkel, 2006; W. K. Campbell & Foster, 2007; W. K. Campbell & Green, 2008）は，こうした自己制御過程の中で，自己愛者の実行的な特性（外向性，魅惑，地位やパワー）に焦点を当て，自己愛者の対人的自己制御にはその特性を活かした短期的な利点（初期関係の構築，個人的利得の上昇，自己愛的評価の充足）と，共同的な特性に欠けることによる長期的なコスト（関係維持の困難さ，公共財の消耗，パフォーマンスの停滞）との間にトレードオフがあるとした。

これらの理論と研究で共有されているのは，自己愛的な自己概念が，高い自己評価に彩られてはいるが，偏りと不安定さを含んでいることである。自己愛者の自己概念の偏りや不安定さに関して，Rhodewaltらは，二つの見方を提示した。一つは「欠陥モデル」である。自己愛者の自己概念は，認知表象として明瞭でないために，アクセシビリティが低いという見方である。この見方は自己愛者の自己概念明瞭性SCC（S. D. Campbell et al., 1996）が低いという予想を導くが，彼らがレビューした研究においては両者の間に有意な関連はみられなかった。SCCは，前節でも説明したが12項目からなる尺度で，特性の評定などによらず，自己概念の明瞭さに関する信念の個人差を測定できる。「私は自分の性格のいろいろな側面の間に矛盾を感じることはめったにない」，「おおむね，私は自分が誰であり何者であるかに関して明確に自覚している」などの項目がある（徳永・堀内，2012）。Stucke & Sporer（2002）も，ドイツ人学生を対象として自己概念明瞭性とNPIとの関係を調べたが，有意な相関は得られなかった。これは著者の前節のデータでも確認された（研究1でr = .11，研究2もr = .11）。SCCでみる限り，自己愛的な傾向があるからといって主観的な自己概念の明瞭さが低いわけではないことがわかった。自己愛者の自己概念が認知表象としての明瞭さに欠けるとする欠陥モデルの支持は乏しいといえる。

　もう一つの「構造モデル」には，いくつかの支持的証拠がある。このモデルでは，自己愛者の自己概念は明瞭さやアクセシビリティよりもその構造において他の人々と異なると仮定される。Rhodewalt & Morf（1995）は，NPIと自己複雑性（Linville, 1987）の得点の間に自尊心を統制した後に有意な負の相関を見出し，自己愛的な人ほど自己概念の複雑性が低い傾向があることを見出した。このことは自己愛者の自己概念の構造が単純であることを示唆する。自己複雑性理論は，単純な自己概念ほどネガティブライフイベントに脆弱であると考える。そのことが情緒や自尊心の不安定さにつながると考えられる。しかしながら，他の研究では自己愛と自己複雑性の有意な関連はみられず，この結果は再現されていない。

　一方，Rhodewalt, Madrian, & Cheney（1998）は，「評価的統合」（Showers, 1992）の低さがNPIと自尊心の変動性との関連を高めている

ことを見出した。評価的統合とは，自己概念のポジティブ面とネガティブ面が強く結びついている状態を指す。例えば自分の特徴についてリストアップしたときに，ポジティブな概念とネガティブな概念が交互に現れる人や，もっともネガティブな側面について「以前は問題を感じていたが，今はそんなに悪くない」，「その特徴のために自分に罪悪感が起こるが，誰かが傷つくことはない」というように，ネガティブ面にポジティブな情報を付け加えて認識する人は，自己概念の評価的統合度が高い。この傾向が低い人は自分自身について良いか悪いかの二分法で考えがちなので，日々の出来事の解釈において柔軟性に欠ける。それゆえに出来事の感情価を直接的に受け止めがちであり，その感情価が自尊心に反映されて変動が大きくなると考えられる。Rhodewalt らの結果は，物事の良し悪しを二分法的に考える傾向が，自己愛的な自己評価の不安定さと組み合わされたときに，日々の自尊心がもっとも揺れ動くことを示している。つまり，自己の側面に評価的な仕切りがあり，統合度の低い自己概念をもつ自己愛者ほど自尊心の変動性が高い。これは評価的な面での構造的な分化が自己愛的な人の自己概念を不安定化していることを示唆する。また，Morf & Rhodewalt（2001）は，予備的研究によるNPI 得点と SCD（Donahue et al., 1993）の正の相関を報告し，自己愛と自己概念の分化度との関連を示唆した。このように，自己愛者とそうでない人々の間で自己概念の構造が異なるという見方を支持する証拠は得られているが，自己愛的自己や自尊心の不安定さが，自己概念構造の単純さゆえなのか，複雑さあるいはアイデンティティの混乱ゆえなのかに関してはいまだに明確でない。

　それでは，自己愛とその自己概念の変動について，どのように理解できるであろうか。自己愛研究者たちによれば，自己愛者の対人関係においては社会的受容と拒否のトレードオフが発生する（W. K. Campbell & Buffardi, 2008; Morf, Horvath, & Torchetti, 2011）。自己愛者は，社会環境の中でポジティブな自己の獲得のために，積極的に自己制御に従事するが，彼らの対人的な試みは，他者の軽視（W. K. Campbell, Reeder, Sedikides, & Elliot, 2000）や脅威や拒絶への過敏さゆえに（Bushman & Baumeister, 1998; Twenge & Campbell, 2003），初期の成功と後の失敗とを複数の文脈で繰り返す。単純なのは，誇大性やポジティブな評価や評判を希求する

という自己愛者の目標であり，その果てに得られる社会的フィードバックは，評価的に一貫せず，彼らを混乱させるものであることを示唆している。この混乱は彼らの期待がポジティブであるほど（Farwell & Wohlwend-Lloyd, 1998），一層強まるはずである。一般に，自己概念の構成はこうした社会的フィードバックの影響を強く受ける（James, 1890; Cooley, 1902; Mead, 1934）。特に自己愛者は他者評価に過敏であることから，一貫しない社会的フィードバックに対する応答性が他の人々よりも高いと考えられる。したがって，自己愛者に対するフィードバックの帰結として構成される彼らの自己概念には，複雑さや混乱が伴うであろう。つまり，自己愛者の社会的環境は理論的には両価的であり，彼らはその両価的なフィードバックのどちらにも反応する。この二つの理論的な仮定から，自己愛者の自己概念は分化的なのだと考えられる。

自己愛的であるほど自己概念の分化度が高いことは，すでに著者らも確認している。Fukushima & Hosoe（2011）は，SCDとその修正指標を用いて，自己愛と自己概念の分化的な構造との関連を調べたところ，学生サンプルでも無作為抽出した成人サンプルでもNPI40が高いほど自己概念の分化度が高いという結果を得た。同様の結果はすでに前節でも報告した。しかし，この関連が対人的環境の混乱や両価性から来ているということについてはいまだ証拠が得られていない。

自己愛者の対人的な両価的環境が彼らの自己概念に不安定さをもたらすという見方を仮に「自己愛者の両価的環境仮説」と呼ぼう。ここでは，この仮説を検討するため，対人領域のポジティブイベントとネガティブイベントが同程度に混在している状態を対人環境が両価的であるとみなして，自己愛者に実際にそのような両価的状態が多いのか，あるいはそのような環境への反応として彼らの自己概念の分化度が高まるのかを検討した著者の研究（福島, 2011）について述べる。

この研究では「SCDデータセット2」を用いている。ここでは，そのうち分析に用いる変数に欠損値のなかった212名（男性106名，女性106名）のデータを用いた。最初の調査（T1）では，自己愛尺度（NPI40; Raskin & Terry, 1988）を含む幾種類かの人格尺度とライフイベント尺度（高比良, 1998），および役割別の自己概念の測定が実施された。ライフイベントと自己概念は1カ月後（T2）にも測定された。

ライフイベント尺度にはポジティブな出来事（PE）とネガティブな出来事（NE）のリストがそれぞれ30項目ずつあり，それらが過去1カ月に生じたか否かを尋ねる形式である。対人領域と達成領域の出来事を半数ずつ含んでいる。本研究ではT2の対人領域尺度のみを分析に用いた。PEもNEも0～15点の範囲である。対人領域のPEには「気の合う仲間と旅行，遊びに行った」「仲間とのおしゃべりを楽しんだ」などがあり，NEには「仲間との旅行，遊びの計画がつぶれた」「仲間の話題についていけなかった」などがある。PEとNEの相関係数は$r = .23$であった。

もし自己愛者の対人環境が両価的であるならば，自己愛が高いほどPEとNEのいずれも高いはずである。しかし，自己愛はPEとは正の相関（$r = .20, p < .05$）を示したが，NEとは関連がなかった（$r = .08, n.s.$）。自己愛者に対人イベントの両価的状態が多いわけではなかった。

次に，自己愛と自己概念の分化度の間に関連があるかを確かめるため，修正SCDをBaridら（2006）にならって算出した。自己愛（NPI得点）はSCDとはT1，T2時点とも有意な相関を示さなかったが（$r = .08, -.02, n.s.$），役割SD（$r = .21, .15, p < .05$）や修正SCD（$r = .24, .19, p < .05$）とは有意な正の相関を示した。SCDではなく修正SCDを分化度の指標とした場合，自己愛が高いほど分化度が高いという結果はFukushima & Hosoe（2011）と同様である。

さらに，自己愛的であるほど両価的環境に反応して自己概念の分化度が高まるのかを検討した。T2の修正SCDを従属変数，T1の修正SCDをコントロール変数，自己愛，PE，NEを独立変数とし，独立変数間の一次，二次の交互作用項も投入して，3ステップの階層的重回帰分析を行った。第1ステップでは，PEとNEが有意で（$\beta = .12, .11, p < .05$），感情価によらず1カ月間のイベント頻度が高いほど，自己概念の分化度が高かった。一方，自己愛は有意ではなく，自己愛的であるだけで1カ月の間に自己概念の分化度が増減することはなかった。第2ステップでは自己愛×PE，自己愛×NEも投入したが，PE×NEだけが有意で（$\beta = -.22, p < .05$），高PEのときはNEの高低による自己概念の分化度の差は小さかったが，低PEのときはNEによる差が大きかった。第3ステップでは，第2ステップで有意でなかった交互作用は除き，PE×NE

4　特性自己概念の分化と自己愛　　103

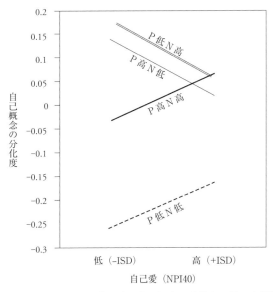

図 3-6　対人イベントと自己愛が自己概念の分化度に及ぼす影響
出典）福島，2011 より

×自己愛の高次交互作用を投入した。この交互作用は有意であった（β = .11, p< .05）。

そこで，有意な交互作用を含む回帰式を作成し，T1 の修正 SCD に平均値（=0）を，PE と NE のそれぞれに ±1SD を代入してできる，自己愛を独立変数とする四つの単回帰式をもとに図 3-6 を描いた。分析では T1 の自己概念変動を統制しており，図 3-6 の値は，T1 時点での差がないものとした上での T2 時点の自己概念の分化度の高低を表す。まず PE と NE がともに高く対人環境が混乱していると思われる場合に，自己愛が高いほど分化度も高い傾向があり，予想したように過去 1 カ月の間に生じた対人的なポジティブイベントとネガティブイベントがともに高い（対人環境の混乱を表すとみなせる）とき，自己愛者は自己概念の分化度を高めたことが示唆された。しかし，PE と NE がともに低い場合も自己愛が高いほど分化度が高かった。出来事の絶対数よりもイベントの感情価が混在することに反応したといえるかもしれない。一方，PE と NE のどちらかが高い場合には，自己愛が低いほど分化度が高

かった。一様な対人イベントが，非自己愛的な人の自己概念の分化度を高めたといえる。

5　多重役割設定法による特性自己概念の測定の性質

　自己概念の分化の程度を知るには，いくつかの指標を用いることが可能だが，そもそも質問紙を使った自己概念評定において，複数の役割を設定し，同じ特性語項目に繰り返し自己評定を求める方法の心理測定的な性質についてはよくわかっていない。この方法を多重役割設定法と呼び，ここではその測定法の性質について検討する。

　多重役割設定法の下では多くの個人の項目評定値は役割間で変動する。この変動は，自己概念の不安定性を表す Self-Concept-Differentiation（自己概念分化）として概念化され，すでに述べたように個人内の主成分分析（Donahue et al., 1993）や役割間の標準偏差（e.g., Baird et al, 2006）によって指標が構成される。これらの指標は，精神的健康（e.g, Donahue et al., 1993; Bleidorn & Kodding, 2013），主観的真正性（English & Chen, 2011），自己愛（Fukushima & Hosoe, 2013）といった個人差との関連の有無の他，文化差（Church et al., 2008; English & Chen, 2007）についても焦点があてられてきた。

　この心理測定法には，少なくとも相互に関連する三つの疑問が提起される。第一の疑問は，多重役割の弁別妥当性である。同じ項目を異なる役割下で評定する際に，人々は各役割を弁別して評定するだろうか。Ching et al.（2013）は，役割自己概念のスコア間の関連からみた弁別妥当性の証拠を提示した。異なる役割設定下で測定された自己概念の間にみられた中程度の相関は，一般自己概念との関連を統制することによって低下した。つまり，みかけほど各役割下の自己概念の関連は高くなかった。しかし，証拠はまだ少ない。以下では，構造方程式モデリングを用いて多重役割設定法のモデルを構築し，潜在変数としての役割間の相関をゼロに制約したモデルを用いてこの問題を検討しよう。

　第二の疑問は，役割が特性評定に及ぼす効果の大きさがどれほどかである。この種の効果には二つのタイプがある。一つは役割が自己概念の

標本平均にどの程度の相違をもたらすか，つまり役割の効果サイズである。Ching et al. (2013) によると，役割の効果サイズは彼らが調査した五つの文化の平均で，外向性が.49, 協調性が.17, 誠実性が.30, 情緒不安定が.15, 開放性が.19 であった。もう一つのタイプは，ほとんど検討されてこなかったが，役割が測定値の分散に対してもつインパクトである。心理測定に期待される貢献の一つは個人間の違いを把握することである。役割の効果量に関わらず，各役割下で評定された自己概念の測定値には個人間分散が観察される。その分散が測定値全体の分散に占める割合はどれほどであろうか。言い換えれば設定された役割は測定値の個人差をどの程度まで説明できるだろうか。元来，SCD は役割間の個人内変動に関する個人差を見る指標である。しかし，ある役割文脈で測定された自己概念の個人間分散に，その設定された役割がどの程度の寄与をしているのかを知る必要がある。役割が各個人の評定をどの程度違ったものにしているのかということだが，もしそれが非常に小さければ，設定された役割は測定に個人差をもたらさないこと，つまり，誰もが各役割に対して似た反応をすることを意味する。この場合，たとえサンプル全体の平均的な自己評定に役割間の大きな変動があったとしても，それは個人の自己概念の揺れを表すものではない。

　第三の疑問は，SCD の測定に用いられる項目群の信頼性である。SCD は個人別の主成分分析によって項目レベルの情報に基づいて指標を構成するので (Donahue et al., 1993)，項目評定値を加算したスコアではない。こうした理由から，測定の信頼性向上を目的とした項目分析はこれまで用いられてこなかった。しかし，多重役割設定下での項目の信頼性が評価できれば，SCD に用いる項目としての適切さを判断できる。この信頼性係数は上述の役割因子による分散の説明率と，異なる役割において同じ項目を評定する方法下で仮定される項目因子の分散説明率との和で求められる。

　これらの問題を検討するには，潜在状態特性理論 (LST) とその分析枠組みが応用できる (Geiser & Lockhart, 2012; Steyer, Ferring, & Schmitt, 1992; Steyer, Majcen, Schwenkmezger, & Buchner, 1989)。多重役割設定法で得られるデータの構造は，潜在状態特性理論のそれと一致するからである。パーソナリティの測定に安定的な特性と変動的な状態の効果を仮

定する LST の関心の一つは，得点の分散に対して特性と状態の二つのソースを仮定したときの測定の信頼性を把握することにある。LST では，古典的テスト理論にしたがって観測変数は真の得点と誤差に分解される。真の得点は特性の効果と状態の効果を反映するものと仮定されている。したがって，LST の因子分析モデルでは，特性因子と状態因子を仮定して観測変数の分散を説明する。状態因子とはその時点に特定的な特性の状態を表す。

LST における「状態」を「役割」と置き換えることによって多重役割設定下で測定される自己概念にこのモデルを適用できる。ここで提示するモデルでは，観測変数である自己概念の分散は特性因子の効果と役割因子の効果で説明されることになる。この際に留意する必要があるのは，通常 LST 理論が文脈を特定しない複数の異なる時点での測定を想定しているのに対して，SCD では一時点で複数の役割下での測定をする点である。この測定方法の違いがあるために，分析モデルに異なる仮定をおく必要がある。LST 研究では，状態は各測定機会に固有な様相を呈するとみなすので，状態因子間に相関を仮定しない（例外として自己回帰モデルがある）。一方，多重役割設定では測定時点が同じである以上，役割因子間に相関を仮定することが妥当な基準モデルとなる。

LST データに適用できる分析モデルはいくつかあるが，Geiser & Lockhart（2012）は，指標特定的特性因子（Indicator-specific Trait Factor）は他よりも概して適合度がよいことを見出した。このモデルの特徴の一つは，一般特性（例えば，外向性）の因子を導入せず，特性の測定に用いる項目（例えば，「話し好き」，「活動的」）やファセット（2，3項目を一つのセットにして指標化したもの）ごとに因子を仮定するところにある。多重役割設定下での特性評定を IT モデルで表すと，図3-7のようになる。各役割において特性が五つの項目で測定されることを示している。図の右側にある五つの因子が指標特定的因子である。ここでは項目因子と呼ぶ。これらの項目因子はいずれも同じ特性（例えば，外向性）に関わっており，相互に関連があるはずなので，それらの間には相関が仮定される。一方，図の左側にある五つの因子が設定された役割である。役割因子は同じ役割下で測定された項目すべてに影響することが表されている。また，一時点で複数の役割について測定することを前

5 多重役割設定法による特性自己概念の測定の性質

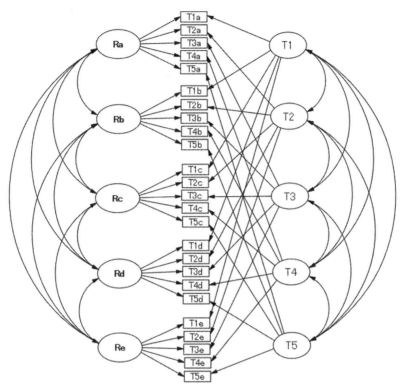

図3-7 多重役割設定法における特性評定のITモデルによる表現（基準モデル）
注）すべての観測変数T1a～T5eについて誤差変数から矢印が向かうが，煩雑さ回避のため誤差変数は図中に描かれていない。左側Ra～Reは役割因子である。無相関役割モデルでは，役割因子にかかる円弧を描く共分散のパスは取り除かれる。右側T1～T5は項目因子である。

提としているので，これらの因子間に相関が仮定されている。

このモデルを基準モデルとした場合に，先の三つの疑問を検討する方法はどのようなものになるだろうか。第一の疑問は多重役割の弁別妥当性であった。一般に，弁別妥当性は構成概念を表す変数間の低い相関関係によって示される。このモデルにおける役割因子間の相関は，それが低いほど役割因子の効果が独立的であることを表すので，この基準モデルの役割因子間の相関をゼロに制約する無相関役割モデルを作成し，適合度の変化を検討した（Widaman, 1985）。このモデルの適合度がパラメータ制約なしの基準モデルと比べて悪くなければ，設定された役割は

潜在変数として独立的であると仮定できることを意味し，それはすなわち役割が弁別されていると考える証拠となる。役割下で評定された自己概念間の低い相関も弁別的妥当性の証拠となるが，一定の仮定の下に基準モデルのパラーメータに制約を加えるモデル（ここでは無相関役割モデル）の適合度の変化をみる方法は，モデル解析法の進展に伴って現れた新しい形式の弁別妥当性の検証方法である（Byrne, 2010）。

　第二の疑問への答えは，測定項目の分散分割によって提供できる。役割因子の分散説明率は，図3-7では役割因子から各観測項目に向かうパスの負荷量の二乗である。それらは項目ごとに算出されるので，役割因子の全体的な分散説明率としては，その平均を用いている。同様に，項目因子の分散説明率は，項目因子から各観測項目に向かうパスの負荷量の二乗である。各項目の分散はこれら二つの因子と誤差分散によって説明される。

　多重役割設定では，項目因子と役割因子で説明される分散の和が測定値の真の分散である。この真の分散から第三の疑問である測定の信頼性の答えが得られる。この疑問は，第二の疑問と切り離せない。真の分散の全分散に対する割合をとることによって古典的テスト理論の枠組みで信頼性を評価できる。また，モデル内の項目因子間の共分散のパスは，項目因子が同じ特性概念（例えば外向性）を表すことを意味しており，項目因子間相関係数の平均は内部一貫性の指標となる。

　ここでは「SCDデータセット」と「SCDデータセット2」を用いて上述の疑問の検討を行った。前者は各特性について10項目，後者は5項目であったが，後者の5項目は前者の10項目から選抜したものであったので，「SCDデータセット」については共通する5項目のデータを取り出して分析を行った。分析対象者は447名であった（年齢平均19.2 SD = 2.49，範囲18～65，男性238，女性208，不明1）。

　参加者は「自己に関する研究」と題された質問冊子を配布され，参加する調査は，特定の社会的役割を取っているときの自分自身の見方に関するものであると説明された。冊子の各ページには，学生，友人，息子／娘，恋人，仕事の役割のいずれか一つが印刷されており，それぞれの役割をとるときの自分自身が実際にどのようであるかを思い浮かべて，特性5因子を表す25個の特性語（具体的な項目は表3-7に示した）にその

表3-5 多重役割設定における特性5因子の評定に関する
基準モデルと無相関役割モデルの適合度の比較

モデル	χ^2	df	CFI	SRMR	RMSEA	90%C.I.	PCLOSE
外向性（n = 440）							
基準モデル	405.5	230	.974	.037	.042	.035-.048	.982
無相関役割モデル	435.8	240	.971	.034	.043	.037-.049	.963
差分	30.3*	10	.003				
協調性（n = 443）							
基準モデル	307.3	230	.988	.029	.028	.019-.035	1.000
無相関役割モデル	339.4	240	.985	.033	.031	.023-.038	1.000
差分	32.1*	10	.003				
誠実性（n = 438）							
基準モデル	365.0	230	.974	.032	.037	.029-.044	.999
無相関役割モデル	411.7	240	.967	.038	.040	.034-.047	.993
差分	46.7*	10	.007				
神経質性（n = 441）							
基準モデル	372.1	230	.973	.035	.037	.030-.044	.999
無相関役割モデル	419.4	240	.966	.042	.041	.035-.048	.988
差分	47.3*	10	.007				
開放性（n = 441）							
基準モデル	490.1	231	.962	.035	.050	.044-.057	.445
無相関役割モデル	559.1	241	.953	.039	.055	.049-.061	.094
差分	69.0*	10	.009				

注） *CFI*: Comparative fit index, *RMSEA*: Root mean square error of approximation, *90%C.I.*: 90% confidence interval of *RMSEA*. *PCLOSE*: *RMSEA* の母数が .05 より大きくないという帰無仮説に関する p 値
*）　二つのモデルの χ^2 の差分が 5% 水準で有意であったことを示す。

自分がどの程度当てはまるかを9段階尺度上で評定するように求められた（「SCDデータセット」では50個の特性語が用いられた）。また，回答の際に「自分はいつも同じである」，「自分は状況に応じて変わる」というように事前に決めて回答するのではなく，できるだけ実際の姿を思い浮かべて当てはまりの程度を回答するように強調した。

質問冊子内の5役割の順序は，順序効果が相殺されるように，役割をランダムに並べて循環させる方法（random order with rotation）によって10通りのバージョンを作成した。項目の順序は5通りのランダム配列を作成して1ページから5ページに固定した。

まず，多重役割設定の弁別的妥当性を検討するため，5特性の多重役割評定について，それぞれ図3-7の基準モデルおよび無相関役割モデルを適合させた。表3-5に，各モデルの適合度指標とモデル間の差を示し

表3-6 潜在変数としての役割因子間の相関

		1	2	3	4	5
外向性						
1	学生	—	.398	.676	.470	.602
2	息子／娘		—	.384	.240	.347
3	友人			—	.536	.583
4	恋人				—	.566
5	労働者					—
協調性						
1	学生	—	.251	.628	.429	.502
2	息子／娘		—	.324	.220	.182
3	友人			—	.632	.487
4	恋人				—	.399
5	労働者					—
誠実性						
1	学生		.243	.345	.082	.382
2	息子／娘		—	.014	−.020	.121
3	友人			—	.145	.071
4	恋人				—	.354
5	労働者					—
神経質性						
1	学生		.442	.703	.554	.574
2	息子／娘		—	.510	.411	.314
3	友人			—	.545	.526
4	恋人				—	.540
5	労働者					—
開放性						
1	学生		.330	.507	.205	.546
2	息子／娘		—	.300	.165	.424
3	友人			—	.242	.243
4	恋人				—	.210
5	労働者					—

注) 対角線の上側は基準モデルにおける結果を表す。下側は無相関役割モデルのための場所だが、このモデルでは役割因子間の相関を仮定しないので空欄になっている。

た。基準モデルは，開放性を除く四つの特性で $RMSEA$ が.05より小さく，90％信頼区間上限でも.05を越えなかった。開放性においても $RMSEA$ が.05を越えないという帰無仮説は棄却されなかった。モデルと観測データの分散共分散行列の差異を表す $SRMR$ も概して小さかった。したがって，基準モデルは全体としてよい適合度であった。表3-6，表3-7のように，基準モデルにおける役割因子間の相関は，低から中程度であった。

5 多重役割設定法による特性自己概念の測定の性質

表3-7 潜在変数としての項目因子間の相関

		1	2	3	4	5
外向性						
1	外向性の	—	.665	.826	.545	.389
2	話し好き	.727	—	.645	.428	.379
3	活動的	.870	.708	—	.449	.415
4	内向的な*	.699	.549	.608	—	.865
5	引っ込み思案*	.563	.497	.562	.910	—
協調性						
1	親切な	—	.670	.860	.821	.420
2	人情にあつい	.738	—	.713	.601	.298
3	あたたかい	.906	.769	—	.641	.560
4	心配りする	.868	.684	.737	—	.337
5	冷たい*	.546	.419	.653	.462	—
誠実性						
1	きちんとした	—	.775	.676	.284	.306
2	几帳面な	.780	—	.541	.146	.109
3	注意深い	.701	.560	—	.203	.373
4	ちゃらんぽらんな*	.325	.173	.242	—	.399
5	不注意な*	.345	.146	.409	.430	—
神経質性						
1	気が長い*	—	.562	.389	.142	.171
2	怒りっぽい	.599	—	.856	.420	.439
3	かりかりする	.491	.909	—	.413	.289
4	愚痴っぽい	.291	.631	.606	—	.322
5	感情的な	.280	.566	.468	.473	—
開放性						
1	知性のある	—	.278	.346	.640	.867
2	型破りの	.272	—	.732	.050	.350
3	個性的な	.389	.726	—	.147	.310
4	大人	.659	.054	.191	—	.624
5	頭が切れる	.880	.339	.352	.639	—

注) 対角線の上側は基準モデル，下側は無相関役割モデルの係数を示している。
*) 逆転項目である。

　無相関役割モデルでは，これらをゼロに制約した。基準モデルに制約を加えたこのモデルについて，すべての特性で$\Delta CFI < .01$であり基準モデルより適合度が悪化したとはいえない（Cheung & Rensvold, 2002）。また$RMSEA$の90％信頼区間上限も開放性以外はすべて.05を上回らなかった。開放性も$PCLOSE$は有意ではなく，$RMSEA$の母数が.05を上回らないという帰無仮説は棄却されなかった。$SRMR$もすべての特性評定で小さかった。無相関役割モデルの適合度もおおむね良好であっ

た（表3-5）。役割因子の相互相関を統制したモデルの適合度がほとんど低下しなかったことは，設定された役割が相互に弁別されると仮定したモデルが受け入れ可能であることを示しており，多重役割設定法の自己概念評定に関する弁別妥当性の証拠になる。以下では，無相関役割モデルの結果を示し，基準モデルの指標については必要に応じて言及する。

潜在変数による観測変数の分散説明率および信頼性の推定値を役割文脈ごとに示したのが表3-8である。これは無相関役割モデルの数値である。役割間の相互関連を統制して分散説明率を計算したものであり，すべての役割におけるすべての項目について，役割因子間の相関がゼロであると仮定したときの各因子の説明率を示している。

この表は複雑なので，見方を説明しておく。質問紙に設定されていた五つの役割文脈が横に配置されており，もっとも左側には各特性自己概念の測定に用いた項目が五つずつ並んでいる。左上の外向性の欄をみると，一番上の項目は「外向性の」である。そのすぐ右に並ぶ値は「学生」の役割文脈におけるこの項目に対する評定値の分散の説明率である。「項目」の値が.59で，「役割」が.24になっている。これらは項目因子が評定の分散の59％を，役割因子が24％を説明したことを表す。この二つの値を加算すると83％になる。これが測定の信頼性の推定値となり，残りの17％が測定の誤差である。

項目因子や役割因子についても説明しておく。五つの役割文脈で同じ項目を用いているため，例えば「外向性の」という項目への反応は役割文脈によって多少変わる可能性がある。つまり，設定された役割は各項目の評定に影響力をもつ。そして，それぞれの役割の下でどの程度の評定をするのかは人によって異なる。評定の分散とは，人によって異なる反応をするときのその散らばり具合を表すが，役割因子はその散らばり具合が役割によってどの程度説明できるのかを表している。特定の役割のとき，どのように反応するかは人によって違うが，その違いによる散らばりを表すといえる。一方，たとえ文脈が変わっても，その項目に対して変わることのない中核になる反応成分がある。それは項目固有の，その項目が本来表す行動的特徴に由来する効果だと考えられる。ある項目に対して役割に関わらずどう反応するかは，やはり人によって違う。項目因子は各項目の反応の散らばり具合のうち役割に関わらず，その項

目への本来の反応（人によって違う）によってどの程度説明できるかを表している。項目因子は，役割の効果を除いた，その項目の意味に対する基本的な反応の個人差を表すといえる。

さて，まずは全体をみてみよう。表の右下にある全体の総平均をみると，役割因子の説明率は14％である。多重役割設定法における役割の寄与率は，平均値でみると期待したほど大きくはなかった。一方，項目因子の説明率は全体の総平均で50％を占めていた。つまり，役割文脈に関わらず，その項目が表す行動的特徴にどのように反応するかの個人差が項目評定値の散らばりのうち半数を占めている。役割因子の説明率はこれに比べると小さいが，それでも項目に対する評定の散らばりのうち14％がその役割に対してどのように反応するかという個人差で説明される。50％と14％を加算した64％が全体の信頼性になる。誤差が36％もあるので，多重役割設定法は全体としてそれほど精度の高い測定法ではないようだ。

役割文脈ごとに数値をみると，その説明率は文脈によって異なっていた。下段の総平均でみると「息子／娘」は5特性を通した役割因子の平均が23％ともっとも大きく，逆に項目因子は36％と最小であった。「息子／娘」のような子どもとしての役割は，行動特性の自己評定をする際に項目の意味本来の効果による個人のばらつきは減少し，その役割においてどう反応するかという部分での個人のばらつきの占める割合が増加した。一方で，「学生」は9％，「友人」は8％と役割の影響は他よりも低く，「恋人」は15％，「仕事」は16％と中間的であった。

一方，特性ごとの平均をとった全体（最右列）を見ると，役割因子の説明率は，外向性と協調性が17％ともっとも高く，神経質性15％，誠実性12％，開放性10％と続いた。それほど大きな開きはないが，外向性や協調性の値が高いのは，これらの特性が他者に直接的に働きかけるような対人行動を強く反映するからだと思われる（De Young, Weisberg, Quilty, & Peterson, 2013）。またこの観点では開放性が対人行動としての意味合いがもっとも弱く，役割因子の寄与が小さいと予想されるが，確かに5因子の中ではそれがもっとも小さい。

表3-8の最下段は基準モデルにおける各因子の分散説明率の全体平均である。役割間相関を統制しない場合は統制時と比べて，役割因子の説

表 3-8 多重役割設定法における自己概念の分散の

特性項目	役割文脈											
	学生				息子／娘				友人			
	項目	役割	信頼	誤差	項目	役割	信頼	誤差	項目	役割	信頼	誤差
〈外向性〉												
外向性の	.59	.24	.83	.17	.36	.32	.68	.32	.72	.10	.81	.19
話し好き	.59	.08	.67	.33	.28	.27	.55	.46	.72	.08	.79	.21
活動的	.66	.10	.76	.24	.38	.22	.60	.40	.72	.06	.78	.22
内向的な	.57	.10	.67	.33	.30	.29	.59	.41	.56	.17	.73	.27
引っ込み思案	.50	.11	.61	.39	.22	.24	.45	.55	.56	.14	.70	.30
M	**.58**	**.13**	**.71**	**.29**	**.31**	**.27**	**.57**	**.43**	**.65**	**.11**	**.76**	**.24**
〈協調性〉												
親切な	.57	.17	.73	.27	.29	.38	.67	.33	.62	.14	.76	.24
人情にあつい	.71	.07	.78	.22	.44	.30	.74	.26	.69	.08	.76	.24
あたたかい	.61	.12	.73	.27	.34	.40	.74	.26	.67	.08	.74	.26
心配りする	.47	.13	.60	.40	.17	.33	.50	.50	.59	.15	.75	.25
冷たい	.47	.06	.53	.47	.28	.19	.47	.53	.52	.05	.57	.43
M	**.57**	**.11**	**.67**	**.33**	**.30**	**.32**	**.62**	**.38**	**.62**	**.10**	**.72**	**.28**
〈誠実性〉												
きちんとした	.48	.13	.61	.39	.38	.25	.63	.37	.64	.03	.67	.33
几帳面な	.67	.06	.73	.27	.57	.17	.74	.26	.67	.12	.79	.21
注意深い	.55	.08	.63	.37	.31	.18	.49	.51	.47	.01	.48	.52
ちゃらんぽらんな	.55	.08	.63	.37	.49	.08	.57	.43	.75	.01	.76	.24
不注意な	.51	.09	.60	.40	.31	.13	.44	.56	.62	.02	.64	.36
M	**.55**	**.09**	**.64**	**.36**	**.41**	**.16**	**.57**	**.43**	**.63**	**.04**	**.67**	**.33**
〈神経質性〉												
気が長い	.58	.02	.60	.40	.33	.23	.57	.43	.62	.02	.65	.35
怒りっぽい	.63	.12	.75	.25	.29	.42	.70	.30	.56	.24	.79	.21
かりかりする	.57	.11	.67	.33	.30	.34	.64	.36	.64	.09	.73	.27
愚痴っぽい	.55	.07	.63	.37	.30	.13	.44	.56	.60	.04	.65	.35
感情的な	.50	.08	.58	.42	.26	.13	.38	.62	.51	.03	.54	.46
M	**.56**	**.08**	**.65**	**.35**	**.29**	**.25**	**.55**	**.45**	**.59**	**.08**	**.67**	**.33**
〈開放性〉												
知性のある	.62	.13	.76	.24	.48	.16	.64	.36	.71	.00	.71	.29
型破りの	.61	.01	.63	.37	.59	.00	.59	.41	.60	.11	.71	.29
個性的な	.63	.03	.65	.35	.55	.00	.55	.45	.66	.11	.77	.23
大人	.57	.07	.64	.36	.28	.09	.37	.63	.64	.02	.66	.34
頭が切れる	.66	.09	.75	.25	.54	.37	.92	.08	.76	.00	.76	.24
M	**.62**	**.07**	**.69**	**.31**	**.49**	**.13**	**.62**	**.38**	**.67**	**.05**	**.72**	**.28**
総平均	**.58**	**.09**	**.67**	**.33**	**.36**	**.23**	**.59**	**.41**	**.63**	**.08**	**.71**	**.29**
（基準モデル）	.46	.21	.67	.33	.30	.29	.59	.41	.52	.21	.73	.27

分割（無相関役割モデル）

	役割文脈							全体			
	恋人				労働者						
項目	役割	信頼	誤差	項目	役割	信頼	誤差	項目	役割	信頼	誤差
.54	.15	.69	.31	.50	.16	.66	.34	.54	.19	.74	.26
.60	.10	.70	.30	.50	.06	.56	.44	.54	.12	.65	.35
.48	.18	.66	.34	.38	.34	.72	.28	.53	.18	.70	.30
.43	.20	.63	.37	.47	.18	.65	.35	.46	.19	.65	.35
.47	.19	.67	.33	.49	.12	.61	.39	.45	.16	.61	.39
.51	**.16**	**.67**	**.33**	**.47**	**.17**	**.64**	**.36**	**.50**	**.17**	**.67**	**.33**
.49	.29	.78	.22	.44	.17	.61	.39	.48	.23	.71	.29
.57	.05	.63	.37	.57	.10	.67	.33	.59	.12	.71	.29
.50	.27	.77	.23	.47	.20	.67	.33	.52	.21	.73	.27
.47	.16	.63	.37	.50	.07	.57	.43	.44	.17	.61	.39
.39	.15	.54	.46	.52	.06	.58	.42	.44	.10	.54	.46
.48	**.18**	**.67**	**.33**	**.50**	**.12**	**.62**	**.38**	**.49**	**.17**	**.66**	**.34**
.42	.13	.55	.45	.25	.32	.56	.44	.43	.17	.60	.40
.64	.04	.67	.33	.45	.13	.58	.42	.60	.10	.70	.30
.34	.13	.47	.53	.44	.28	.72	.28	.42	.14	.56	.44
.60	.07	.67	.33	.47	.12	.59	.41	.57	.07	.64	.36
.32	.23	.55	.45	.32	.14	.46	.54	.42	.12	.54	.46
.46	**.12**	**.58**	**.42**	**.39**	**.20**	**.58**	**.42**	**.49**	**.12**	**.61**	**.39**
.48	.07	.55	.45	.47	.10	.57	.43	.50	.09	.59	.41
.33	.40	.73	.27	.40	.23	.62	.38	.44	.28	.72	.28
.43	.31	.74	.26	.50	.19	.69	.31	.49	.21	.69	.31
.39	.11	.50	.50	.38	.16	.55	.45	.45	.11	.55	.45
.45	.04	.49	.51	.35	.15	.50	.50	.42	.08	.50	.50
.42	**.19**	**.60**	**.40**	**.42**	**.17**	**.59**	**.41**	**.46**	**.15**	**.61**	**.39**
.61	.14	.75	.25	.55	.22	.77	.23	.59	.13	.72	.28
.53	.00	.53	.47	.49	.00	.49	.51	.56	.03	.59	.41
.58	.02	.60	.40	.51	.00	.51	.49	.58	.03	.62	.38
.51	.17	.68	.32	.44	.22	.66	.34	.49	.11	.60	.40
.53	.20	.73	.27	.56	.22	.77	.23	.61	.18	.79	.21
.55	**.11**	**.66**	**.34**	**.51**	**.13**	**.64**	**.36**	**.57**	**.10**	**.66**	**.34**
.48	**.15**	**.64**	**.36**	**.46**	**.16**	**.61**	**.39**	**.50**	**.14**	**.64**	**.36**
.41	.23	.65	.35	.35	.27	.62	.38	.41	.24	.65	.35

明率が20％〜30％とやや大きめであることがわかる。この差はどのようなものと考えたらよいだろうか。役割因子間の相関を統制する理由は，役割因子が独立したモデルを作るためである。この統制によって全体的な役割因子の説明率は，24％から14％に減少し，逆に項目因子の説明率が41％から50％に増加した。つまり，役割因子の説明率の減少分のほとんどが項目因子に移った。このパターンは特性単位でみた場合も同様である。それでは，統制前の役割因子間の相関は何を意味しているのだろうか。一つは，測定の同時性による共有成分である。時間的な反応の同時性が役割の相違にも関わらず，役割間に共分散をもたらすと考えられる。さらに，すべての役割下で影響を及ぼす一般特性による共分散が役割間に発生する。実際，役割自己概念間の相関は一般自己概念との共分散を通して高められている（Ching et al., 2013）。つまり，本研究のモデルで役割間相関をゼロにすることは，測定の同時性の効果と一般特性による役割因子間の共分散の統制とを含んでいるといえよう。

　第三の疑問は測定の信頼性である。表3-8の全体の総平均でみると.64であった。役割文脈ごとに数値をみると，もっとも高かったのは「友人」役割で.71，もっとも低かったのは「子ども」役割で.59，「学生」は.67，「恋人」は.64，「仕事」は.61であった。全体としてみると多重役割設定法で項目因子または役割因子によって意味づけ可能な評定値の分散は60％〜70％ということになる。残りは測定の誤差である。細かく項目単位でみると，例えば開放性の項目「型破りな」は「息子／娘」，「恋人」，「労働者」の役割で役割因子の説明力がゼロであった。他にも同じく開放性の「個性的な」や「頭が切れる」も役割因子の説明力がゼロになっているところがある。測定の信頼性という観点からすると，役割設定をして特性自己概念を測定するという目的のための項目としては問題があるといえるかもしれない。しかし，役割の影響が項目によってどの程度異なるのかを数値で示すことができたのは一つの成果である。

　各特性に関する項目因子間の相関も，多重役割設定法における特性自己概念の内的一貫性を表すものとして有用である。5特性それぞれの無相関役割モデルにおける項目因子間の相関は表3-7にある。対角線の下側をみてほしい。小数点第3位を丸めると，外向性は.50〜.91の範囲にあり，平均では.67であった。協調性は.42〜.91で平均が.68，誠実性は

.15〜.78で平均が.41,神経質性は.28〜.91で平均が.53,開放性は.05〜.88で平均が.45であった。誠実性や開放性は低く,多重役割設定法で自己概念の一部としてこれらの構成概念を測定するためには,項目間の関連がより高いものが望ましい。

　このデータの特徴を知るために,共分散構造分析とは別に,補足的な分析を行った。一つは役割自己概念間の相関係数である。特性値（5項目の合成得点）を役割ごとに算出し,相互に相関をとった。五つの役割から2ペアの10相関が得られる。外向性の役割間相関は.45〜.74の範囲で平均は.60,協調性は.44〜.73,平均.60,誠実性は.45〜.72,平均.57,神経質性は.42〜.71,平均.57,開放性は.63〜.79,平均.70であった。5特性全体の平均役割間相関は.61であった。Ching et al.（2013）においては5文化の各平均が.52〜.60であった。本研究も特性値でみた役割間相関はこれらと概ね一致していた。

　これらの特性値が役割によっていかに異なるか,役割を要因とした一要因分散分析を行い,その効果サイズを調べた。役割の主効果はすべて有意であった。各役割における特性値と役割の効果サイズを表3-9に示した。Ching et al.（2013）に比べると効果サイズはやや小さかった。これは,役割間で特性評定の平均値の差異が大きくなかったことを示している。本研究では「見知らぬ人」の役割を設定していなかったが,役割設定の多様性が低かったために,このような違いが生じたのかもしれない。

　各役割における自己概念の内部一貫性をα係数として算出し,表3-10に示した。もっとも低いのが友人または恋人役割の誠実性で.63であり,全体的に見て誠実性と開放性は他よりも低いが,外向性,協調性,神経質性は十分な値を示しており,役割ごとに5特性を評定する方法は,それぞれ個別尺度してとしてみれば,内的一貫性を有していた。測定項目に関して,役割ごとの個別尺度としてみれば,各特性各役割において概ね高い内的一貫性があった。しかし,この尺度の内的一貫性と,多重役割設定をした測定全体の中で評価される個々の項目の信頼性は区別されるべきであろう。前者は,設定した役割の相互的影響が何ら統制されていない。役割特定的な成分のみならず,すべての役割に共通する一般自己特性の効果も信頼性係数に反映されてしまうからである。

　このような分析方法が妥当であるかを知るために,別のデータも同様

表 3-9　特性評定の平均値と役割を要因とした分散分析でみた場合の効果量

	役　　割					$F(df1, df2)$	η^2
	学生	息子／娘	友人	恋人	労働者		
外向性	5.14a	5.43c	5.85d	5.48b	5.38c	23.19　(4, 1756)	.05
協調性	5.70b	5.55a	6.21c	6.38d	6.13d	70.53　(4, 1768)	.14
誠実性	5.42b	4.94a	5.41b	5.70c	6.19d	120.19　(4, 1748)	.22
神経質性	4.20c	5.18d	4.19c	3.89b	3.74a	152.05　(4, 1760)	.26
開放性	4.57a	4.74b	4.86c	4.61a	4.60a	12.33　(4, 1760)	.03

表 3-10　役割設定下で評定された特性 5 因子尺度の α 係数

	役　　割					平　均
	学生	息子／娘	友人	恋人	労働者	
外向性	.844	.804	.850	.833	.817	.838
協調性	.808	.826	.844	.832	.779	.818
誠実性	.702	.687	.633	.625	.724	.674
神経質性	.746	.791	.748	.750	.766	.760
開放性	.717	.666	.700	.678	.692	.691

の方法で分析した。このデータは Fukushima & Hosoe (2011) の SCD 研究で用いられたものであり，結婚して子どもをもつ男女の成人サンプルを対象としていた。対象とした特性は，特性 5 因子ではなく，単純に特性を感情価で区別したポジティブ語とネガティブ語の評定であった。SCD 指標はこのような感情価で区別される特性語を用いても作成可能であり，また Fukushima & Hosoe (2011) はそれが他の健康指標などとの関連において特性 5 因子による SCD と同様の特徴を有することを示した。しかし，多重役割設定法において，感情価で選定された特性語が 5 因子の特性語と同様の性質を有するのかは未検討である。設定された役割は「妻（夫）」，「母（父）」，「友人」の三つであった。

　表 3-11 に，基準モデルと無相関役割モデルの適合度の違いを示した。基準モデルは，ポジティブ特性に関して，RMSEA が .05 を越えていたが，ネガティブ特性は .05 より小さかった。いずれも 90% 信頼区間の上限は .05 を上回っているが，「RMSEA が .05 より大きくない」という帰無仮説は棄却されなかった。SRMR はいずれの特性も .04〜.05 の間にあったが，このレベルであればモデルはデータにフィットしているといえる（Hu & Bentler, 1999）。

表 3-11 多重役割設定における肯定的および否定的特性の評定に関する基準モデルと無相関役割モデルの適合度の比較

	χ^2	df	CFI	SRMR	RMSEA	90%C.I.	PCLOSE
肯定的特性（n = 472)							
基準モデル	453.4	197	.940	.047	.053	.046-.059	.255
無相関役割モデル	493.1	200	.931	.043	.056	.050-.062	.063
差分	39.7*	3	.009	—	—	—	—
否定的特性（n = 472)							
基準モデル	870.1	404	.940	.044	.049	.045-.054	.575
無相関役割モデル	918.1	407	.935	.042	.052	.047-.056	.274
差分	48.0*	3	.005	—	—	—	—

注) *CFI*: Comparative fit index, *RMSEA*: Root mean square error of approximation, *90%C.I.*: 90% confidence interval of *RMSEA*. *PCLOSE*: *RMSEA* の母数が.05より大きくないという帰無仮説に関するp値
*) 二つのモデルのχ^2の差分が5%水準で有意であったことを示す。

基準モデルにおけるポジティブ特性の役割因子間の相関は，妻（夫）と母（父）が.56, 妻（夫）と友人が.03, 母（父）と友人が.10であった。ネガティブ特性は，妻（夫）と母（父）が.56, 妻（夫）と友人が.15, 母（父）と友人が.34であった。項目因子間の相関は表3-12に示した。

基準モデルも無相関役割モデルも *RMSEA* が.05を越えていたが，「*RMSEA* が.05より大きくない」という帰無仮説は棄却されなかった。ネガティブ特性に関しては基準モデルの *RMSEA* が.05より小さく，無相関役割モデルは.052であった。無相関役割モデルと基準モデルの *⊿CFI* は.01よりも小さく，*SRMR* はむしろ小さくなった。無相関役割モデルの適合度は基準モデルと比べて大きくは低下しなかった。

確率サンプルにおけるモデルの適合度は，十分に満足できる値ではないが，それほど悪い値ではなかった。無相関役割モデルも，基準モデルより適合度が大きく低下したとはいえない。ネガティブ特性やポジティブ特性のような範囲の大きな特性概念においても，研究1と同様に多重役割は弁別されたといえる。

表3-13に無相関役割モデルにおける項目因子，役割因子，誤差因子が各観測変数の分散を説明する割合の項目平均を示した。役割の分散説明率はポジティブ特性もネガティブ特性も10%を超える程度で，項目因子や誤差の4分の1程度の説明率であった。いずれの特性も誤差は40%を超えていた。最下段は基準モデルにおける各因子の分散説明率の全体平均である。先の研究と同様に役割間相関を統制することによって，ポ

ジティブ特性では，役割因子の説明率が減少し，項目因子と誤差因子の説明率が増加した。ネガティブ特性では，誤差よりも役割因子が増加した。

表3-13のもっとも右列が項目の信頼性係数である。誤差が大きいため，信頼性の項目平均は，.6に満たなかった。

項目因子間の相関はポジティブ特性の範囲は.05〜.81で，平均は.47であった。「慎重な」は他の特性語との相関が相対的に低く，全体としてポジティブ特性の項目因子は多重役割設定下で相互に高い関連をもっていたわけではなかった。一方，ネガティブ特性は.16〜.89で，平均は.63であった。特性語の組によっては低いもの（「神経質な」と「いい加減な」，「短気な」と「気の小さい」）もあったが，全体としてそれほど低くはなかった。

役割因子の分散説明率は約10％であった。小さいが無視できない大きさである。一方，誤差が40％以上と大きく，多重役割設定下での項目単位の信頼性は先の研究よりも低かった。項目間相関のパターンと合わせて不適切な項目（例えば「慎重な」，「神経質な」，「疑い深い」）を除外することで測定の性質を改善することは可能であろう。

特性の役割間相関の平均は，肯定的特性が.61（.54〜.66），否定的特性が.66（.63〜.71），全体平均が.63で先の研究と同程度であった。

役割ごとの各特性の標本平均は表3-14に示した。役割の主効果はいずれも有意で，特性がもっともポジティブであったのは親としてであり，次に友人として，最後が配偶者としてであった。特性がもっともネガティブであったのは配偶者としてであり，次に親として，最後が友人としてであった。効果サイズは肯定的特性が.07，否定的特性が.22であった。

各役割における評定項目のα係数は配偶者，親，友人の役割の順に，肯定的特性が.718，.798，.741，否定的特性が.833，.870，.859といずれも高く，役割ごとにみると特性評定は一貫していた。

役割の効果サイズは，肯定的特性語については役割間の特性値の差異が小さいことを意味する。平均的に好ましい特性はどのような役割でも維持される傾向を反映しているのであろう。構成概念としてみたときには，肯定的特性も否定的特性も内的一貫性を有していた。

5　多重役割設定法による特性自己概念の測定の性質

表3-12　肯定的および否定的特性に関する特性項目因子間の相関係数

	1	2	3	4	5	6	7	8	9	10	11
肯定的特性											
明るい	—	.716	.310	-.005	.493	.372	.479	.408	.291	.281	.474
思いやりのある	.718	—	.594	.203	.786	.530	.707	.573	.344	.556	.573
穏やかな	.336	.603	—	.136	.334	.149	.441	.579	.540	.707	.698
慎重な	.052	.217	.136	—	.493	.375	.122	.118	.523	.634	.534
責任感のある	.522	.806	.371	.526	—	.781	.753	.617	.365	.507	.535
意志の強い	.399	.569	.190	.396	.810	—	.558	.457	.161	.423	.569
正直な	.483	.701	.440	.154	.774	.580	—	.584	.487	.882	.690
柔軟な	.417	.615	.615	.112	.623	.470	.595	—	.256	.226	.535
否定的特性											
神経質な	—	.350	.328	.445	.101	.210	.264	.345	.291	.281	.474
身勝手な	.387	—	.742	.666	.776	.543	.579	.290	.344	.556	.573
人をけなす	.381	.767	—	.659	.708	.462	.661	.314	.540	.707	.698
短気な	.482	.694	.695	—	.475	.259	.603	.158	.523	.634	.534
いい加減な	.163	.806	.739	.514	—	.611	.544	.412	.365	.507	.535
無気力な	.255	.582	.513	.325	.642	—	.540	.549	.161	.423	.569
乱暴な	.322	.614	.703	.653	.577	.582	—	.366	.487	.882	.690
気の小さい	.310	.299	.323	.173	.421	.549	.363	—	.256	.226	.535
やかましい	.359	.399	.591	.591	.418	.244	.558	.261	—	.584	.462
攻撃的な	.327	.590	.739	.679	.553	.487	.894	.240	.623	—	.753
疑い深い	.500	.590	.718	.577	.554	.612	.720	.531	.521	.778	—

注）対角線の上側は基準モデル，下側は無相関役割モデルの係数を示している。

表 3-13 無相関役割モデルにおける肯定的および否定的特性評定の分散の分割と信頼性の推定値

特性語	潜在因子			信頼性
	項目	役割	誤差	
肯定的特性				
明るい	.53 (.48〜.59)	.14 (.07〜.22)	.34 (.29〜.43)	.66 (.57〜.71)
思いやりのある	.37 (.36〜.38)	.30 (.24〜.40)	.33 (.23〜.41)	.67 (.59〜.77)
穏やかな	.45 (.35〜.58)	.17 (.09〜.21)	.38 (.33〜.45)	.62 (.55〜.67)
慎重な	.34 (.28〜.42)	.01 (.00〜.02)	.65 (.56〜.72)	.35 (.28〜.44)
責任感のある	.41 (.27〜.49)	.08 (.01〜.13)	.51 (.41〜.60)	.49 (.40〜.59)
意志の強い	.45 (.37〜.51)	.02 (.00〜.03)	.54 (.47〜.63)	.46 (.37〜.53)
正直な	.47 (.34〜.67)	.11 (.03〜.22)	.41 (.31〜.49)	.59 (.51〜.69)
柔軟な	.47 (.43〜.51)	.07 (.07〜.07)	.45 (.42〜.50)	.55 (.50〜.58)
M	.44	.11	.45	.55
否定的特性				
神経質な	.44 (.38〜.51)	.05 (.02〜.10)	.51 (.46〜.60)	.49 (.40〜.54)
身勝手な	.44 (.31〜.55)	.13 (.01〜.30)	.42 (.39〜.45)	.58 (.55〜.61)
人をけなす	.46 (.32〜.53)	.12 (.04〜.25)	.42 (.39〜.43)	.58 (.57〜.61)
短気な	.51 (.44〜.62)	.15 (.05〜.23)	.34 (.29〜.38)	.66 (.62〜.71)
いい加減な	.49 (.34〜.62)	.10 (.00〜.24)	.41 (.38〜.42)	.59 (.58〜.62)
無気力な	.57 (.42〜.66)	.07 (.01〜.14)	.35 (.27〜.44)	.65 (.56〜.73)
乱暴な	.53 (.46〜.59)	.18 (.13〜.22)	.28 (.20〜.33)	.72 (.67〜.80)
気の小さい	.51 (.44〜.57)	.02 (.00〜.03)	.47 (.41〜.53)	.53 (.47〜.59)
やかましい	.44 (.37〜.58)	.15 (.12〜.19)	.42 (.29〜.51)	.58 (.49〜.71)
攻撃的な	.50 (.47〜.55)	.24 (.20〜.29)	.26 (.22〜.32)	.74 (.68〜.78)
疑い深い	.38 (.36〜.40)	.10 (.05〜.15)	.52 (.48〜.56)	.48 (.44〜.52)
M	.48	.12	.40	.60
総平均				
無相関役割モデル	.46	.12	.42	.58
（基準モデル）	.43	.17	.41	.59

注）括弧内の数値は三つの役割設定で各因子がとった係数の範囲を示している。

役割設定下での測定の性質は，先の研究と比べると全般的に低いようにみえる。この差異は大学生か成人かというサンプルの性質の違いか，あるいは測定項目の概念的な違いである。先の研究は特性5因子モデルの特性因子であり，構成概念の妥当性は繰り返し確認されてきた。この研究はポジティブかネガティブかという感情価のみによって選定されたものである。構成概念として意味的には明確であれ，測定の質は特性語の選抜の影響を受ける。

さて，本節の冒頭で出された多重役割設定法に関する第一の疑問は，設定された役割の弁別妥当性であった。特性項目の分散を項目因子，役割因子，誤差により分解するモデルを作成し，基準モデルは項目因子間

表3-14 特性評定の平均値と役割を要因とした分散分析でみた場合の効果量

	役割			$F(df1, df2)$	η^2
	妻または夫	母または父	友人		
肯定的特性	4.74a	4.97c	4.89b	34.99 (2, 942)	.07
否定的特性	3.35c	3.15b	2.81a	134.01 (2, 942)	.22

にも役割因子間にも相関を仮定した。そのモデルの役割因子間に無相関を仮定したモデルは，二つの研究を通して，用いた特性の違いに関わらず適合度は大きく低下せず，役割因子相互の影響関係を統制してもデータに（基準モデルと同程度には）適合した。これらの結果から考えれば，多重役割設定の中で繰り返し同じ特性についてなされる自己記述的評定には弁別妥当性があるとみなしてよいだろう。

しかし，Baird & Lucas（2011）は，多重役割設定法の役割特定的自己概念は，単一の役割設定下での同じ測定と比べると，一般自己概念との差異は大きく，相関は低い傾向があることを見出した。彼らは多重役割設定法には，反応を相互に異なる方向へ向かわせるような対比効果によるバイアスがあると考えた。このバイアスは確かに多重役割の弁別妥当性を不当に高める可能性がある。この指摘はもっともだが，単一の役割についての評定時にまったくバイアスがないかというとそうともいえない。なぜなら，単一役割下での自己についてしか評定しない状況においては，一般自己概念が（内的）基準となり，そこからの調整が不十分になるというバイアスが考えられるからである。つまり，多重役割設定法が役割の対比によって相互に反応を異ならせ，一般自己概念から遠ざかり過ぎてしまう可能性があるのに対し，単一役割下での自己概念評定は，一般自己概念に近寄り過ぎてしまう可能性がある。したがって，多重役割と単一役割という評定の違いだけでは，どちらがバイアスフリーであるのかを結論するのは困難である。

第二の疑問は，多重役割設定があるときの役割の観測項目に対する説明率である。それは，特性により異なり，10%～30%程度であった。注意すべきは，これらが役割の効果に関する個人間の分散であるということである。一般に個人差研究における測定の質の問題を考える上では，系統的な個人間分散に注目することは重要である。個人差を際立たせる測定でなければ意味がないからである。この観点から，多重役割設定法

は，測定に用いる項目の意味内容だけでなく，設定される役割も項目への反応の個人差を説明する力があるといえよう。つまり，複数の役割を設定した測定方法は，自己概念の個人差を調べる上で有効だということである。

　ただし，役割因子の説明率がそれほど大きくなかったことについては議論が必要であろう。役割理論では一般に，「友人」や「子ども」といった社会的役割に伴う期待が人々の行動を規定すると考える（Wood & Roberts, 2006）。これらの役割は社会的に構成されるもので，同じ社会では同じ役割期待が発達する。主観的にもよく似た意味をもつ役割下での行動の反映として役割特定的な特性自己概念が形成されると考えれば，そこに大きな個人間のばらつきがないのは驚くことではない。人々の役割行動は思った以上に類似しているのかもしれない。

　第三の疑問は，測定の信頼性であった。平均的な測定項目の信頼性係数は二つの研究とも.6程度で高くない。全体的に見ると，多重役割設定法は，自己概念の測定として誤差が大きいようである。ただし，同じ特性の中で見ても，項目によって相違がある。多重役割設定に適した項目の選定によって，信頼性を高めることは可能であろう。小さい誤差が望ましいのはもちろんだが，役割による説明率の高いものは，同じ役割でも人によって自己評定に及ぼす効果が異なることを表すので，SCDに適しているだろう。一方，各役割についての個別の特性自己概念の測定としてみれば，特性5因子にせよ，肯定的あるいは否定的特性にせよ，個別な特性尺度のα係数は高かった。各役割でみれば，特性自己概念として信頼できる測定は可能であるようにもみえる。しかし，役割ごとの個別尺度のα係数は，役割間で及ぼしあう影響は統制されていないので，役割による相違を含む測定としての信頼性評価には使えない。

第4章

関係性と特性自己概念

　本書の焦点は，同じ自己に関する表象が関係や状況によって多重化している様相を調べることにある。この多重化は単に自己概念の中に意味的な多様性があることを指すだけではない。自己概念が文脈特定的な複数の独立した特性情報の集合によって構成されていること，それは一つの全体的表象であるというよりも，特定の文脈や状況に応じて分化した複数の表象によって構造化されているということを指している。これを人は複数の自己をもつというように理解するのも誤りである。自己は一つである。複数なのは客我（Me）であり，主我（I）に対象として把握される自己の側面が一つではないということだ。

　そうであるとするならば，それらは情報として独立していると考えるべきであろう。複数の客我は相互に弁別可能であってはじめて複数だと言えるからである。主我がとらえうる限りにおいては，主我は各客我を知っていることになるので，主我を通して関連はある。しかし，複数の客我が自己に関する表象としてどの程度独立的であるのか，つまり主我からみてどの程度弁別できるのかについては明らかにしておく必要がある。前章の最後の節で述べた研究も，この点について検討したものといえる。本章は，さらに対人関係という文脈において，自己概念の分化を認知的構造として記述するための心理学モデルと関連する実証研究について論じる。

1　関係性スキーマ

　対人関係に応じて分化した自己概念をとらえる代表的な理論の一つは，Baldwin（1992）の「関係性スキーマ理論」である。これは対人関係を構成する二者すなわち自己と他者に関わる情報がともに一つのスキーマを構成しているとするモデルである。スキーマとは体制化された情報群のことを指し，意味的な宣言的知識だけではなく，パターン化された行動のスクリプトのような情報も含む。関係性スキーマは，それと対応する他者の刺激によって活性化される「if-then」ルールの形式で作用するプロダクション・システム（Newell & Simon, 1972）の一つとみられている。対人的な文脈では，特定の他者やその他者の行動が条件となって，自己の認知，感情，動機づけが一定の方法で作用するための枠組みとなる。

　関係性スキーマの構成要素は，対人スクリプトと自己スキーマおよび他者スキーマである。対人スクリプトは，特定の他者との典型的な相互作用パターンの表象である。例えば，他愛もない話で盛り上がる親しい仲間，役所の窓口で書類を提出するときの相手，観光地の土産物屋の店員など，その人とどのような形式で会話が進むのかについて，ある程度イメージすることができる。これができるのは，それぞれの場面に対応する対人スクリプトを保持しているからである。もちろん，現実に他者を目の前にして進行する際の具体的な会話の順序や内容は，必ずしもスクリプト通りではない。相互作用は自己と他者の間で進行することなので，むしろ定型的ではないほうが自然である。対人スクリプトとは，あくまでも特定の関係における相互作用の形式や進行の基本パターンのことなのである。形式としては，どの程度の丁寧表現を使うのか，どのくらいの話の長さで切り上げるのか，どの程度緊張感のある会話になるのか，感情的にポジティブなのかネガティブなのかなどの側面があり，進行パターンとしては，挨拶をして，用件を伝えて，相手の反応を待って，必要なものを受け取って，お礼を言って帰るなどの位相がある。また，どのようなときにどのような感情が喚起されるか，どのような反応に対

1 関係性スキーマ

してどのような反応が返ってくるのかといったこともパターン化される。例えば，Fehr, Baldwin, Collins, Patterson, & Benditt（1999）は恋愛関係にある男女を対象として，自分が怒りを表明したときに，パートナーがどのような反応をするかについての予想を調べた。その関係の問題について話し合うようなやり方を用いて，いま怒っているのだということを伝えるときには，相手も話し合いで応じるだろうと答える男女が多かった。しかし，単に怒りを表出するようなやり方の場合，相手側は傷ついた様子を示すだろうと予想する男女が多かった。

　もう一つの要素が，自己スキーマと他者スキーマである。ある一つの対人関係は自己と他者で構成される。自他はそれぞれ行動的な特徴を有しており，双方の情報が体制化されて関係性スキーマの要素になると考えられる。自他がその関係の中でどのような反応を示してきたか，どのように関わりあってきたのか，その履歴の具体的な記録としての事例的なエピソード記憶と，それらを要約した抽象的な特性情報を含んでいる[1]。

　これらの知識はその関係における社会的情報の処理と人々の行動のガイドを担うとみられている。教師のもつ学生との関係性スキーマを例として考えてみよう。教師は多くの学生との相互作用を経験するので，学生に対する平均的な関係性スキーマをもつはずである。例えば，学生とは，授業中は寡黙で，あまり意見を言わず，指示には従順で，課題の締め切りやテストの日程を気にするといった存在としてとらえているかもしれない。新たに担当することになった学生との相互作用においてはそれが基準となる。学生の反応がその関係性スキーマに含まれる情報の範囲内では，その学生の特性や，その学生との相互作用の仕方についてはスキーマ内情報に従えばよい。学生も教師に対する関係性スキーマを発達させていて，教師がそこから逸脱していなければ，両者の相互作用は役割関係にしたがって問題なく進行する。しかし，学生も教師も様々である。例えば，いつまでも課題を提出しない学生がいるときには，その学生とどのように接するかというオプションが必要である。

---

[1] 関係性スキーマの理論とは別に，具体的な行動事例と抽象的な特性情報は独立であるという議論がある（e.g., Klein & Loftus., 1993）。しかしその独立性に関しては論争もある（Klein et al., 2008; Sakaki, 2007）。

関係性スキーマの特徴の一つは，「if-then」ルールによるプロダクション・システムとして作用するということである。例えば，親が結果にこだわる人物である場合，子どもが悪い成績を知らせると，それを批判して子どもの自己評価は下がり，よい成績で褒めると子どもの自己評価が上がるといった状況が考えられる。これは条件即応的な親の反応と子どもへの帰結を表すが，Baldwinたちはこれに似た状況を実験室で再現した。このような手続き的知識が実際に作用する様相を検討するため，視覚化や刺激の閾下呈示などによって条件（if）を操作し，その結果（then）として変化する自己評価を調べた。Baldwin & Holmes（1987）は，実験参加者に課題で失敗したことを伝えた後，結果に随伴した評価傾向をもつ人物を視覚化すると自己評価が低下することを見出した。結果に随伴的でない評価傾向をもつ人物を視覚化した場合には，そうした自己評価の低下は見られなかった。また，Baldwin & Sinclair（1996，研究3）は，被験者が成功や失敗に随伴的な評価をする人物を視覚化したときには，評価語の語彙判断の速度が，成功や失敗の文脈と関連して変化することを見出した。すなわち，成功を表す文脈においては受容を意味する語の語彙判断が速く，失敗を表す文脈においては拒否を意味する語の判断が速かった。だが随伴的な評価を行わない人物を視覚化したときにはこのような変化は見られなかった。さらに，Baldwin（1990）は，閾下で呈示される重要他者の渋面は笑顔よりも，その提示を受けた人々の自己評価を低下させることも示している。

　関係性スキーマ理論の基本的アイデアは愛着理論で知られるBowlby（1969）が着想した内的作業モデルにある。Bowlbyは愛着の形成過程においては，養育者が子の欲求をいかに素早く察知し（敏感性），いかに素早く対応するか（応答性）が重要だと考えた。子はこのような養育者の敏感性や応答性を経験しながら自分に対する養育者の反応パターンを蓄積していく。その結果が，自他の組み合わされた認知表象であり，その関係における出来事の予測や自己の行動プランに役立つ内的作業モデルなのである。

　愛着とは情緒的な結びつきのことで，母子関係の強い結びつきを説明するために用いられた概念である。その結びつきのあり方には，安定型，不安・アンビバレント型，回避型の基本型があるとされる。保護者と乳

1 関係性スキーマ

幼児の相互作用の内実がそれらの型の決定に重大な影響を与えるとみられており，初期の愛着理論では個人内にいずれかの愛着型が発達するものとされていた（Ainsworth, Blehar, Waters, & Wall, 1978）。特定の保護者との特定の相互作用が，その子の対人相互作用の基本型として経験的に獲得される。内的作業モデルは，その相互作用のパターンが情報として記憶内に定着したもので，実際の対人場面で認知や行動のガイドとして作用すると考えられている。

しかし，1980年代の後半から多重愛着という形式で個人内に複数の内的作業モデルが構成されると考える立場もみられるようになった。Baldwinもその一人である。彼は利用可能性と接近可能性というよく知られた認知心理学的概念を使って，その説明を試みた。たいていの個人は社会生活の中で多様な人と相互作用を行い，それらを通して経験的に複数の関係性スキーマを構成する。それらは利用可能な認知表象として存在しており，特定の社会的刺激（所定の特徴をもつ他者）によって，特定の作業モデルの接近可能性が高まり，それが人々の反応に影響をもたらすのだとした。

例えば，Baldwin, Keelan, Fehr, Enns, & Koh-Rangarajoo（1996，研究3）では，10種類の対人関係を表す記述を示して，自分の経験の中から各記述にもっともよく当てはまる人物を一人ずつあげさせた。このうちの3種類は，愛着型を表すもの，すなわち安定型，不安・アンビバレント型，回避型に対応していた。その後，関係性スキーマを活性化させるために，これらの愛着型に該当する関係性の中から一つをランダムに選んで，参加者にその人物と一緒にいることをイメージさせた。もちろん，その人物と対面することがもっとも効果的なのだが，実験室においては人物について考えたり視覚的な表象を構成したりすることによって，その人物と対応する関係性スキーマを活性化させる方法がとられる。参加者たちには重要な他者をどの程度心に描くことができるかを調べる研究であると告げてあり，実際にこの手続きの直後に，どの程度鮮明に，またどの程度現実的にイメージできたかを尋ねた。この手続きの後，参加者たちはパートナー探しのために有効な情報は何かを調べる別の研究についても参加を促され，別室へ案内された。そこでは，デート相手を探す人たちが書いたエントリーシートをみて，それを書いた人物の魅力度

やどの程度デートをしたいと思うか答えてほしいと依頼された。参加者に渡されたある三人のエントリーシートには，出身地や大学での専攻などの一般的な情報の他，彼らの恋愛関係に関する考えが書かれていた。これが先の三つの愛着型に対応する情報のいずれか一つを含んでいた。例えば，安定型の人物は「人はみな善良で心優しいと感じる」，「人に見捨てられるという心配はほとんどない」など，回避型の人物は「人と親密になりすぎるとトラブルになるのではないかと感じることがある」，「私はこれまで恋に落ちたことがない」など，不安・アンビバレント型の人物は「付き合っている人がいると，いつも相手のことを考えてしまう」，「私と同じように長い付き合いをしようと思う人やそれができる人はほとんどいない」などの記述をしていた（Frazier, Byer, Fischer, Wright, & DeBord, 1996）。この三人のうち，もっとも魅力が高く評価されるのは，先にイメージした人物の愛着型に対応する記述をした人物であろうと予測されていた。人は自分の愛着型と一致する相手をパートナーとして選ぶ傾向があり（Frazier et al., 1996），イメージ操作によって当該愛着型と対応する関係性スキーマの接近可能性が高まっていると考えられるからである。結果をみると，全体としては安定型人物の魅力がもっとも高かったが，事前に回避型の関係を活性化させた条件では，回避型人物への魅力が安定型よりも高くなった。不安・アンビバレント型の活性化条件では，人々は回避型人物よりも不安・アンビバレント型人物の魅力を高めたが，安定型の魅力を一番高く評定した。したがって，それほど明瞭な結果ではなかったが，事前に特定の人物のイメージを作ることによって，その人物に対応する愛着型が一時的に活性化すること，つまり該当する関係性スキーマの接近可能性を高めることが可能であることが示唆された。

2 関係的文脈と自己概念の分化
―― 特性判断の好ましさによる検討

　関係性スキーマ研究のみならず，自己概念に他者がどのように関わっているかについては，多くの研究者が検討を続けてきた。自己概念はそ

1回目

父親という自分

父親（あるいは父親に相当する人）といるときのあなたは、どのような人物ですか。

合図があったらスタートから始めて下さい。
できるだけ、正確に、素早く、回答して下さい。

スタート →

ぬけ目のない		人間味のある		おしゃべりな		弾力的な	
Yes	No	Yes	No	Yes	No	Yes	No

→

けじめのない		謙虚な		こむずかしい		快活な		怒りっぽい		一生懸命な		逃げ腰になる	
Yes	No	Yes	No	Yes	No	Yes	No	Yes	No	Yes	No	Yes	No

→

寛大な		口汚ない		説得力のある		無口な		安定した		気まぐれな		馬力のある	
Yes	No	Yes	No	Yes	No	Yes	No	Yes	No	Yes	No	Yes	No

図 4-1　福島（2003）で特性判断に用いた反応用紙（一部抜粋）

の形成過程から他者と切り離して理解することはできないためである。特に研究されてきたのは，親密な他者との対人関係が自己の概念化や表出に与える影響である（e.g., Aron, Aron, Tudor, & Nelson, 1991; Ogilvie & Ashmore, 1991; Tice, Butler, Muraven, & Stillwell, 1995）。

　自己概念が分化しており，それが特定の他者によって活性化されるというならば，自己に関する特性判断において，その条件として異なる他者を設定したときには，それぞれの他者に対応する自己の特性情報が利用されると考えられる。ちょうど愛着の内的作業モデルが直前にイメージした人物によって活性化するのと同様である。その結果，それぞれの特性判断は，同じ「自己」に対する判断であっても，条件となる他者に依存して判断結果に相違が観察されると予想できる。

　福島（2003, 研究1）は，この予想について身近な他者を条件とした自己概念の好ましさという評価的側面から検討した。人々に異なる他者を条件とした複数の特性判断を課し，その反応の全体的な好ましさを比較したのである。人々が完全に同一の自己概念を用いるならば，これらの複数の特性判断の間には，判断の好ましさについてほとんど相違が観察されないはずである。もし統計的に有意なほど大きな差が観察されるならば，各々の特性判断において，それぞれの条件人物と対応した異なる自己概念に含まれる異なる特性情報を用いたと考えることができる。

　参加者は用紙に並べられた特性語が指定された関係的文脈の自己に当てはまるか否か（YesかNoか）を判断した（図4-1参照）。具体的には，「父親といる自分」，「母親といる自分」，「親友といる自分」，「好意をもつ異性といる自分」，「知らない人といる自分」，「一人でいる自分」の六つの文脈が用いられた。特性語には肯定的な意味の形容詞51語（明るい，やさしいなど）と否定的な意味の形容詞51語（気難しい，神経質）があった。青木（1971）の特性語に関する望ましさ評定に基づいて選んだものである。参加者は各文脈について合図にあわせて1分間で判断を行うよう求められた。すべての特性語に回答できない場合も，課題遂行時間の終了を告げる合図の後，直ちに止めるように指示された。肯定語のYes反応と否定語のNo反応の数が全反応数に占める割合を算出し，特性判断の肯定得点とした。

　表4-1がその結果である。各関係文脈の間には有意な差がみられた。

2 関係的文脈と自己概念の分化   133

表 4-1　条件人物ごとの自己特性
　　　　判断の好ましさ

条件人物	M	SD
一人	.81a (52.9)	.20
父親	.85b (56.3)	.21
母親	.87b (58.3)	.19
親友	.99d (69.1)	.20
異性	.98d (68.3)	.15
知らない人	.94c (64.2)	.17

注）添字が異なる平均値間は有意差がある（p <.05)。値が大きいほど自己に好ましい判断であることを表す。括弧内の数値は，逆正弦変換前の比率（％）である。

表 4-2　条件人物ごとの自己特性判断の間の相関係数

条件人物	1.	2.	3.	4.	5.	6.
1　一人	—	.59	.58	.55	.41	.46
2　父親		—	.55	.52	.44	.49
3　母親			—	.46	.43	.33
4　親友				—	.52	.50
5　異性					—	.54
6　知らない人						—

父親と母親の間，親友と異性の間は差がないが，他の条件間にはすべて有意な差があった。これは自己がどの関係文脈において判断されるかによって，その好ましさが異なることを示している。表 4-2 は，各条件人物に関する肯定得点の相関である。全体として中程度の相関はあるが，自分をどの程度好ましいととらえているかという単純な次元であるにも関わらず，それほど高く一致しているわけではない。また，対象人物による自己の好ましさの違いについて，好ましさのばらつきに個人差があることもわかる。さらに参加者ごとに，これらの六つの特性判断の肯定得点について平均値と標準偏差を算出した。平均値は複数の特性判断に関する全体的好ましさを，標準偏差は被験者が行った六つの自己特性判断の好ましさのばらつきを示す。図 4-2 は，好ましさ（平均値）を縦軸に，判断のばらつき（標準偏差）を横軸にとって各被験者の値をプロットした図である。これら二つの変数の相関係数は，r = − .39 であった。全体的な好ましさが高い人たちは，平均的にどの条件でも肯定得点が高

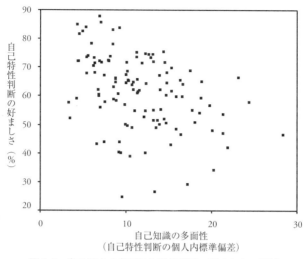

図4-2 自己概念の多面性と特性判断の好ましさの関連

いので，結果的に判断のばらつきが小さくなっているが，この図は条件となる他者によって肯定得点がばらつくことと，そのばらつきの程度の個人差をよく表している。

　福島（2003, 研究2）はまた，対人関係を文脈とした自己の特性判断の前に，当該関係の人物を視覚化する手続きを導入した。人物の視覚化は先にみたようにBaldwinが特定の関係性スキーマを活性化する操作として用いてきたものである（Baldwin & Holmes, 1987; Baldwin & Sinclair, 1996）。もし関係性スキーマにその構成要素としてその関係と対応する自己概念が含まれるならば，人物の視覚化によって関係性スキーマが活性化すれば，その自己概念も活性化することになる。そして，その関係を文脈とした自己の特性判断には，活性化した自己知識の内容が反映されやすくなるであろう。表4-1に示した人物を条件とした特性判断の好ましさは，いずれも「一人でいる自分」の好ましさよりも高かった。人物の視覚化がそれと対応した自己知識を活性化させ，その内容をより強く特性判断に反映させるならば，これらの対人関係にある人物の視覚化は，視覚化をしない場合に比べて，当該関係を文脈とした自己の特性判断の好ましさを高めるものと考えられる。

　そこで，この研究では父親との関係性が対象とされた。親のように長

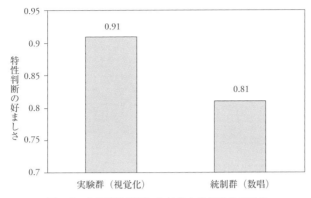

図4-3 自己特性判断における人物視覚化の効果
注) 数値は比率を逆制限変換した値で,大きいほど好ましい判断であったことを表す。

期的関係にある人物のほうが視覚化が行いやすく,その関係と対応する自己知識の量も十分にあると考えられたからである。実験群の参加者は,父親の顔や姿を視覚化した。この操作は「目を閉じて,2分間,あなたの父親(あるいは父親に相当する人)の顔や姿を頭の中で思い描いてください」という教示であった。一方,統制群の参加者は数の暗唱課題を課された。この操作は「目を閉じて,2分間,100から順に頭の中で数えてください。声は出さないようにしてください」という教示であった。その後,参加者は「父親といる自分」について判断を求められた。

実験操作に先立って,「一人でいる自分」についての特性判断も実施されていた。この課題について両群の間に判断の好ましさの有意差はみられなかった。両群の自分を好ましく判断する基本的傾向には差がないとみなされた。さて,実験操作後に行った「父親といる自分」の特性判断に関しては図4-3のように,父親を視覚化した実験群は,数唱をした統制群よりも判断の好ましさが高かった。つまり,視覚化が父親といる自分の好ましさを高めた。しかし,この特性判断の好ましさの相違は,実験操作による気分変化の効果であるかもしれない。そこで,実験の最後に測定された気分(「幸せな」,「落胆した」など6項目の合計)の得点についても群間比較を行ったが,差はなかった。

さらに福島(2003,研究3)は,自己知識が複数の関係に対応づけられた分化した構造を含むならば,ある人物の視覚化はその人物と対応す

表4-3 視覚化人物と自己特性判断における条件人物の整合性による判断の好ましさ

条件人物	視覚化人物との整合性		
	整合	不整合	統制
全体	1.03a	.97ab	.87b
親友といる自己	1.09a	.98ab	.97b
父親といる自己	.95a	.95a	.78b

注) 各行において添字の異なる平均値間は有意差がある（$p<.05$）。値が大きいほど自己に好ましい判断であることを表す。

る自己概念を活性化させ，他の関係と対応する自己概念は活性化させないという仮説を検討した。具体的には，視覚化する人物と対応する自己知識の内容が平均的に好ましいとすれば，視覚化した人物と自己特性判断の文脈となる人物とが一致する条件では，研究2と同様に肯定的な特性判断が観察されると予想した。活性化する自己知識と特性判断に利用する自己知識が一致しているので，特性判断において活性化による知識内容の反映が生じ易いとみられるからである。一方，視覚化した人物と自己特性判断における文脈となる人物とが一致していない条件では，活性化する自己知識と特性判断で利用する自己知識が異なると考えられるので，視覚化の有無による特性判断の好ましさの変化は観察されないと予想した。

この仮説を検討するために，視覚化する人物と自己の特性判断課題における条件人物が一致しない不整合判断群を設定した。視覚化する人物と条件人物が一致する整合判断群と統制群は研究2と同様であった。また，特性判断課題の条件人物は父親のほか親友を対象とした。

実験の参加者には男性も女性もいたが（男性43名，女性99名），この研究では女性参加者のデータを分析した。異なる他者が異なる自己評価を活性化することを検討する際に，視覚化する人物ができる限り共通属性をもたないことで，より結果が明瞭になると思われたからである。女性参加者は，同性友人は女性であり，父親は男性であり，性という共通属性をもたないが，男性参加者の場合，同性友人も父親もともに男性である。関係性と対応する自己概念のみならず，相手の性と対応する自己概念という分化も起こりうる。そうした可能性を考慮してのことである。

表4-3に示したように，人物の視覚化をした条件下での特性判断は好

ましさが高まった。親友と父親を区別しない全体の好ましさは，整合群が統制群よりも有意に高かった。やはり人物の視覚化は特性判断の好ましさを高めた。しかし，不整合群と他の2条件の間には有意な差はなかった。

　条件人物ごとにみても，全体と同様に整合群と統制群の差は，父親についても親友についても有意であった。つまり，視覚化によって当該人物といるときの自己の特性判断がより好ましくなったのである。また分化説と一致して，不整合群と統制群の差は，親友といる自己については有意ではなかった。つまり，父親を視覚化しても親友といる自己の特性判断の好ましさは高まらなかった。しかし，父親といる自己は，父親の視覚化だけでなく，親友を視覚化することによっても判断の好ましさが上昇した。もし，自己概念が関係性によって分化しているならば，視覚化した人物が特性判断の関係文脈と異なる場合には，好ましさの上昇は起こらないはずなので，この結果自体は分化説を完全に支持したわけではない。しかし，少なくとも関係文脈と一致する人物を視覚化することによる好ましさの上昇は親友でも父親でも観察された。

　このように，福島（2003）は特性判断の好ましさを指標として自己概念の分化について検討し，分化説を支持する証拠を得たものの，分化説では説明できない結果も得た。分化説と一致しない結果については，本章の最後の節で，他の研究の類似した結果と合わせて議論する。

3　自己高揚動機と自尊心の影響

　ここで分化説からは少し離れるが，自己と対人関係の議論の中で重要な位置を占める動機づけについて焦点を当てよう。前節でみた関係文脈における自己の特性判断には，好ましい人物であろうとする動機づけが反映された可能性も高い。つまり，知識として蓄えられた自己に関する正確な特性判断であるというよりも好ましさに動機づけられた自己高揚的な特性判断だとみることもできる。

　多くの研究者が，人間は所属の欲求や他者との情緒的なつながりへの欲求を持ち，その不満足が不適応をもたらすと主張している（Baumeister

& Leary, 1995; Bowlby, 1969)。また親密な対人関係の中で承認されることが，人々の満足や幸福にとって不可欠であることを示唆する多くの知見がある（Argyle, 1987; Bloom, Asher, & White, 1978; Leary, Tambor, Terdal, & Downs, 1995; H.J. Smith, Tyler, Huo, Ortiz, & Lind, 1998; W. Wood, Rhodes, & Whelan, 1989）。そもそも社会的に好ましい特性をもつ人物のほうが，好ましくない特性をもつ人物よりも，他者からの承認を得やすいのは明らかである。そうだとすれば，人々が親密な対人関係における自己を好ましい存在としてとらえようと動機づけられるのは少しも不思議ではない。それゆえ自己の特性判断に関係文脈を設定することによってそうした動機づけが促されたり，人物の視覚化によってそうした動機づけが強められるということが十分に考えられる。

　社会的な判断や行動が自己に好意的になる傾向は「自己高揚」と呼ばれ，多くの認知的・行動的反応が見出されてきた（Berglas & Jones, 1978; Cialdini & Richardson, 1980; Greenwald, 1980; Steel, 1988; Tesser, 1988; Wills, 1981）。実際，自己特性判断にも自己高揚の動機づけが反映される。例えば，人々は，概して自己を他者よりも肯定的に判断し（J. D. Brown & Gallagher, 1992），成功をもたらす特性を知ると，自己にはそうした特性があると判断した（Kunda & Sanitioso, 1989）。

　一方，自己呈示研究者の検討によると，親密関係においては，必ずしも自己高揚的反応が見出されていない（Leary et al., 1994; Tice et al., 1995）。その理由は，親密な他者が呈示者に関して豊富にもっている情報と自己呈示される情報との整合性が問題となるために，呈示者にとって高揚的自己呈示の効果が期待できないからである（Leary et al., 1994; Tice et al., 1995）。他者のもつ情報という外的要因によって，公的な自己高揚が抑制されるという議論である。

　しかし，他者が自己に関する情報を保持していたとしても，その情報を修正するための自己高揚が動機づけられる可能性を考えることはできる。宮崎・池上（2011, 2015）は，友人が拒絶的な反応を示した際に，相手との共有活動が多いほど，また関係へのコミットメントが高いほど自己肯定的感情が低下し，そのことが関係維持的な行動（例えば，自分に悪いところがあれば直すと言うなど）につながることをシナリオ法を用いて示した。これらの研究は直接的に自己高揚を扱ったものではないが，

共有活動や関係コミットメントの高い関係を失うことの喪失コストが関係維持的な反応を導くと仮定している。

対人関係に問題があるときには，互いに相手の特性に対して否定的な見方をすることが多い。もしその関係の維持を望むならば，自分が好ましい人物であるほうがうまくゆく。一つには，相手の保持する自己の情報を好ましい方向に変更するための手段として自己高揚的な自己呈示がある。好ましい自分を示して相手の中の社会的自己の修正を図るのである。もう一つの方法は，自分自身の自己に対する判断を肯定的にすることである。この二つのプロセスは相互に関連して対人関係における自己高揚的な反応をもたらすだろう。自己の特性判断が否定的なままでは自己高揚的な自己呈示が嘘になるし，自己呈示が否定的なままでは自己の特性を好ましいものと判断するのは困難だからである。

こうした議論から，関係修復が動機づけられている人ほど関係文脈における自己を好ましいものと判断をする傾向が強いと考えられる。この見方では，自己高揚は二次的であり関係維持・修復への動機づけが一次的である。喪失コストが高い関係は，友人の他にも，親子やきょうだい，夫婦のような親密関係がある。確かに，これらの関係内においてはしばしば葛藤が生じ，時には相互に好ましくない人物像が形成される。そうした状況の改善を目指す（一次的動機）ときに，より好ましい自己を相手に示す，あるいは自分に好ましい特性があるとみなすような二次的な動機づけが起こることは十分に考えられる。すなわち，関係の改善を動機づけられている人ほど，その文脈における自己の特性判断の好ましさは高くなると予想される。

こうした関心のもとに，著者は個人的文脈（一人でいる自分）と関係的文脈（父親といる自分など）における自己特性判断の好ましさと自尊心の関係を分析した。184名の大学生（男性56名，女性129名）が実験用冊子を受け取った後，実験者の指示に従って，六つの時間制限付課題に一斉に回答するように指示を受けた。被験者は，最初に「一人でいる自分」について特性判断課題を行った。これは102個の特性語について自己への適否を回答する課題であり，福島（2003）と同様の方法である（本章第2節参照）。

次のページで被験者は「母親といる自分」について特性判断課題を

行った。特性判断の文脈が異なることと，特性語の順序が異なる他は，最初の課題と同様に実施された。この後，被験者は，「父親といる自分」，「付き合いの長い友人（2年以上）といる自分」，「たまに話すクラスメイトや知り合いといる自分」，「好意をもつ異性といる自分」の順で特性判断を行った。最後に，被験者は自尊心尺度（Rosenberg, 1965）を含む60個の質問項目について，まったく当てはまらない（0）～非常に当てはまる（6）の7段階尺度で回答するよう求められた。

各特性判断課題における肯定語のYes反応数と否定語のNo反応数の合計が，全反応数に占める比率を各特性判断の肯定度とした。表4-4上段のように，好ましさの平均値は，関係文脈のほうが値が高い。これは先に見た表4-1と同様である。しかし，これら自己特性判断の好ましさと自尊心との相関係数をとると，関係文脈は個人的文脈よりも自尊心との関連が有意に低かった（表4-4下段）。一般に自尊心が高いほど自己の多くの側面にわたって好ましい評価をするため，自己特性判断も好ましくなる。関係文脈においては，この自尊心の高低による自己特性判断の好ましさの差が不明瞭になったことを意味する。図4-4には，自尊心の得点で参加者を3分割し，個人文脈と関係文脈の自己特性判断の好ましさの違いをグラフで表した。この図4-4から関係文脈では自尊心による自己特性判断の好ましさの違いが縮小していることがわかる。

この結果はたいへん興味深い。自尊心の低い人々にとって身近な関係が自己評価の支えになっていることを示唆するからである。一人でいるときの低自尊心者の個人文脈の自己は，高自尊心者に比べて好ましくないが，他者といるときの関係文脈の自己は，高い自尊心の人々と比べて確かに差が小さくなっている。

福島（2003, 研究2）は，父親を視覚化すると，父といるときの自己に関する特性判断の好ましさが上昇することを見出した。このように関係文脈では自尊心による好ましさの差が縮小することから，他者の視覚化の効果は低自尊心の人々により顕著にみられると予想される。

この予想を確かめるためにさらに実験を行った。手続きは先の福島（2003）研究2とほぼ同一である。参加者は大学生85名（男性13名，女性72名）であった。参加者は講義時間中に冊子を受け取り，その中の課題が時間制限付であることを知らされ，実験者の指示に従って一斉に回答

表 4-4 複数の文脈における自己の特性判断の好ましさ
および自尊心との相関係数

	自己特性判断の文脈					
	一人	母親	父親	友人	知人	異性
好ましさ	.86	.87	.88	1.00	.98	1.02
r	.51	.35	.33	.20	.28	.15

注) N = 184, r はすべて 5% 水準で有意

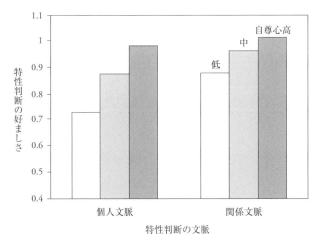

図 4-4 自尊心の高さ（高・中・低）と自己特性判断の
文脈による特性判断の好ましさの相違
注) 個人文脈は「一人でいる自分」の好ましさ，関係文脈は「母親」，「父親」，
「友人」，「知人」，「異性」の全てを通した自己特性判断の平均値である。

するように指示を受けた。参加者は，まず父親との関係性を尋ねる六つの質問項目に回答した。これらの項目は，関係へのコミットメント（改善動機と満足感）を測定するものであった。次に，10項目からなるRosenberg (1965) の自尊心尺度に回答した。まったく当てはまらない (0)〜非常に当てはまる (6) の7段階尺度であった。この後，参加者は，「一人でいる自分」について特性判断課題を行った。

次ページでは，刺激人物の視覚化によって関係性が意識されるレベルの操作を行った。視覚化群の参加者は，「目を閉じて，2分間，あなたの父親（あるいは父親に相当する人）の顔や姿を頭の中で思い描いてくだ

さい」という教示によって父親の顔や姿を想起するように求められた。統制群の参加者は「目を閉じて，2分間，100から順に頭の中で数えてください。声は出さないようにしてください」という教示によって数唱を求められた。各々の教示はページに印刷されており，実験者はそれを読んで指示に従うように被験者に告げた。視覚化群と統制群は質問紙配布をランダム化して分けた。

この操作の後，次ページで，参加者は「父親といる自分」について特性判断課題を行った。判断対象が異なる他は最初の特性判断課題と同様に実施された。

従属変数は「父親といる自分」に関する特性判断課題における肯定語のYes反応数と否定語のNo反応数が全反応数に占める比率であり，分析にはこの比率を逆正弦変換した値を用いた。「一人でいる自分」に関する特性判断課題について同様の指標を作成し，判断の好ましさに関して群間等質性を確認するためのプレテスト得点とした。

まず，コミットメントに関する質問項目について因子分析を用いて，7項目の構造を検討した。表4-5がその結果である。第I因子が関係の満足感を，第II因子が関係改善の動機を表すと解釈し，各々の因子得点を算出した。

満足感と改善動機の因子得点と自尊心および特性判断のプレテスト得点について，視覚化群と統制群の平均値の差を検討したところ，いずれも有意ではなかったので（$|t(83)|$s<1），両群は，これらの点について等質であるとみなした。

関係性を文脈とした自己特性判断の好ましさに対して視覚化の有無，満足感と改善動機それぞれの因子得点および自尊心（平均値による中心化）を説明変数とし，これらの交互作用を段階的に投入する階層的重回帰分析を実施した。視覚化条件は視覚化群＝1，統制群＝0のダミー変数とした。第一ステップでは視覚化，満足感，改善動機，自尊心を投入した。第二ステップで視覚化と他の3要因の一次の交互作用を投入し，第三ステップで視覚化×満足感×自尊心，視覚化×改善動機×自尊心の二次の交互作用を投入した。説明変数間の相関係数は表4-6にある。

その結果，表4-7のように，第一ステップでは，満足感と改善動機の効果が有意であった。父親との関係において満足感が高いほど，その関

表4-5 関係項目の因子分析負荷量*

項目番号		関係満足	改善動機
7	私と父親との関係は，このままでよい	.89	.09
4	私は，今の父親との関係に十分満足している	.89	.27
2	今の私と父親との関係は，何かもの足りない感じだ	.88	.01
6	今の私と父親との関係は，私の理想とずいぶん違う	.66	.56
3	できれば父親と二人でじっくり話し合ってみたい	−.33	.81
1	私は，父親との関係をよいものにしたい	.34	.79
5	父親は私のことをまったく理解していない	.37	.68
	説明率（％）	53.1	22.4

*) 主成分分析法，バリマックス回転による。項目番号4, 7は値を逆転させて分析した。

表4-6 重回帰分析に用いた変数の相互相関

		1	2	3	4	5	6	7	8	9	10
1	父親文脈の特性判断	—									
2	視覚化	.10	—								
3	満足感（因子得点）	.43	−.04	—							
4	改善動機（因子得点）	.53	.10	.00	—						
5	自尊心	.20	.04	.14	.21	—					
6	視覚化×満足感	.24	−.03	.78	−.03	.20	—				
7	視覚化×改善動機	.46	.07	−.03	.69	.07	−.04	—			
8	視覚化×自尊心	.05	.03	.20	.06	.75	.26	.09	—		
9	視覚化×満足感×自尊心	−.07	.22	−.22	.11	.24	−.28	.14	.31	—	
10	視覚化×改善動機×自尊心	.08	.07	.11	.00	.14	.14	−.01	.18	.13	—
	平均値	.94	.49	.00	.00	.00	−.02	.05	.27	1.91	.58
	標準偏差	.21	.50	1.00	1.00	12.75	.78	.69	9.57	8.84	8.77

注）自尊心はセンタリング後の値を用いている。元の値による平均値は38.32である。

係文脈における自己特性判断の好ましさが高かった。父とのよい関係ができていると感じている人ほど，父といるときの自分を好ましいものととらえている。これはその関係の現状がそのまま自己の特性判断に現れたものといえる。改善動機の効果は，父との関係をよりよいものにしたいといった気持ちである。これが父といるときの自分について好ましい判断を促していた。現状をよい方向に変えようとする動機づけが判断に反映されたものといえる。

さらに第二ステップの R^2 増分が有意であった。一つには視覚化×改善動機の交互作用が有意であった。そこで，改善動機は+1標準偏差と

表 4-7 対人関係における改善動機,満足感,自尊心,当該関係人物の視覚化およびこれらの交互作用による自己特性判断の好ましさへの効果

	B	β
第1ステップ（$R^2 = .437*$）		
切片	.929	
視覚化	.027	.062
満足感	.091	.423*
改善動機	.111	.515*
自尊心	.001	.031
第2ステップ（$\Delta R^2 = .072*$）		
視覚化×満足感	−.051	−.185
視覚化×改善動機	.088	.281*
視覚化×自尊心	−.006	−.277*
第3ステップ（$\Delta R^2 = .009$, n.s.）		
視覚化×満足感×自尊心	−.002	−.092
視覚化×改善動機×自尊心	.002	.066

*) $p < .05$

−1標準偏差の値を，視覚化の有無はダミー変数を回帰式に代入し，他の変数は平均値として値を算出し，グラフを作成して交互作用のパターンを調べた。その結果,図4-5のように,低改善動機の人々は統制条件と視覚化条件で大きく変わらないが,高改善動機の人々は,視覚化条件で判断がより好ましくなっていた。これは,関係をよい方向に変えたいという気持ちが自分自身の好ましさを増加させるが,その効果は関係をもつ相手を視覚化したときに顕著になることを示している。関係維持に対する意図の個人差を踏まえた上で,その関係にある人物の刺激の有無を変えたことによって,関係性における自己高揚の動機づけがダイナミックな特性をもつことが示されたといえよう。

さらに視覚化×自尊心の交互作用も有意であった。改善動機と同様にして作成した図4-6のグラフは,高自尊心者は両群で大きな変化がなかったが,低自尊心者は統制群よりも視覚化群で特性判断の好ましさが高くなったことを示している。視覚化の主効果がみられなかったのは,先に紹介した実験結果とは異なるが,この実験では低自尊心の人々に限って視覚化が好ましさを上昇させる効果が現れた。第三ステップの増分は有意ではなかった。

この結果は,高自尊心者は,人物刺激がある場合もない場合も,同程

3 自己高揚動機と自尊心の影響　　　　　145

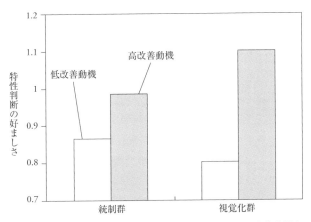

図4-5　自己特性判断の好ましさに及ぼす対人関係の改善動機と
　　　　当該関係人物の視覚化の交互作用効果

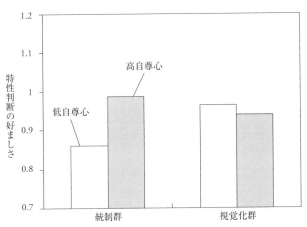

図4-6　自己特性判断の好ましさに及ぼす自尊心と関係人物の
　　　　視覚化の交互作用効果

度の肯定度で自己の特性判断を行ったことを示している。しかし，統制群においてすでに高い肯定度であったことを考えると，天井効果があったとみることも可能である。例えば，高自尊心者の統制群の平均値（M=1.00）は，変換前の比率をみると，提示された特性語のおよそ70％について肯定的な判断をしたことを表す。この解釈では，高自尊心者の平均値として，このレベルが上限であるということになる。

　一方，低自尊心者には視覚化の効果が観察された。低自尊心者は，人物刺激が存在するときに，自己高揚が動機づけられたと考えられる。低自尊心者は，多くの側面の自己評価が高自尊心者よりも低いが（Baumgardner, 1990；伊藤，1999），本研究で高自尊心者と同程度に肯定的な特性判断がみられたことは，親密関係にある人物の知覚（この研究では視覚化を通しての知覚）が低自尊心者に自己高揚を動機づけることを示唆している。あるいは低自尊心者もこうした人物といるときには実際に肯定的な振る舞いをしており，そのような関係文脈では肯定的な自己の特性情報を保持しているのかもしれない。

4　自己概念と他者表象の重複と連合

　本書は自己概念の分化構造に関する論述でその多くが占められている。しかし，この議論は他者との関連性の中で自己概念をとらえようとする際の分化説ともいうべき一つの立場を表している。もう一つの有力な立場は，自己概念と他者表象の重複を考えるものである。この重複説の主導者Aronは，他者を自己の拡張先としてとらえる自己拡張理論を提案している（Aron, Aron, & Norman, 2001）。この理論の象徴的な概念は，親密他者や内集団メンバーの表象と自己概念の重複（overlap）である。彼らは自他の重複という概念をとらえるために，図4-7のような自己と他者を表す二つの円の重なり合いの程度によってその重複の度合いを示すIOS（Inclusion of Other in the Self）尺度の開発をしてきた（Aron, Aron, & Smollan, 1992）。

　自己拡張理論は，単に認知的な表象の在り方にとどまらず，社会関係における自己拡張の機能にも言及している。自己拡張とは自己の社会的

4　自己概念と他者表象の重複と連合　　　147

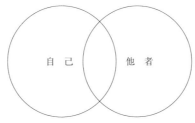

図 4-7　自己と他者の重複表象

なパワーや課題解決能力を増幅させるための心理プロセスである。例えば，人々は自己と他者の協力によって物事を解決することも少なくない。このとき，他者が自己の拡張としてとらえられていると，他者の力があたかも自分の力であるかのように感じられる。そして，そのことによって目標達成が叶うとすれば自己の価値を高めることもできる。他者の力を自己のものとして認知的に「包含」することは自尊心の維持・高揚にも役立つのである。

このアプローチは直感に訴えるものがあるが，表象の重複はどのような証拠によって裏づけられるのであろうか。これを実証するために，Aronらは自己と他者の特性概念に焦点を当てた。自他の表象が重複している状態は，図 4-7 のように表される。この図で表される自己と他者の領域を特性概念の集まりだと考えると，重複の程度が高いほど自他双方に同じ特性概念が共有されていることになる。この観点では，自他表象の重複とは自己と他者の表象の部分的な意味的同一性に他ならない。例えば，自分も几帳面だし，友人も几帳面だという場合には特性概念が共有されており，自分は几帳面だが友人は几帳面ではないという場合には共有されていない。定義上，親しい人物ほど重複しているはずなので，友人のような他者は一般に特性の共有度が高いと考えられる。ところが，実際に自己や他者の特性判断を実施すると，親しい人物であっても，特性語への当てはまりは自他の間でそれほど一致しない。認知的イメージとして IOS のような自他表象の重複状態を思い描くのは容易だが，自他の特性までもがまったく同一になることはないのである。それはおそらく特性判断が実際に蓄積された行動特性情報に基づいているからであろう。

Aronらはこのズレを利用した。自他表象の重複が特性情報の重複も意味するならば、共有される特性はIOSからイメージされる重複と矛盾しないが、非共有の特性は重複イメージと矛盾する。認知的な矛盾を含む判断においては、人々の判断や反応速度は遅延することがストループ効果[2]の報告以来よく知られている。Aronらは、自他表象が重複する場合、自他で共有されている特性は重複のイメージと矛盾がないので特性判断の遅延は起こらないが、共有されていない特性は重複のイメージと矛盾するので、特性判断の遅延が起こるだろうと考えた。

実際にAronたちが行った実験では（Aron et al., 1991）、まず90語の特性語についてあらかじめ自己と配偶者（他者）への当てはまり判断について事前調査がなされた。具体的には、7点尺度上で当てはまり判断をしたが、尺度中点より高いか低いかによって、その特性が自己または他者（配偶者）に当てはまるか（True）、当てはまらないか（False）を決めた。この組み合わせにより、各特性語が自他の共有特性なのか（True-True, False-False）、非共有特性なのか（True-False, False-True）が区別された。

次に実験参加者たちは、PC画面上に示される同様の特性語について自己への当てはまり判断を行った。特性語が呈示されたときに、自分に当てはまれば「はい」のキーを押し、自分に当てはまらなければ「いいえ」のキーを押して、この判断の反応時間が測定された。

先の予想からすれば、共有されていない特性語のほうが共有されている特性語よりも自己への当てはまり判断が遅いはずである。Aronたちの実験データによると共有特性の判断は、平均して1,059ミリ秒で遂行されたのに対し、非共有特性の判断には1,123ミリ秒を要した。確かに予想と一致して、非共有の特性に関する判断のほうが遅かった。もっとも64ミリ秒の差はわずかであり、この一つの結果だけで決定的なことは言えない。ところが、別の研究者たちによって、内集団メンバーに関する特性と非共有の自己の特性（どちらか一方に当てはまり他方に当てはまらない特性）は共有特性より判断が遅くなることも報告された（E. R.

---

2) この場合、「あか」という文字が赤色で書かれているときに比べて青色で書かれているときには明らかに文字の読み上げが遅延する。

Smith, Coats, & Walling, 1999)。この場合は，内集団と自己との重複を検討していることになるが，表象の重複があると仮定されるこれらの関係においても，非共有特性の判断が遅延するという同じ現象がみられることが確認された。

　しかし，これらの研究には自己概念の分化という視点はなかった。この自他表象の重複を自己概念の分化と併せて検討したのが石井（2009）である。彼は自他表象の重複を検討する際に，特性語の当てはまりを事前に調べるのではなく，実験の中で，自己と他者についての特性判断を2回連続で行う方法を用いた。そして自己が関係性によって区別されるという分化説の立場から，実験において対象となる他者を父親と友人とし，自己については「父親といるときの自己」，「友人といるときの自己」というように関係性を条件とした自己を対象とした。つまり，父親という他者表象は父親といる自己の表象と重複しているが，友人といる自己とは重複していない。また，友人という他者表象は友人といる自己の表象と重複しているが，父親といる自己とは重複していない。このことを調べようとしたのである。

　実験では，先に父親についての特性判断を行い，その直後に同じ特性語について父親といる自己あるいは友人といる自己の特性判断を行った。この2連続の特性判断における反応は，「はい」と「はい」あるいは「いいえ」と「いいえ」のときには特性が共有されていることを意味し，「はい」と「いいえ」または「いいえ」と「はい」のときには非共有であることを意味する。もし同じ関係性の自己と他者に限って重複があるのならば，友人と友人といる自己，父親と父親といる自己の組み合わせにおいて，非共有な特性の判断が遅れるであろう。そして，この遅延反応が父親と父親といる自己の組み合わせのみでみられ，父親と友人といる自己の組み合わせではみられないということになれば，関係性を条件とした自己と他者の表象に重複があると考えられる。友人についての特性判断が先行する場合にも，同様に見てゆくことができる。

　結果は，友人といるときの自己は友人と非共有の特性のほうが共有特性より判断が遅かった。これは仮説と一致する。しかし，父親といるときの自己も友人と非共有の特性で判断が遅かった。これは，父を条件とした自己の表象と友人の表象との間に想定していなかった関連性がある

ことを示唆している。

　福島（2017）は石井（2009）と似た手続きで行った二つの実験（福島，2005，2006）[3]の再分析を行い，やはり同様の結果を得た。一つ目の実験結果を図4-8に示した。友人関係内の特性判断は，後続課題として同じ友人関係内の特性判断を組み合わせたときには，不一致試行で反応遅延が生じている（パネルA左端）。しかし，後続課題として親子関係内の特性判断を組み合わせたときには，不一致試行において反応遅延は生じなかった（パネルB左端）。つまり，「友人といる自己」と「友人」の特性情報は，互いに非共有な特性情報については共有情報よりも反応が遅くなったが，親（父または母）の特性情報との非共有による反応遅延は見られなかった。これは重複説のみならず分化説とも一致した結果である。一方，親子関係内の特性判断は，後続課題として同じ親子関係内の特性判断を組み合わせたときだけでなく（パネルB中央），友人関係内の特性判断を組み合わせたときにも（パネルA中央），特性情報の非共有による反応遅延がみられた。つまり，「父（または母）といる自己」と「父（または母）」の特性情報は，互いに非共有な特性情報についてだけでなく，別の関係性である「友人」や「友人といる自己」の特性情報とも非共有である場合に反応遅延が起こった。これは重複説とは一致するが，関係性の区別なく反応遅延が起こっているので分化説は支持していない。石井（2009）とよく似た結果である。

　そこで福島（2017，研究2）は，関係性による自己の分化構造が成立しない条件を探るため，実験参加者の両親を他者刺激として行われたもう一つの実験の再分析を行った。内集団メンバーの特性と自己の特性との間でも非共有で反応が遅延することが報告されていたことから（E. R. Smith et al., 1999），親という共通カテゴリーに属する父と母を他者とした場合，父といる自己であれ母といる自己であれ，その区別なく非共有特性における反応遅延がみられるだろうと考えた。つまり，人物単位で分化した表象の重複ではなく，人物カテゴリーのような集合的な表象と自己概念との重複という見方である。この結果は図4-9のようであった。

---

　[3]　石井（2009）は，これらの実験を参考にしてその不備を補うための分析方法を考案した。

4 自己概念と他者表象の重複と連合

パネルA：後続課題は友人関係内特性判断

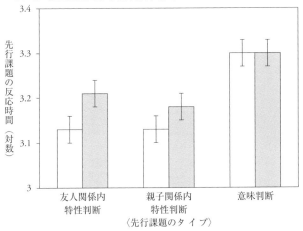

パネルB：後続課題は親子関係内特性判断

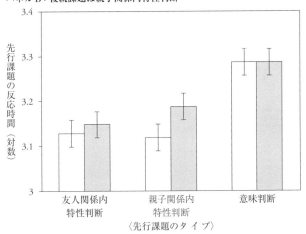

図 4-8　先行課題と後続課題の特性判断の組み合わせによる反応時間の遅延

注)　先行課題が友人関係内の特性判断である場合には,「友人といる自己」または「友人」に関する特性判断を行う。このとき，後続課題が同じ友人関係内の特性判断である場合には，それぞれ「友人」または「友人といる自己」と組み合わせた。親子関係内の特性判断である場合には，それぞれ「父（または母）」または「父（または母）といる自己」と組み合わせた。なお，意味判断は統制条件で，呈示された特性語が人だけに当てはまるか否かを判断する課題である。この条件では反応が不一致でも遅延は起こらない。単に同じ特性語に対する反応が「はい」と「いいえ」の不一致であるために反応遅延が起こるのではなく，自他の特性情報が不一致であるからこそ，遅延が生じることがわかる。詳細は福島（2017）参照。エラーバーは標準誤差。

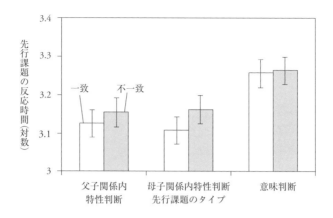

図 4-9 同一カテゴリー（親）の対人関係における自己と他者の
特性判断に関する反応時間のパターン

　父親と母親は別の他者であるが，非共有の特性に関する判断は自己と他者のどの組み合わせでも生じていた。これは父親と母親，それぞれと対応する自己の特性表象は分化していないことを示唆する。望ましい自己イメージについては，父に対するものと母に対するものでは異なる部分もみられたが，特性の好ましさを指標とした研究（表 4-1）で，父親と母親を条件とした自己の特性判断の好ましさに有意な差がみられなかったことは，この結果と整合する。
　異なる他者でも親としてあるいは内集団メンバーとして同じカテゴリーに一括できる対象は，個別の他者と自己の対応という形式での表象ではなく，他者カテゴリーと自己の対応という形式で表象が構成されているようである。しかし，友人と親のような同一カテゴリーには収められないような他者の場合も，共有されていない特性での判断の遅延がみられたが，これはどのように考えられるのであろうか。すべての関係の組み合わせでこのようになれば，分化説は間違っているということになるのだが，必ずしもそうではない。石井（1999）のみならず，特性判断の好ましさを検討した福島（2003）にも共通してみられるのは（本章136-137頁），友人関係における自己や他者の判断は，親子関係における自己や他者の判断に影響するようだが，その逆の影響はないということだ。つまり，友人関連の自他表象の影響が他の表象の処理におよぶらしいと

いうことである。そのようなことがあるとすれば，友人関連の自他表象は，直接的には関連のない自他表象に影響するような何らかの強い傾向をもつということであろう。例えば，ある分化的な自己（例えば，友人といる自己）に関する特性判断と別の自己（例えば，家にいる自己）に関する特性関連行動の想起に要する反応時間の差は，最初に判断する自己の重要度が高いほど大きいという知見もある（C. M. Brown, Bailey, Stoll, & McConnell, 2016）。こうした現象は，分化した自己概念の中でも重要なものほど活性強度が高く，それが他の重要度の低い表象の処理への円滑な移行を妨げる可能性があることを示唆している。このように分化した表象を仮定する研究者たちの課題は，複数の表象間にどのようなしくみで影響関係が発生するのかを追究していくことである。

第5章

特性自己概念の変動

　自己概念の分化には二つの側面がある。一つは，文脈特定的で安定的な自己表象の認知構造を表す概念という側面である。前章でみたように，この側面は，複数の関係性スキーマに内包される自己表象の条件即応的な利用とその保持を担う認知的枠組みとして議論されている（Baldwin, 1992）。このようなとらえ方は，精神的不適応の議論とは結びつかない。それは人物情報がどのような形式で保持され，どのような状況で利用されるのかを問題にしているからである。加えて，自己複雑性の議論も分化した自己の各側面が明瞭で安定した認知的表象であることを前提として，分化した構造にストレス緩衝装置の機能をもたせている。この議論は，自己概念の分化が精神的健康の悪化を防止するというものである（Linville, 1987）。もう一つは自己表象の混乱や矛盾を表す概念という側面である。この場合，自己概念の分化という状態は心理的な不安定さや精神的不適応と結びつけて議論される（Donahue et al., 1993）。「分化」をアイデンティティの拡散や混乱という視点でとらえれば，そのような見方があっても不自然ではない。

　この二つの側面は，それぞれ合理性がありどちらかが棄却されるべきものではない。しかし，どちらも自己概念の分化という概念で扱われることによって議論に混乱が生じてしまっている。したがって，この二つの議論にそれぞれよく適合する自己概念の分化を表す概念が必要になっている。

　おそらくそれは次の二つの次元の組み合わせによって表すことができるように思われる。一つは多面性の次元である。この次元によって，そ

の個人の自己概念は文脈による内容の相違が大きいのか,それとも文脈に依存せず比較的単純な内容で構成されているのかを表すことができる。例えば,「友人といるとき」,「家族といるとき」,「職場にいるとき」のような関係文脈の相違によって,自分自身の「外向性」や「協調性」の評価がどの程度異なっているかは多面性の指標の一つである。

　もう一つは安定性の次元である。この次元は,その自己概念が単純であれ複雑であれ,どの程度変動しやすいかを表す。例えば,「友人といるとき」のような一つの関係文脈の中でも,自分自身の「外向性」や「協調性」の評価はある程度変動するだろう。同一文脈内での自己概念について,その変化が小さければ安定的であり,それが大きければ不安定な自己概念であるといえるだろう。

　もしある個人の自己概念が多面的かつ安定的であるならば,それはLinville (1987) が仮定したような自己複雑性の高い人々の自己概念を指すことになる。安定した多面的構造があるならば,自己の一つの側面に関してネガティブな経験によるダメージがあっても,それが他の側面に波及する可能性を小さくできる。それゆえ,多面的構造がネガティブなイベントに対する心理的緩衝作用をもつという仮定を置くことができる。一方,多面的で安定性が低いならば,それは Donahue et al., (1993) が仮定したような自己分化度 (SCD) の高い人々の自己概念を指す。SCD の高さは自己やアイデンティティに関する葛藤を表しており,どのような文脈でどのような自分であるのかが不明確で曖昧なままであることを指す。多面性と安定性の二つの次元を導入することで,自己表象の分化に関する二つの主張と整合する構造を記述することができる。このようにみるならば,結局,Rogers たちの初期の研究以来,問題にされてきた自己概念と精神的健康の関わりは,自己概念の安定性の問題であったといえる。自己概念が分化しているか否かよりも,それがいかに不安定であるのか(つまり時間的に変動しやすいのか)が低い健康と関連しているといえる。

　SCD のように,複数の役割を設定して繰り返し評定値を得る方法は,その自己概念の多面性も不安定さも反映してしまう。自己概念が多面的な場合も不安定な場合も,役割間で評定は変わりうるからである。したがって,この区別を明確にするためには,同じ文脈内での自己概念の変

動性に注目する必要がある。English & Chen（2007, 2011）も同様のことを指摘した。彼女らの研究では特に，米国の東アジア系の人々は，友人，母親，恋人など異なる人物といるときの自己概念の相違は自分らしさやそれらの人々との関係の質の評価に影響はないが，同じ文脈について1カ月程度の間をあけた2時点で評定された値の相違が大きい人では，それらの評価が低下した。このように，同一文脈内での自己概念の時間的変動を不安定さの指標とすることで，多面性と安定性の区別を同時的に見ることが可能になる。ここではその検討に入る前に，どのようにして時間的次元を含む特性表象の変動を分析することができるのかをみてゆこう。

1　密度分布モデル

　自己概念に関する個人内での時間的変動は，パーソナリティの特性研究において登場した密度分布モデルに基づいて考察できる。Fleeson & Gallagher（2009）は，特性の行動予測力はそれほど大きくはないというMischel（1968）以来の固定化された見方に満足していなかった。そもそも直接的にこの問題を検討した研究は確かに少なかった。その理由として彼らがあげたのは，Funder（2001）が指摘したように，特性の現れとして考えられる行動の種類は膨大であり，その一覧を作るのは難しく，どの行動がどの特性の現れであるのかを決定するのが困難であること，人のすべての行動を記録することが難しいため，人がいつどのように行動しているかについての完全な分布を得るのも難しいということであった。

　彼らはこの状況を少しでも進展させるために，質問紙で測定される「特性」と経験サンプリングによって測定される「行動」との関連度がどれほどあるのか，15の学生サンプル集団を使って検討した。測定対象となった特性は，特性5因子モデルの外向性，協調性，誠実性，神経質性，開放性であり，質問紙に印刷された特性語に自分が当てはまるかを判断するというよく使われる方法で測定された。一つの特性因子については，3項目から12項目が割り当てられていた（サンプルによって項目

数が異なっていた)。これらの特性が人々の日常的な行動の予測ができるのかを検討するために、経験サンプリングにより行動情報を収集した。経験サンプリングとは、参加者に携帯端末を貸与しておき、所定の時刻に質問への回答を促すことによって日常活動の様子を断片的に記録して集積していく方法である。彼らはPalmPilotという電子手帳タイプの端末を使った[1]。この小型端末の液晶画面に1日のうちに4，5回，1〜2週間にわたり、どのような行動をとっていたかを問う質問が現れ（例えば「この30分の間、あなたはどのくらい一生懸命でしたか？」）、その程度を数値で答える。このように、この研究における行動指標は自己報告ではあったが、それでも実際にとっていた行動の間接的な指標にはなる。15のサンプルは、12名〜63名の間で構成されており、最終的には495名から21,871個の応答が得られた。

　事前に質問紙で回答された特性の得点と個々の測定時点の行動との相関がもっとも注目される結果である。もし特性が行動に反映するならば、各人はどの時点でもその特性スコアに対応したレベルの特性関連行動をとると考えられる。これを調べるために、各個人が提供した複数回の反応時点の中からランダムに1時点を選び出し、質問紙の特性スコアとの相関係数を計算し、これを10回繰り返して係数を平均した。サンプル全体でのそれらの相関係数は、外向性で.18，協調性で.34，誠実性で.24，神経質性（情緒不安）で.31，開放性（知性）で.37であった。ランダムに選ばれた単一時点でみると、外向性が高い人ほど外向的行動をとるという傾向は、統計的には有意ではあったが、それほど高くなかった。他の特性はもう少し関連が高かったが、これらの値は、それまで言われてきたものとそれほど変わらなかった。つまり、特性スコアが高いからといってそれが低い人よりも、それほど頻繁に特性関連行動をとるわけではなかった。

　一方、個人から複数時点の行動の自己評定データを得ているので、その平均値をとり、これと質問紙で回答された特性との相関係数も計算された。つまり、測定期間全体を通してみたときの各個人の特性関連行動

---

[1] 現在は研究参加者が個人的に保有しているスマートフォンを入力端末として用いることが多い。

の平均値(中心傾向)と特性スコアとの相関である。こちらは，外向性.42，協調性.55，誠実性.48，神経質性.53，開放性.56であった。単一時点よりも測定期間全体を通した行動の中心傾向でみると，ある特性が高い人ほど，その特性を反映する行動をとるという関連性が高まった。

　単一時点で十分に特性を発揮した行動がみられないのは，それぞれの時点における外的環境(社会関係や活動内容)や個人の内的状態(動機づけや覚醒水準など)が異なるからであると考えられる。行動は特性だけで決定されるわけではない。先の相関係数からすれば，特性は，高く見積もっても，サンプルとなった対象者たちのある単一時点の行動のばらつきを9％程度ほど説明するにすぎない。この値は無視してよいほど小さいわけではないが，個人について多くの観察をして行動データを集積し，その平均値を行動の代表値とするならば，人による行動の違いを特性で説明できる割合は25％程度まで上昇する。つまり，外向的な人ほど外向的行動を多くとるという関係がより明確に表れる。こうした分析によって，このことが確認された。

　Fleeson & Gallagher にとって，この結果はどのような意味をもっているだろうか。彼らの理論的立場は「密度分布モデル」と呼ばれている。これはある個人のすべての行動を記録し，それがどの程度外向的か，どの程度協調的かなどに沿って並べれば，どの特性に関しても基本的には正規分布になるというモデルである。したがって，個々の行動への特性の反映度よりも行動情報を集積した平均値が個人の代表値であると考えるので，それが特性と中程度の相関を有していたというのはむしろ理論と一致している。もっともこれは一般論として当然であるともいえる。どんな行動であれ，個人内でみれば，その行動レベル(例えば，どれくらい協調的かという程度)にはばらつきがあり，一時点でみるよりは，複数の観察機会を通して集めたデータに関する代表値がその行動レベルをもっともよく表すからである。したがって，特性と行動の対応という問題においていえば，特性は，一時点の行動には確率的に反映されたり，されなかったりするが，一定期間内の平均行動レベルにはある程度反映していることがわかる。

2 マルチレベルモデリング——個人内分散と個人間分散の分離

　密度分布モデルは，自己概念よりも特性の変動を記述するモデルであるが，特に行動の個人間分散と個人内分散に着目している点が重要である。自己やパーソナリティの研究においてこれまでは個人間分散，つまり人によって性格や行動がどの程度異なるかに焦点が当てられていたからである。一方，個人内分散は一人の個人の行動がどの程度異なるのかという視点である。個人内分散が全体としてどの程度の大きさであるのかは興味深いところである[2]。

　Fleeson & Gallagher (2009) は，経験サンプリングで得たデータについて個人内分散と個人間分散の割合もみている。個人間分散（人の違いによる変動）は，外向性で22％，協調性で37％，誠実性で25％，神経質性で38％，開放性で51％であった。残りが個人内分散（個人内での測定時点間の変動）である。すると，開放性は個人内分散が50％弱ほどであり，この中でもっとも小さい値である。残りの四つの特性は60〜70％程度を個人内分散が占めている。人々の行動のばらつきは，人による違いよりも，測定時点による違いの効果のほうが大きいという結果である。ただし，この種のデータはマルチレベルモデリングを用いて，大量データの分散から個人の平均値の違いで説明できる変動（個人間分散）を差し引いた残りを個人内分散としている。したがって，ここには何らかの要因による系統的な個人内変動だけではなく，偶然に生ずる測定誤差も含まれている。さらにこのモデルでは，算出される個人内分散の大きさはどの個人にとっても等しいと仮定されている。これは解釈上の大きな制約になる。したがって，個人間と個人内の分散の比較には注意を要する。しかし，マルチレベルモデリングは，本書の目的にとって重要なア

　　2）　さらに面白いのは実際にはそこに個人差があるということである。人によって行動のばらつきの程度は異なる。個人の行動は変動し，その変動性そのものに個人差があるのだ。しかし，この後述べるマルチレベルモデリングでは，個人内分散はすべてのケース（個人）で等しいと仮定する。変動性の個人差を分析するには個人内のデータについて，標準偏差などの散布度を見てゆくことが必要になる。

表 5-1 マルチレベルモデリングを適用するデータ構造の例

個体番号	外向性	協調性	誠実性	神経質性	開放性
1	4.7	5.3	4.7	2.3	2.7
1	2.0	3.7	2.7	2.0	3.0
1	5.3	4.0	2.7	1.0	2.3
1	4.3	5.0	4.3	1.0	2.3
1	5.7	6.0	4.0	1.0	4.3
1	5.0	5.0	3.3	1.0	2.7
1	4.0	4.3	3.0	1.7	2.7
1	3.7	4.0	4.0	3.0	4.0
1	3.0	4.0	4.3	3.0	3.3
1	3.0	4.0	2.3	1.0	3.3
2	2.0	3.0	4.0	3.0	4.0
2	4.0	3.7	4.7	3.3	3.3
2	6.0	5.7	2.7	1.7	3.7
2	4.7	5.3	2.0	2.3	3.0
2	2.0	2.3	4.3	4.7	2.3
2	1.7	4.0	4.7	3.0	4.3
2	1.7	4.0	4.7	3.0	4.3
2	2.7	2.3	6.7	5.0	3.7
2	2.7	4.3	5.3	5.0	4.7
2	3.7	3.7	5.0	5.0	4.3
3	.	.	.	.	.
3	.	.	.	.	...
.					
.					

イデアと分析方法を提供しているので，ここでその概要を示しておきたい。

マルチレベルモデリングは，入れ子構造のデータを解析するために発展してきた手法である。もっとも基本的な形式をみておこう。例えば，表5-1の同じ個体番号は一人の個人である。この例では各個人の各特性について10個のデータがある。この場合，個々の測定値が各個人に集積されているので，データは二つのレベルからなる階層構造を成している。測定値がレベル1の単位，個人がレベル2の単位となる（さらに個人が何らかの所属組織の下に収まっているならば，所属組織がレベル3の単位を構成する）。こうしたデータがどのような要因の影響を受けているのかについて，レベル1での回帰式とレベル2での回帰式を作成して，それらを統合し，切片（平均値）と傾き（係数），個人間分散と個人内分散のパラメータを備えたモデルとして表現する。優れた特徴としては，レベ

ルごとに方程式を作成し,それらを組み合わせて最終的な予測モデルを一つ作るので,レベルごとに異なるパラメータを含められることがあげられる。また結果変数の個人内分散と個人間分散を区別できることも利点である。これらのパラメータは,最尤推定を用いてデータから推定される。

まずレベル1の方程式である。

$$y_{ij} = b_{0j} + e_{ij} \tag{1}$$

この式で y_{ij} は個人jのある特性の評定値iである。b_{0j} は個人の平均値であり,e_{ij} はその平均値と評定値の差を表している。e_{ij} は平均0で正規分布すると仮定される。

次にレベル2の方程式である。

$$b_{0j} = \gamma_{00} + \mu_{0j} \tag{2}$$

γ_{00} は特性の全体平均である。μ_{0j} はその平均値と各個人の平均値の差を表しており,平均0で正規分布すると仮定される。

(2)式を(1)式に代入して混合モデルを作る。

$$y_{ij} = \gamma_{00} + \mu_{0j} + e_{ij} \tag{3}$$

つまり,個々の測定値は,個人差によって生ずる得点の差異と各測定時点における反応差を全体の平均値に加味して表現される。そして,e_{ij} と μ_{0j} の分散が,それぞれ個人内分散,個人間分散となる。レベル1方程式である e_{ij} の分散は,実際のデータでみればレベル2を構成するユニット(つまり個人j)の数だけあり,その値もそれらのユニットごとによって違うはずだが,データに適用するモデルとしては,すべてのユニットにおいて等しいと仮定される。また,個人内分散は個人が各測定時点で直面する状況やそのときの個人内の状態によって変動すると考えられるが,偶然誤差も含んでいる。

これらの方程式は,特性自己概念の変動について個人内と個人間の分散だけがパラメータとなっている基本的なモデルである。次に,この基本的モデルに関係文脈レベルを加えた著者の研究について述べ,ここで先に論じた多面性と安定性の心理測定的な区別も試みる。

3 関係文脈による特性自己概念の変動

　人は様々な他者と関係を構築し，その相互作用の中で多様な振る舞いをする。各々の他者はその人のイメージを抱き，そこに社会的自己が形成される（James, 1890）。さらに，それらのイメージは鏡映的自己（Cooley, 1902）のプロセスを通して映し返され，その人の自己概念に多面性をもたらす。これは，この領域の研究者たちの多くが共有している自己概念の形成過程の一つである。彼らはやがて関係性や役割という社会的文脈に対応して分化した自己概念の構造とその意味を探求するようになった（Block, 1961; Donahue et al., 1993; Linville, 1987）。

　一方，自己概念のダイナミックな特徴に着目した Markus & Wurf (1987) は，状況的手がかりに対応して異なる自己概念が喚起されるとする見方を提案し，自己概念を多様な内容を含む動的な知識構造とみなした。関係的自己（Andersen & Chen, 2002）や関係性スキーマ（Baldwin, 1992）の理論は，状況的手がかりの中でも関係文脈に着目し，そこに含まれる他者の情報がその関係に対応する自己概念を呼び出すという見方をとっている。これらの研究では，自己概念の変化は，その部分構造が状況的に切り替わることとみなされてきた。

　自己概念の日々の変動とその規定因に注目する研究も現れた。例えば，Church et al. (2013) は自己決定理論の三つの基本欲求を含めた五つの欲求満足（自律性，有能感，関係性，自己実現，快楽）を規定因として導入し，経験サンプリング法を用いて特性語評定による自己概念の時点間の変動を検討した。その結果，自己概念には個人間分散を上回るような大きさの個人内分散があること，そしてその個人内分散の21〜42％を各反応時点で知覚された欲求満足で説明できることを示した。この結果は，自己概念の個人内変動が反応時点の欲求満足のような状況的に変化する要因によって説明可能であることを示した。

　このような研究は，自己概念の測定値の分散を，個人間の差異に由来する部分と個人内の変動に由来する部分に分割し，それぞれの変動がどのような要因と関連があるのかを明らかにしようとするものである。こ

こでは個人内変動に着目し，そこに関わる要因として関係文脈に焦点を当てる。一般に個人が過ごす時間は，複数の異なる関係文脈で区切ることができる。一人で過ごす時間，友人や恋人と過ごす時間，家族と過ごす時間などである。先にみたように，関係文脈によって自己概念が切り替わることの証拠は多くあるが，その個人内変動の量的側面についてはほとんど知られていない。ある特性の全体的変動のうち関係文脈の変化によって説明できる割合はどの程度なのかという問題である。

これを検討するためには，経験サンプリング法（ESM）を用いた自己概念の継時的測定が適している。そのようなデータは，個人の中に複数の関係文脈があり，関係文脈の中に複数の反応時点があるという入れ子構造になる。反応時点をレベル1，関係文脈をレベル2，個人をレベル3の単位としたマルチレベルモデリングを行うことにより，関係文脈における変動が全変動に占める相対的な大きさを知ることができる。各個人（j）の各関係文脈（i）における各反応時点（t）の応答値を結果変数 y_{tij} として次のようなモデルを構成した。

まず予測変数をもたない無条件モデルである。(1)式は反応レベル，(2)式は関係レベル，(3)式は個人レベルのモデルとなる。(4)はそれらを統合した混合モデルである。

$$y_{tij} = \pi_{0ij} + e_{tij} \tag{1}$$

$$\pi_{0ij} = \beta_{00j} + r_{0ij} \tag{2}$$

$$\beta_{00j} = \gamma_{000} + u_{00j} \tag{3}$$

$$y_{tij} = \gamma_{000} + u_{00j} + r_{0ij} + e_{tij} \tag{4}$$

y_{tij} はある自己概念の個人 j，関係文脈 i，反応時点 t の観測値である。π_{0ij} はその自己概念に関する個人 j，関係文脈 i の平均値であり，e_{tij} はその平均値からの偏差を表す。β_{00j} は個人 j の自己概念の平均値であり，r_{0ij} はその平均値からの関係文脈 i の偏差を表す。r_{0ij} の分散はどの個人でも等しいと仮定される。γ_{000} は全体平均であり，u_{00j} は全体平均からの個人 j の偏差を表す。このモデルでは具体的な関係文脈を予測変数として導入していないので，関係文脈は単に反応レベルのデータを収める区切りにすぎない。しかし，r_{0ij} の分散を得ることによって関係文脈による変動が他の変動と比べてどの程度の大きさであるのかを知ること

ができる。関係文脈による変動というときに，参加者に共通の効果（固定効果でみる関係文脈間の平均値の差による変動）とランダムな効果（個人によって異なる関係文脈間の値の変動で誤差を含む）があるが，このモデルの r_{0ij} はまだこれらが分離されていない。

次に関係文脈を予測変数とするモデルを定めた。(5)式が反応レベル，(6)式が関係レベル，(7)と(8)式が個人レベルのモデルとなる。(9)式は混合モデルである。ここでは上述の二つの効果が分離された。

$$y_{tij} = \pi_{0ij} + e_{tij} \tag{5}$$

$$\pi_{0ij} = \beta_{00j} + \beta_{01j}R_{01j} + \beta_{02j}R_{02j} + \cdots + \beta_{0nj}R_{0nj} + r_{0ij} \tag{6}$$

$$\beta_{00j} = \gamma_{000} + u_{00j} \tag{7}$$

$$\beta_{0pj} = \gamma_{0p0} \qquad (p=1, 2, \cdots, n) \tag{8}$$

$$y_{tij} = \gamma_{000} + \gamma_{010}R_{01j} + \gamma_{020}R_{02j} + \cdots + \gamma_{0n0}R_{0nj} + u_{00j} + r_{0ij} + e_{tij} \tag{9}$$

(5)式は無条件モデルと同一である。

(6)式の R_{01j} は関係文脈のダミー変数であり，1か0をとる（p=1, 2, $\cdots$, n）。β_{0pj} はダミー変数にかかる係数である。すべてのダミー変数が0をとるときには，切片 β_{00j} と関係レベルの偏差 r_{0ij} のみが残る。このモデルにおいてはこの切片が残りの一つの関係文脈における自己概念の値（基準値）となる。また，いずれか一つのダミー変数が1をとれば，他は必ず0をとる。このとき $\beta_{00j} + \beta_{0pj}$ は，ダミー変数 p のときの特性の平均値となる。つまり，係数 β_{0pj} はその関係文脈における自己概念の値が基準値に比べてどれほど増加（または減少）するかを表している。β_{0pj} は傾きというよりも，カテゴリー変数内の水準間の平均値差を表す係数である。偏差 r_{0ij} の分散は固定効果では説明できない関係レベルにおける自己概念の個人内変動を表す。無条件モデルの r_{0ij} の分散より値は小さくなるが，それは個人ごとに異なる関係文脈の効果を反映する。この個人×関係文脈の効果による自己概念の変動が全体分散に占める割合を知ることができるのは，マルチレベルモデリングの利点である。

(7)式，(8)式では，γ_{000} は，関係レベルの切片 β_{00j}（基準となる関係文脈の平均値）の全体平均である。u_{00j} は全体平均からの個人 j の偏差を表す。ダミー変数は関係文脈の違いを表す一つのカテゴリー変数なの

で，ダミー変数の傾き β_{01jj}，β_{02j}，…，β_{0nj} がそれぞれ独立にランダム効果をもつという仮定は妥当でない。したがって，ダミー変数の傾きにはランダム効果を仮定していない。個人レベルの傾き γ_{0p0} は，関係レベルの係数 β_{0pj} に等しい。

　研究参加者は心理学系科目を履修していた大学生308名（男性153名，女性155名）である。このうち284名が質問紙による調査に，273名が経験サンプリングによる調査に実際に参加した（経験サンプリング調査においては4回以上の応答があった者を正規の参加者とした）。双方に参加したのは260名（男性125名，女性135名）であった。

　特性の自己評定には，特性5因子モデルによる特性語15語を用いた（表5-2参照）。回答用WEBページには特性語が「いまのあなたは……」に続いて示され，参加者は「まったく当てはまらない（1）」～「非常によく当てはまる（7）」までの数字の中から一つを選んで回答した。

　また，回答時の関係文脈について参加者は「いまはどのような状況ですか」と尋ねられ，「一人でいる」，「友人または恋人といる」，「家族といる」，「知人といる」，「その他の人といる」の中から一つを選んで回答した。本研究ではこのように五つの関係文脈から一つを選択するように参加者に求めたので，関係文脈モデルは四つのダミー変数をもっていた。

　手続きとして，参加者はまずWEBを用いた調査と質問紙調査があることを知らされ，各調査の概要と個人情報の扱いについて説明を受けた。次にWEB調査の回答方法が説明された。電子メールによる通知は1カ月の間に不定期に10回送られるが，自動車等の運転，学習，仕事などの活動中は回答せずに，回答可能になってから調査用WEBページにアクセスするように説明された。また実際に調査用WEBページにアクセスし回答の練習を行った。その後，参加者は質問紙の配布を受け，回答を依頼された。回答終了後に参加者自身が回収用テーブルに置いて調査が終了した。

　参加者はこの後，調査への回答を促す電子メールを受け取るたびに，各自のタイミングでWEBページにアクセスして回答した。調査用のWEBページ作成と回答の記録には，リアルタイム評価支援システム（芝崎・近藤，2008）を利用した。

　分析に先立って，2時間以内に複数の回答がなされていた連続的反応

表 5-2 特性自己概念の測定項目に関するマルチレベル確認的因子分析

特性自己概念	個人内	個人間
外向性		
外向的	.718	.912
話し好き	.677	.832
活動的	.699	.845
協調性		
親切	.746	.966
思いやりがある	.771	.998
あたたかい	.705	.927
誠実性		
まじめ	.797	.898
勤勉	.690	.890
責任感がある	.569	.887
神経質性		
イライラした	.708	.904
神経質	.517	.844
トゲがある	.686	.962
開放性		
創造的	.650	.990
型にはまらない	.337	.622
想像力豊か	.588	.933

注）数値は標準化した負荷量

表 5-3 特性自己概念の個人内因子と個人間因子の因子間相関

		1	2	3	4	5
1	外向性	—	.82*	.40*	−.25*	.60*
2	協調性	.84*	—	.43*	−.40*	.58*
3	誠実性	.66*	.73*	—	.07	.41*
4	神経質性	.16	−.01	.33*	—	−.11*
5	開放性	.56*	.51*	.53*	.38*	—

注）対角線の上側が個人内因子間の相関，下側が個人間因子間の相関
*) p<.05

については，最初の回答だけを残し，他は分析から除外した。最終的に得られた ESM データの反応総数は2,492であった。そのうち各関係文脈が占める割合は，一人57.7%，親しい友人または恋人20.9%，家族12.7%，知人5.1%，その他の人3.6%であった。

測定に用いた特性項目が特性5因子の自己認知として単純構造を有するかを確認するために，マルチレベル確認的因子分析[3]を実施した（$RMSEA = .042$，個人内 $SRMR = .054$，個人間 $SRMR = .076$）。表 5-2 に個人内モデルおよび個人間モデルの因子負荷量を，表 5-3 に両モデルの因子間相関を示した。全体的な負荷パターンは，いずれのモデルも仮定された構造と整合していた。両モデルにおいて外向性と協調性の因子間相関は高かった。個人間モデルでは協調性と誠実性の相関も高かった。各特性次元について3項目の平均値を各反応時点の自己概念の得点とした。

図 5-1 は，外向性について各個人がどのような範囲で評定したのかを関係文脈ごとに示したものである。黒点が当該関係文脈における各個人の平均値で，上下に伸びた線分は個人内の±1標準偏差を表している。概念的には，黒点の散らばり全体が個人間分散に相当し，黒点から伸びる線分の総量が個人内分散に相当する。線分のない点は当該文脈内での反応が一つだけか，すべての評定値が同じであったことを意味する。関係文脈名の下の数値は，黒点がとる値の平均値である。

無条件モデルと関係文脈モデルについて制限付き最尤推定によりパラメータを計算したところ，表 5-4 の B の「情報量基準」の欄に示したように，どの特性に関しても，無条件モデルに比べて関係文脈モデルの逸脱度や情報量基準の値は小さく，関係文脈を導入したモデルのほうがデータに適合した。なお，ここでの分析は福島（2018）でも報告した。

表 5-4 上段の A は固定効果である。無条件モデルの切片は各特性の全体平均の推測値である。関係文脈モデルでは「一人」でいる文脈を切片（基準値）として，他の関係文脈にダミー変数を割り当ててある[4]。

---

3) 分析には M-Plus7（Muthén & Muthén, 2012）を用いた。
4) 無条件モデルの切片と関係文脈モデルの切片の値が異なっていることに疑問があるかもしれない。例えば，外向性について無条件モデルの切片は3.98だが，関係文脈モデルでは3.38である。一般に，無条件モデルに連続量の予測変数を加えたモデルの場合には，当該予測変数がすべてゼロのときに無条件モデルと値が一致するように，同じ切片をもつ。しかし，本研究の関係文脈モデルは，予測変数である関係文脈がカテゴリー変数のためダミー変数が使われており，すべてのダミー変数がゼロのときに切片が残りの一つの文脈（「一人でいる」）の値を表すように構成されている。一方，無条件モデルの切片は特定の文脈の値を表すものではないので，二つのモデルは異なる切片をもつ。

3　関係文脈による特性自己概念の変動　　　　　　　　　169

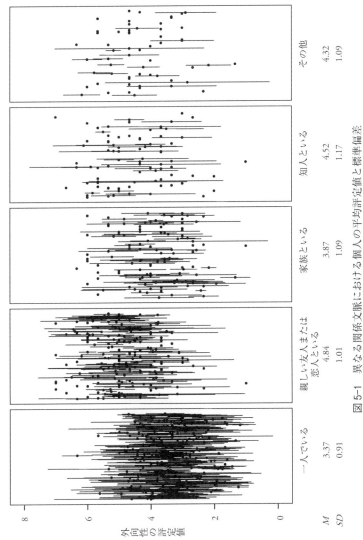

図5-1　異なる関係文脈における個人の平均評定値と標準偏差

注）黒点が各個人の平均値で、そこから上下に伸びる線分が±1標準偏差を表す。そのカテゴリー内の反応が一つであるか、複数の反応が同じ評定値であった場合には黒点に線分はない。Mは各関係文脈における個人平均（黒点）の平均値で、SDはその標準偏差である。

表 5-4 特性自己概念のマルチレベル分析における固定効果, ランダム効果およびモデル適合度

A 固定効果推定値

特性	無条件モデル切片	関係文脈モデル				
		一人	友人・恋人	家族	知人	その他
	γ_{000}	γ_{000}	γ_{010}	γ_{020}	γ_{030}	γ_{040}
外向性	3.98	3.38	1.46*	.46*	1.22*	.99*
協調性	4.14	3.79	.87*	.45*	.61*	.38*
誠実性	3.71	3.63	.10	.09	.44*	.72*
神経質性	2.93	2.98	−.21*	−.12	−.05	.38*
開放性	3.45	3.36	.39*	−.01	.10	.00

B ランダム効果とモデル適合度

特性	モデル	分散推定値			情報量基準		
		u_{00j}	r_{0ij}	e_{tij}	逸脱度	AIC	BIC
外向性	無条件	.127 (.06)	.801 (.40)	1.069 (.54)	8134.2	8140.2	8157.7
	関係文脈	.306 (.19)	.240 (.15)	1.066 (.66)	7848.3	7854.3	7871.8
協調性	無条件	.247 (.16)	.431 (.28)	.857 (.56)	7512.6	7518.6	7536.1
	関係文脈	.318 (.23)	.229 (.16)	.859 (.61)	7387.4	7393.4	7410.9
誠実性	無条件	.405 (.24)	.185 (.11)	1.081 (.65)	7870.4	7876.4	7893.8
	関係文脈	.420 (.26)	.148 (.09)	1.076 (.65)	7840.2	7846.2	7863.7
神経質性	無条件	.600 (.34)	.170 (.10)	.982 (.56)	7723.7	7729.7	7747.2
	関係文脈	.596 (.34)	.152 (.09)	.981 (.57)	7714.2	7720.2	7737.7
開放性	無条件	.420 (.34)	.105 (.09)	.695 (.57)	6841.8	6847.8	6865.3
	関係文脈	.423 (.36)	.072 (.06)	.694 (.58)	6802.4	6808.4	6825.9

注) 表中の数値は, SPSS ver.21 の Mixed コマンドによる分析結果である。福島 (2018) では, HLM7 を用いており, 分散推定値が若干異なる。
*) $p < .05$

したがって，関係文脈モデルの固定効果の係数は，切片である「一人」のときの自己概念からの隔たりを表している。例えば，外向性に関する自己概念について「一人」のときは3.38がその推定値であり，「友人・恋人」の文脈における推定値は4.84（3.38＋1.46），「家族」が3.84（3.38＋.46），「知人」が4.60（3.38＋1.22），「その他」が4.37（3.38＋.99）である[5]。外向性と協調性の推定値はすべての関係文脈で切片となる「一人」のときよりも有意に高かった。誠実性は「知人」と「その他」の文脈が切片より高く，神経質性は「友人・恋人」で低く，「その他」で高かった。開放性は「友人・恋人」で高かった。

表5-4下段のB左欄にはランダム効果としての分散推定値を示している。分散推定値の下の括弧内の数値は全分散に対する各分散の比率である。無条件モデルの関係レベルにおける偏差r_{0ij}の分散は外向性が最大で，40％と大きかった。次いで協調性が28％であり，他の3特性は9〜11％であったが，Wald検定はすべて有意であった（p＜.05）。無条件モデルでは，関係文脈は複数の反応時点を含む個人内の区切りであり，文脈の内容は考慮されない。特性によってその影響の大きさは異なるものの，関係レベルの変化が個人内の反応に実質的なばらつきをもたらしていることがわかる。

一方，関係文脈モデルにおいては，固定効果として各関係文脈における各特性の平均値が推定される。それでも説明しきれなかった関係レベルにおける残りの変動の割合は，外向性が15％，協調性が16％，誠実性と神経質性は9％，開放性は5％であり，いずれも有意であった（p＜.05）。この残りの変動は体系的な関係文脈の相違による固定効果の他に，個人ごとに関係文脈の効果が異なることによる変動を意味している。

無条件モデルと比較すると，外向性や協調性は，関係レベルの分散が大きく減少する一方で，個人レベルの分散は増加した。関係文脈の固定効果によって分散が説明された程度を知るためには，個人レベルと関係レベルの双方の分散を統合して検討すべきと判断した。この観点からみると関係文脈の導入によって関係レベルと個人レベルの偏差の変動は，

---

[5] これらの推定値は，図5-1の各文脈における記述統計量としての平均値（黒点がとる値の平均値）と概ね一致する。他の特性についても同様であった。

外向性は41％減，協調性は19％減であり，固定効果の指定によって自己概念の変動が十分に説明されたことがわかるが，誠実性は4％減，神経質性は3％減，開放性は6％減と，無条件モデルからの大きな減少はみられなかった。

これらの結果からどのようなことがいえるだろうか。本研究では関係レベルにおける自己概念の変動が全体の変動の何％を占めるのかを検討した。無条件モデルでは，外向性は40％，協調性は28％と大きかったが，他の特性は10％前後であった。固定効果として関係文脈を特定したモデルでは，その割合は低下したが，それでも外向性は15％，協調性は16％，他の3特性は5〜9％であった。固定効果は全参加者に一様に作用すると仮定される効果である[6]。その効果を含んだモデルになお残る関係レベルの有意なランダム分散については，個々の関係文脈の意味が個人ごとに異なること，すなわち個人×関係文脈の効果が関わるとみられる。ただし，本研究で使用した関係文脈のカテゴリー区分が曖昧であったことがその効果を実際以上にする一因になってしまった可能性もある。「親友／恋人」のような本来は別の文脈として扱うべきものを一つのカテゴリーとして用いたこと，「知人」や「その他」というカテゴリーはその範囲が曖昧なこと，「家族」の中にも親やきょうだいや祖父母など複数の関係文脈を含みうることなどである。これらはいわば関係文脈の特定における誤差といえるが，これが個人にとって各関係文脈がもつ意味の違いを拡大したのかもしれない。

固定効果として関係文脈を特定したときの無条件モデルからの分散の減少率は，分散分析の効果サイズと同様の意味をもつと言えるだろう。係数から推定される平均値差を反映して外向性や協調性は十分な減少率がみられたが，誠実性，神経質性，開放性は数パーセントと少なかった。これらの結果は，外向性や協調性に関する自己概念は関係文脈によってその程度が大きく異なることを意味する。この二つの特性は，そこに他

---

[6] 関係文脈によって自己概念の平均値が異なることは分散分析でも示せる。この場合，関係文脈の主効果が全体のデータ変動に占める割合は効果サイズである。しかし，残りの分散はすべて誤差として扱われる。本研究のマルチレベルモデルでは，測定上の誤差分散は反応レベル（レベル1）のランダム分散に含まれるので，関係文脈の固定効果を導入したうえで残る関係レベル（レベル2）のランダム分散には解釈の余地がある。

者の存在があってこその特性であり，対人行動と強く関連している（De Young, Weisberg, Quilty, & Peterson, 2013）。そのため他の特性よりも対人場面である関係文脈の相違が強く自己概念の評定に反映するのであろう。本書第3章の多重役割設定法の分析においても，外向性と協調性の項目に対する役割因子の寄与は大きかったが，これと同様の理由によるものと考えられる。

4 自己概念の多面性と不安定性

マルチレベル分析は個人間分散のみならず個人内分散も算出される点が特徴である。しかし，その個人内分散はモデル全体として推定される一つのパラメータで表される。つまり，人によって個人内で評定のばらつく程度の違いは表せない。ところがそもそものこの領域の関心事は，自己概念が個人内でばらつく程度の差異が，心理的不適応とどのような関係を有するのかにあった。したがって，個人内のばらつきの個人差を表す指標を作成する必要がある。しかも，本章では多面性と不安定性という二つの指標を必要としている。

すでにみたように，多面性は文脈間にみられる自己概念の相違である。つまり，各文脈における平均値が相互にどの程度異なるか，その平均値の文脈間標準偏差（between-context SD）をとることによって多面性を指標化できる。各文脈内で得られる複数の反応は平均値として一つの代表値で表されるので，個々の反応の揺れはみえなくなる。ある文脈と別の文脈における特性自己概念の代表値がどれほど異なるかを文脈間標準偏差として表してみよう。

一方，不定性は同一文脈内で反応の揺れが生じる程度を表す。つまり，各文脈内における各時点の評定がどの程度異なるか，その評定の標準偏差（within-context SD）をとることによって安定性を指標化できる。この指標の値が小さいほど安定的であり，大きいほど不安定であるということになる。

ここでは前節で述べた研究データ[7]を用いて，文脈間SDを多面性の指標，文脈内SDを不安定性の指標として新たに作成し，精神的健康度

表 5-5 自己概念の多面性および不安定性と健康度，パーソナリティ，ライフイベントとの関連

	多面性 (文脈間 SD)		不安定性 (文脈内 SD)	
	r	r'	r	r'
GHQ	.05	.04	.29*	.24*
自尊心	.14*	.17*	−.15*	−.08
自己愛	.18*	.18*	.18*	.20*
自己概念明瞭性	.06	.12	−.05	.10
乖離性体験	.10	.09	.15*	.11
対人ネガティブイベント	.02	.00	.24*	.18*
達成ネガティブイベント	−.02	−.04	.18*	.12
対人ポジティブイベント	.06	.06	.01	.01
達成ポジティブイベント	−.02	−.03	.12	.11
社会的望ましさ BIDR-J	−.06		−.23*	

注) リストワイズの分析による。$n=219$。r は多面性，不安定性と各変数の相関係数，r' は社会的望ましさを統制した偏相関係数を表す。
*) $p<.05$

および他のパーソナリティ変数との関連を調べた（表 5-5 参照）。

まず，文脈間 SD と文脈内 SD の相関は.43と中程度であった。双方とも自己概念の変動を表しているためある程度の関連はみられるが，相関がそれほど高くないのは，それぞれが別の変動に関わっているからである。さて，それぞれの変動の指標と各変数の関連については表 5-5 に示されている。多面性の指標は，GHQ とは有意な関連がなかった。対人関係に応じて特性自己概念の評定平均が変わることは，精神的不適応の反映ではないようである。むしろ多面性と自尊心は正の相関を示しており，相手によって特性自己概念が変化することは自己を肯定的にみる傾向と関連があることを示唆している。また，自己愛も多面性と正の相関を示している。この関連は，本書第3章で論じたような自己愛者に仮定される対人関係のトレードオフという視点で理解できるが，この研究では関係文脈を特定の個人に絞っているわけではない。測定時点でどのような関係文脈にいるのか，家族や友人などのうち誰といるのかということまで特定していく必要があるが，経験サンプリングはランダム時点

---

7) この研究の質問紙調査は，経験サンプリングの前後に2度実施している。自尊心とGHQ は2度の調査に含められており，ここでは2度目の測定値を用いた。ライフイベント尺度は2回目の調査，他の個人差変数はすべて1度目の調査の測定値である。

での反応を得るので，特定の他者との関係性の情報を必要なだけ得るということは難しい。特定の家族メンバー，特定の友人など頻繁に会う特定の人物をあらかじめ指定してその時の反応を求めるというような方法も考えられるが，それでは参加者がそれらの関係を意識して実験者効果のような反応バイアスが生じるだろう。

　一方，不安定性はGHQと関連していた。GHQは値が高いほど精神的に不健康であることを表すので，自己概念の不安定性が高いほど精神的健康度が低いことを示している。不安定性の指標もGHQも社会的望ましさとの関連がみられたので，社会的望ましさをコントロール変数とした偏相関も算出したが，不安定性とGHQの相関は有意なままであった。不安定性が高いほど自尊心は低いという結果もみられたが，これは偏相関をとると有意ではなくなった。不安定性の指標も自己愛と正の相関があった。自己愛的な傾向の高い人ほど，同じ文脈内での測定時点間での変化が大きくなる傾向があった。この研究が1カ月程度の期間で経験サンプリングを行っていることを考えると，やはり対人関係のトレードオフによる議論は当てはまりにくい。トレードオフの議論は初期の良好な関係からの様相の変化（悪化）を仮定しているので，1カ月という短い期間でそのような変化が多くの参加者に起こることは考えにくいからである。

　また，不安定性の指標は，対人ネガティブイベントが多いほど高かった。この相関は二つの影響過程を示唆している。一つは自己概念が不安定であるがゆえに対人的にネガティブな出来事が増えてしまうということである。同じ関係性の中で自分自身に対する見方が定まっていない人は，それが対人行動にも反映されて行動が一貫性に欠けてしまう。そのような場合，対人的な場面で失敗をしたり，否定的な反応を示されたりすることが増えると考えられる。もう一つは，特定の対人関係で生じるネガティブイベントが同じ関係性の中での自己概念の不安定さを高めてしまうということである。対人場面での失敗や否定的な反応を示された時には，自己の行動特性について見直しを迫られることになるだろう。同じ関係文脈において，自己概念に対する社会的フィードバックの効果は比較的短い時間の中で（少なくとも1カ月のうちに）生じると考えられる。対人ポジティブイベントの数は不安定性と関連していないことから，

同じ文脈内での自己概念の時間的変動は，よい出来事よりも悪い出来事の多さと関係があるようである。

おわりに

　よく知られているように，William James は自己を「主我」と「客我」に二分した。つくづくこれは卓見だと思う。主我は思考する主体そのものであり，意識の流れや知覚の束であり，コギトや意識やクオリアの問題である。私たちは誰もが主我をもつが，主我を意識したとたんにそれは主我ではなくなってしまう。そういう性質のものである。実証研究の対象として，つまり測定や観察の対象として扱うのは容易ではない。だからこそ挑戦すべき課題なのだが，主我の実証となると，それは本書で扱う範囲を超えた領域になる。
　一方，客我はずっと扱いやすい。多くの心理学者は客我を研究してきた。客我は主我がとらえる対象であり，私たちの誰もがそれを観察したり，それについて記述したりできるものである。しかし，客我にも興味深いところがある。それは客我の不安定性である。客我は対象として把握される自己の部分である。そして自己を把握する人間は，生体であるがゆえに様々な環境にさらされて時々刻々と変化する。そのように変化する対象の姿をとらえたものが客我である。そうした客我の変化は，状況や文脈などの外的環境と個人の動機づけや感情状態など内的環境によってもたらされる。
　本書は，この客我に関する研究書である。著者は，これまで客我すなわち自己概念の変化性について，対人的な文脈に依存して一般的に生じる行動的変化と対応させて考えてきた。その中で，対人関係に対応づけられるものとして自己概念の分化的構造を仮定し，その構造の独立性や分化した自己概念の文脈間での相違や文脈内での変動を検討してきた。この方向での研究は，筆者の博士学位論文『自己呈示――自己概念と社会的状況の相互作用』（東北大学大学院文学研究科，1996年）にまで遡る。

第 2 章の自己呈示に関する議論は，その学位論文の一部を改稿したものである。それ以来，少しずつデータを積み重ね，一部は論文として公刊されたが，多くは学会で発表したままの状態であった。本書でそれらの研究を一つの著作としてまとめることができたのは幸いであった。

　その本書は，新潟大学人文学部研究叢書の一冊として刊行される。限られた学部予算の中で，お力添えくださった齋藤陽一人文学部長，刊行をご承認くださった研究推進委員会の先生方に感謝したい。

　また，鈴木光太郎先生は，早くから本書の完成を気に掛けてくださり，ご多忙の中，最初に拙稿を読み，精査してくださった。なお一層の感謝を表したい。

　知泉書館の小山光夫氏，松田真理子氏からは，原稿が整わない中，手を付けられるものから次々と迅速に編集を進めていただいた。その技量に敬意を表すとともに，多大なるご尽力をいただいたことに御礼申し上げる。

　　2019 年 2 月

福　島　　治

引 用 文 献

欧 文 文 献

Ainsworth, M. D. S., Blehar, M. C., Waters, E., & Wall, S. (1978). *Patterns of attachment: A psychological study of the strange situation.* Oxford: Lawrence Erlbaum.

Alloy, L. B., & Abramson, L. Y. (1979). Judgment of contingency in depressed and nondepressed students: Sadder but wiser? *Journal of Experimental Psychology: General, 108*, 441-485.

Allport, G. W. (1937). *Personality: A psychological interpretations.* New York: Henry Holt and Company. (オールポート, G. W. 詫摩武俊・青木孝悦・近藤由紀子・堀正 (共訳) 1982 『パーソナリティ』 新曜社)

Allport, G. W., & Odbert, H. S. (1936). Trait-names: A psycho-lexical study. *Psychological Monographs, 47*, i-171.

Andersen, S. M., & Chen, S. (2002). The relational self: An interpersonal social-cognitive theory. *Psychological Review, 109* (4), 619-645.

Anderson, N. H. (1968). Likableness ratings of 555 personality-trait words. *Journal of Personality and Social Psychology, 9*, 272-279.

Apsler, R. (1975). Effects of embarrassment on behavior toward others. *Journal of Personality and Social Psychology, 32*, 145-153.

Argyle, M. (1987). *The psychology of happiness.* New York: Methuen. (アーガイル, M. 石田岩男 (訳) 1994 『幸福の心理学』 誠信書房)

Arkin, R. M. (1981). Self presentation styles. In J. T. Tedeschi (Ed.), *Impression management theory and social psychological research* (pp. 311-333). New York: Academic Press.

───── (1988). Self presentation strategies and sequelae. In S. L. Zelen (Ed.), *Self representation* (pp. 5-29). New York: Springer verlag.

─────, Appelman, A. J., & Burger, J. M. (1980). Social anxiety, self presentation, and the self serving bias in causal attribution. *Journal of Personality and Social Psychology, 38*, 23-35.

─────, & Shepperd, J. A. (1990). Strategic self presentation: An overview. In M. J. Cody & M. L. McLaughlin (Eds.), *The psychology of tactical communication* (pp. 175-193). Clevedon, US: Multilingual Matters.

Aron, A., Aron, E. N., & Norman, C. (2001). The self-expansion model of motivation and cognition in close relationships and beyond. In M. Clark & G. Fletcher

(Eds.), *Balackwell handbook of social psychology, vol.2: Interpersonal processes* (pp. 478-501). Oxford: Blackwell.

―――, Aron, E. N., & Smollan, D. (1992). Inclusion of Other in the Self Scale and the structure of interpersonal closeness. *Journal of Personality and Social Psychology, 63*, 596-612.

―――, Aron, E. N., Tudor, M., & Nelson, G. (1991). Close Relationships as Including Other in the Self. *Journal of Personality and Social Psychology, 60*, 241-253.

Backman, C. W. (1988). The self: A dialectical approach. In L. Berkowitz (Ed.), *Advances in experimental social psychology Vol. 21* (pp. 229-260). New York: Academic Press.

Baird, B. M., Le, K., & Lucas, R. E. (2006). On the nature of intraindividual personality variability: reliability, validity, and associations with well-being. *Journal of Personality and Social Psychology, 90*(3), 512-527.

―――, & Lucas, R. E. (2011). "... And how about now?": effects of item redundancy on contextualized self-reports of personality. *Journal of Personality, 79*(5), 1081-1112.

Baldwin, M. W. (1990). Priming relationship schemas: My advisor and the pope are watching me from the back of my mind. *Journal of Experimental Social Psychology, 26*, 435-454.

――― (1992). relational schemas and the processing of social information. *Psychological Bulletin, 112*, 461-484.

―――, & Holmes, J. G. (1987). Salient private audiences and awareness of the self. *Journal of Personality and Social Psychology, 52*, 1087-1098.

―――, Keelan, J. P. R., Fehr, B., Enns, V., & Koh-Rangarajoo, E. (1996). Social-cognitive conceptualization of attachment working models: availability and accessibility effects. *Jounal of Personality and Social Psychology, 71*, 94-109.

―――, & Sinclair, L. (1996). Self-esteem and "if ... then" contingencies of interpersonal acceptance. *Journal of Personality and Social Psychology, 71*(6), 1130-1141.

Baumeister, R. F. (1982). A self presentational view of social phenomena. *Psychological Bulletin, 91*, 3-26.

―――, Campbell, J. D., Krueger, J. I., & Vohs, K. D. (2005). Exploding the self-esteem myth. *Scientific American, 292*, 84-91.

―――, Heatherton, T. F., & Tice, D. M. (1993). When ego threats lead to self regulation failure: Negative consequences of high self esteem. *Journal of Personality and Social Psychology, 64*, 141-156.

―――, Hutton, D. G., & Tice, D. M. (1989). Cognitive processes during deliberate self presentation: How self presenters alter and misinterpret the behavior of their interaction partners. *Journal of Experimental Social Psychology, 25,*

59-78.

―――, & Jones, E. E. (1978). When self presentation is constrained by the target's knowledge: Consistency and compensation. *Journal of Personality and Social Psychology, 36*, 608-618.

―――, & Leary, M. R. (1995). The need to belong: Desire for interpersonal attachments as a fundamental human motivation. *Psychological Bulletin, 117*, 497-529.

―――, Smart, L., & Boden, J. M. (1996). Relation of threatened egotism to violence and aggression: The dark side of high self-esteem. *Psychological Review, 103* (1), 5-33.

―――, & Tice, D. M. (1986). Four selves, two motives, and a substitute process self regulation model. In R. F. Baumeister (Ed.), *Public self and private self* (pp. 63-74). New York: Springer Verlag.

Baumgardner, A. H. (1990). To know oneself is to like oneself: Self certainty and self affect. *Journal of Personality and Social Psychology, 58*, 1062-1072.

―――, Kaufman, C. M., & Levy, P. E. (1989). Regulating affect interperson-ally: When low esteem leads to greater enhancement. *Journal of Personality and Social Psychology, 56*, 907-921.

Berglas, S., & Jones, E. E. (1978). Drug choice as a self handicapping strategy in response to noncontingent success. *Journal of Personality and Social Psychology, 36*, 405-417.

Bernstein, E. M., & Putnam, F. W. (1986). Development, reliability, and validity of a dissociation scale. *Journal of Nervous and Mental Disease, 174* (12), 727-735.

Bleidorn, W., & Ködding, C. (2013). The divided self and psychological (mal) adjustment-A meta-analytic review. *Journal of Research in Personality, 47* (5), 547-552.

Block, J. (1961). Ego identity, role variability, and adjustment. *Journal of Counseling Psychology, 25*, 392-397.

Bloom, B. L., Asher, S. J., & White, S. W. (1978). Marital disruption as a stressor: A review and analysis. *Psychological Bulletin, 85*, 867-894.

Bowlby, J. (1969). *Attachment and loss.* New York: Basic Books.

Brewer, M. B. (1991). The social self: On being the same and different at the same time. *Personality and Social Psychology Bulletin, 17*, 475-482.

Briggs, S. R., & Cheek, J. M. (1988). On the nature of self monitoring: Problems with assessment, problems with validity. *Journal of Personality and Social Psychology, 54*, 663-678.

―――, Cheek, J. M., & Buss, A. H. (1980). An analysis of the self monitoring scale. *Journal of Personality and Social Psychology, 38*, 679-686.

Brown, C. M., Bailey, V. S., Stoll, H., & McConnell, A. R. (2016). Between two selves: comparing global and local predictors of speed of switching between selfaspects. *Self and Identity, 15*(1), 72-89.

Brown, J. D., Collins, R. C., & Schmidt, G. W. (1988). Self esteem and direct versus indirect forms of self enhancement. *Journal of Personality and Social Psychology, 55*, 445-453.

─────, & Gallagher, F. M. (1992). Coming to terms with failure: Private self enhancement and public self effacement. *Journal of Experimental Social Psychology, 28*, 3-22.

─────, & Smart, S. A. (1991). The self and social conduct: Linking self representations to prosocial behavior. *Journal of Personality and Social Psychology, 60*, 368-375.

Brownfain, J. J. (1952). Stability of the self-concept as a dimension of personality. *Journal of Abnormal and Social Psychology, 47*, 597-606.

Bugental, J. F. T., & Gunning, E. (1955). Investigations into self-concept: II. Stability of reported self-identifications. *Journal of Clinical Psychology, 11*, 41-46.

─────, & Zelen, S. L. (1950). Investigations into the 'self-concept' I. The W-A-Y technique. *Journal of Personality, 18*, 483-498.

Bushman, B. J., & Baumeister, R. F. (1998). Threatened egotism, narcissism, self-esteem, and direct and displaced aggression: Does self-love or self-hate lead to violence? *Journal of Personality and Social Psychology, 75*(1), 219-229.

Buss, A. H. (1986). *Social behavior and personality*. Hillsdale, NJ: Lawrence Erlbaum. (バス，A. H. 大渕憲一（監訳）1991『対人行動とパーソナリティ』北大路書房）

─────, & Briggs, S. R. (1984). Drama and the self in social interaction. *Journal of Personality and Social Psychology, 47*, 1310-1324.

Buss, D. M., & Craik, K. H. (1985). Why not measure that trait? Alternative criteria for identifying important dispositions. *Journal of Personality and Social Psychology, 48*, 934-946.

Butler, J. M., & Haigh, G. V. (1954). Changes in the relation between self-concepts and ideal concepts consequent upon client-centered counseling. In C. R. Rogers & R. F. Dymond (Eds.), *Psychotherapy and personality change* (pp. 55-75). Chicago: University of Chicago Press.

Byrne, B. M. (2010). *Structural equation modeling with AMOS, 2nd ed.* New York: Rougledge.

Cameron, J. E., & Lalonde, R. N. (1994). Self, ethnicity, and social group memberships in two generations of Italian Canadians. *Personality and Social Psychology Bulletin, 20*, 514-520.

Campbell, J. D. (1990). Self esteem and clarity of the self concept. *Journal of Personality and Social Psychology, 59*, 538-549.

─────, Trapnell, P. D., Heine, S. J., Katz, I. M., Lavallee, L. F., & Lehman, D. R. (1996). Self-concept clarity: measurement, personality correlates, and cultural

boundaries. *Journal of Personality and Social Psychology, 70*, 141-156.
Campbell, W. K., Brunell, A. B., & Finkel, E. J. (2006). Narcissism, interpersonal self-regulation, and romantic relationships: An agency model approach. In K. Vohs & E. J. Finkel (Eds.), *Self and relationships: Connecting intrapersonal and interpersonal processes* (pp. 57-83). New York: Guilford Press.

―――, & Buffardi, L. E. (2008). The lure of the noisy ego: Narcissism as a social trap. In H. A. Wayment & J. J. Bauer (Eds.), *Transcending self-interest: Psychological explorations of the quiet ego* (pp. 23-32). Washington, DC: American Psychological Association.

―――, & Foster, J. D. (2007). The narcissistic self: Background, an extended agency model, and ongoing controversies. In C. Sedikides & S. J. Spencer (Eds.), *The self* (pp. 115-138). New York: Psychology Press.

―――, & Green, J. D. (2008). Narcissism and interpersonal self-regulation. In J. V. Wood, A. Tesser, & J. G. Holmes (Eds.), *The self and social relationships* (pp. 73-94). New York: Psychology Press.

―――, Reeder, G. D., Sedikides, C., & Elliot, A. J. (2000). Narcissism and comparative self-enhancement strategies. *Journal of Research in Personality, 34*, 329-347.

Carlson, E. B., Putnam, F. W., Ross, C. A., Torem, M., Coons, P., Dill, D. L., Loewenstein, R. J., Braun, B. G. (1993). Validity of the dissociative experiences scale in screening for multiple personality-disorder: A multicenter study. *American Journal of Psychiatry, 150* (7), 1030-1036.

Cheung, G., & Rensvold, R. (2002). Evaluating goodness-of-fit indexes for testing measurement invariance. *Structural Equation Modeling, 9* (2), 233-255.

Ching, C. M., Church, A. T., Katigbak, M. S., Locke, K. D., Vargas-Flores, J. d. J., Ibáñez-Reyes, J., Morio, H., Wenmei, S., Mastor, K. A., Roslan, N. A., Zhang, H., Shen, J., Alvarez, J. M., Ortiz, F. A. (2013). Cross-cultural generalizability of the Personality and Role Identity Structural Model (PRISM): Implications for trait and cultural psychology. *Journal of Research in Personality, 47* (6), 894-907.

Christie, R., & Geis, F. L. (1970). *Studies in Machiavellianism*. New York: Academic Press.

Church, A. T., Anderson-Harumi, C. A., del Prado, A. M., Curtis, G. J., Tanaka-Matsumi, J., Valdez Medina, J. L., Mastor, K. A., White, F. A., Miramontes, L. A., Katigbak, M. S. (2008). Culture, cross-role consistency, and adjustment: testing trait and cultural psychology perspectives. *Journal of Personality and Social Psychology, 95* (3), 739-755.

―――, Katigbak, M. S., Ching, C. M., Hengsheng, Z., Shen, J., Arias, R. M., Rincon, B. C., Morio, H., Tanaka-Matsumi, J., Takaoka, S., Mastor, K. A., Roslan, N. A., Ibáñez-Reyes, J., de Jesús Vargas-Flores, J., Locke, K. D., Reyes, J. A. S. Wenmei, S., Ortiz, F. A., Alvarez, J. M. (2013). Within-individual variability in self-concepts and personality states: Applying density distribution and situation-behavior approaches across cultures. *Journal of Research in Personality, 47,* 922-935.

Cialdini, R. B., Borden, R. J., Thorne, A., Walker, M. R., Freeman, S., & Sloan, L. R. (1976). Basking in reflected glory: Three football field studies. *Journal of Personality and Social Psychology, 34,* 366-375.

―――, & De Nicholas, M. E. (1989). Self-presentation by association. *Journal of Personality and Social Psychology, 57,* 626-631.

―――, Finch, J. F., & De Nicholas, M. E. (1990). Strategic self-presentation: The indirect route. In M. J. Cody & M. L. McLaughlin (Eds.), *The psychology of tactical communication* (pp. 194-206). Clevedon: Multilingual Matters.

―――, & Kenrick, D. T. (1976). Altruism as hedonism: A social development perspective on the relationship of negative mood state and helping. *Journal of Personality and Social Psychology, 34,* 907-914.

―――, & Richardson, K. D. (1980). Two indirect tactics of image management: Basking and blasting. *Journal of Personality and Social Psychology, 39,* 406-415.

Cody, M. J., & McLaughlin, M. L. (1990). Introduction. In M. J. Cody & M. L. McLaughlin (Eds.), *The psychology of tactical communication* (pp. 1-28). Clevedon: Multilingual Matters.

Cohen, S., Kamarck, T., & Mermelstein, R. (1983). A Global Measure of Perceived Stress. *Journal of Health and Social Behavior, 24,* 385-396.

Cooley, C. H. (1902). *Human nature and the social order.* New York: Charles Scribner's Sons and Company.

Corry, N., Merritt, R. D., Mrug, S., & Pamp, B. (2008). The factor structure of the Narcissistic Personality Inventory. *Journal of Personality Assessment, 90* (6), 593-600.

Cousins, S. D. (1989). Culture and Self-Perception in Japan and the United States. *Journal of Personality and Social Psychology, 56,* 124-131.

Crowne, D. P., & Marlowe, D. (1960). A new scale of social desirability independent of psychopathology. *Journal of Counseling Psychology, 24,* 349-354.

De Boeck, P., & Rosenberg, S. (1988). Hierarchical classes: Model and data analysis. *Psychometrika, 53,* 361-381.

De Young, C. G., Weisberg, Y. J., Quilty, L. C., & Peterson, J. B. (2013). Unifying the aspects of the Big Five, the interpersonal circumplex, and trait affiliation. *Journal of Personality, 81* (5), 465-475.

Deaux, K. (1993). Reconstructing social identity. *Personality and Social Psychology Bulletin, 19,* 4-12.

DePaulo, B. M., & Coleman, L. M. (1986). Talking to children, foreigners, and retarded adults. *Journal of Personality and Social Psychology, 51,* 945-959.

Doherty, K., & Schlenker, B. R. (1991). Self-consciousness and strategic self-presentation. *Journal of Personality, 59*, 1-18.

Donahue, E. M., Robins, R. W., Roberts, B. W., & John, O. P. (1993). The divided self: concurrent and longitudinal effects of psychological adjustment and social roles on self-concept differentiation. *Jounal of Personality and Social Psychology*, 834-846.

Dornbusch, S. M., Hastorf, A. H., Richardson, S. A., Muzzy, R. E., & Vreeland, R. S. (1965). The perciever and the percieved: Their relative influence on the categories of interpersonal cognition. *Journal of Personality and Social Psychology, 1*, 434-440.

Dunlop, W. L., Walker, L. J., & Wiens, T. K. (2013). What do we know when we know a person across contexts? Examining self-concept differentiation at the three levels of personality. *Journal of Personality, 81* (4), 376-389.

Dunning, D., & Story, A. L. (1991). Depression, realism, and the overconfidence effect: Are the sadder wiser when predicting future actions and events. *Journal of Personality and Social Psychology, 61* (4), 521-532.

Emmons, R. A. (1984). Factor analysis and construct validity of the Narcissistic Personality Inventory. *Journal of Personality Assessment*, 48, 291-300.

English, T., & Chen, S. (2007). Culture and self-concept stability: consistency across and within contexts among Asian Americans and European Americans. *Journal of Personality and Social Psychology, 93* (3), 478-490.

―――, & Chen, S. (2011). Self-concept consistency and culture: The differential impact of two forms of consistency. *Personality and Social Psychology Bulletin, 37* (6), 838-849.

Falbo, T. (1977). Multidimensional scaling of power strategies. *Journal of Personality and Social Psychology, 35*, 537-547.

―――, & Peplau, L. A. (1980). Power strategies in intimate relationships. *Journal of Personality and Social Psychology, 38*, 618-628.

Farwell, L., & Wohlwend-Lloyd, R. (1998). Narcissistic processes: optimistic expectations, favorable self-evaluations, and self-enhancing attributions. *Journal of Personality, 66* (1), 65-83.

Fehr, B., Baldwin, M. W., Collins, L., Patterson, S., & Benditt, R. (1999). Anger in close relationships: An interpersonal script analysis. *Personality and Social Psychology Bulletin, 25* (3), 299-312.

Fenigstein, A., Scheier, M. F., & Buss, A. H. (1975). Private and public self consciousness: Assessment and theory. *Journal of Consulting and Clinical Psychology, 43*, 522-527.

Festinger, L. (1957). *A theory of cognitive dissonance.* CA: Stanford University Press. (フェスティンガー, L. 末永俊郎 (監訳) 1965 『認知的不協和の理論』 誠信書房)

Fleeson, W., & Gallagher, P. (2009). The implications of Big Five standing for the distribution of trait manifestation in behavior: fifteen experience-sampling studies and a meta-analysis. *Journal of Personality and Social Psychology, 97* (6), 1097-1114.

Foa, U. G. (1973). Interpersonal and economic resources. *Science,* 171, 345-351.

Fox, J., & Rooney, M. C. (2015). The Dark Triad and trait self-objectification as predictors of men's use and self-presentation behaviors on social networking sites. *Personality and Individual Differences, 76,* 161-165.

Frazier, P. A., Byer, A. L., Fischer, A. R., Wright, D. M., & DeBord, K. A. (1996). Adult attachment style and partner choice: Correlational and experimental findings. *Personal Relationships, 3,* 117-136.

Fukushima, O., & Hosoe, T. (2011). Narcissism, variability in self-concept, and well-being. *Journal of Research in Personality, 45,* 568-575.

Funder, D. C. (2001). Accuracy in personality judgment: Research and theory concerning an obvious question. In B. W. Roberts & R. Hogan (Eds.), *Personality psychology in the workplace* (pp. 121-140). Washington, DC: American Psychological Association.

Geis, F. L., & Moon, T. H. (1981). Machiavellianism and deception. *Journal of Personality and Social Psychology, 41,* 766-775.

Geiser, C., & Lockhart, G. (2012). A comparison of four approaches to account for method effects in latent state-trait analyses. *Psychological Methods, 17,* 255-283.

Giacalone, R. A., & Rosenfeld, P. (1989). *Impression management in the organization.* Hillsdale, NJ: Lawrence Erlbaum.

Goffman, E. (1959). *The presentation of self in everyday life.* New York: Doubleday Anchor. (ゴフマン，E. 石黒毅（訳）1974『行為と演技　日常生活における自己呈示』誠信書房)

Goldberg, D. P. (1972). *The detection of psychiatric illness by questionnaire.* London: Oxford University Press.

Gollwitzer, P. M. (1986). Striving for specific identities: The social reality of self symbolizing. In R. F. Baumeister (Ed.), *Public self and private self* (pp. 143-159). New York: Springer Verlag.

Greenwald, A. G. (1980). The totalitarian ego. *American Psychologist,* 35, 603-618.

─── , & Breckler, S. J. (1985). To whom is the self presented? In B. R. Schlenker (Ed.), *The self and social life* (pp. 126-145). New York: McGraw Hill.

Haney, C., Banks, C., & Zimbardo, P. (1973). Interpersonal dynamics in a simulated prison. *International Journal of Criminology and Penology, 1,* 69-97.

Harada, J. (1983). The effects of positive and negative experiences on helping behavior. *Japanese Psychological Research, 25,* 47-51.

Heatherton, T. F., & Ambady, N. (1993). Self-esteem, self prediction, and living up to commitments. In R. F. Baumeister (Ed.), *Self-esteem: The puzzle of low self regard* (pp. 131-145). New York: Plenum Press.

Heider, F. (1958). *The psychology of interpersonal relations.* New York: John Wiley and Sons. (ハイダー, H. 大橋正夫 (訳) 1978 『対人関係の心理学』誠信書房)

Higgins, E. T. (1987). Self discrepancy: A theory relating self and affect. *Psychological Review, 94*, 319-340.

─────── (1989). Self discrepancy theory: What patterns of self beliefs cause people to suffer? In L. Berkowitz (Ed.), *Advances in experimental social psychology, Vol. 22* (pp. 93-136). New York: Academic Press.

─────── (1996). The "self digest": Self-knowledge serving self-regulatory functions. *Journal of Personality and Social Psychology, 71* (6), 1062-1083.

Howard, J. A., Blumstein, P., & Schwarts, P. (1986). Sex, power, and influence tactics in intimate relationships. *Journal of Personality and Social Psychology, 51*, 102-109.

Hu, L. & Bentler, P. M. (1999). Cutoff criteria for fit indexes in covariance structure analysis: Conventional criteria versus new alternatives. *Structural Equation Modeling: A Multidisciplinary Journal, 6* (1), 1-55.

Hunter, J. E., Gerbing, D. W., & Boster, F. J. (1982). Machiavellian beliefs and personality: Construct invalidity of the machiavellianism dimension. *Journal of Personality and Social Psychology, 43*, 1293-1305.

James, W. (1890). *The principles of psychology (Vols. 1 and 2).* New York: Henly Holt & Company.

Jellison, J. M. (1981). Reconsidering the attitude concept: A behavioristic self-presentation formulation. In J. T. Tedeschi (Ed.), *Impression management theory and social psychological research* (pp. 107-126). New York: Academic Press.

─────── , & Gentry, K. (1978). A self-presentation interpretation of the seeking of social approval. *Personality and Social Psychology Bulletin, 4*, 227-230.

John, O. P., & Srivastava, S. (1999). The Big Five Trait taxonomy: History, measurement, and theoretical perspectives. In L. A. pervin & O. P. John (Eds.), *Handbook of personality: Theory and research* (2nd ed., pp. 102-138). New York: Guilford Press.

Jones, E. E. (1990). *Interpersonal perception.* New York: W. H. Freeman & Company.

─────── , & Pittman, T. S. (1982). Toward a general theory of strategic self presentation. In J. Suls (Ed.), *Psychological perspectives on the self, Vol. 1* (pp. 231-262). Hillsdale, NJ: Erlbaum.

Kanagawa, C., Cross, S. E., & Markus, H. R. (2001). "Who Am I?" The cultural psychology of the conceptual self. *Personality and Social Psychology Bulletin, 27*, 90-103.

Karoly, P. (1993). Mechanisms of self regulation: A systems view. *Annual Review of Psychology, 44*, 23-52.

Kernis, M. H., Grannemann, B. D., & Mathis, L. C. (1991). Stability of self esteem as a moderator of the relation between level of self esteem and depression. *Journal of Personality and Social Psychology, 61*, 80-84.

Kihlstrom, J. F., & Cantor, N. (1984). Mental representation of the self. In L. Berkowitz (Ed.), *Advances in experimental social psychology, Vol. 17*, (pp. 1-47). CA: Academic Press.

―――, Cantor, N., Albright, J. S., Chew, B. R., Klein, S. B., & Niedenthal, P. M. (1988). Information processing and the study of the self. In L. Berkowitz (Ed.), *Advances in experimental social psychology, Vol. 21*, (pp. 145-178). CA: Academic Press.

Kipnis, D., Schmidt, S. M., & Wilkinson, I. (1980). Intraorganizational influence tactics: Explorations in getting one's way. *Journal of Applied Psychology, 65*, 440-452.

Kitayama, S., Markus, H. R., Matsumoto, H., & Norasakkunkit, V. (1997). Individual and collective processes in the construction of the self: Self-enhancement in the United States and self-criticism in Japan. *Journal of Personality and Social Psychology, 72* (6), 1245-1267.

Klein, S. B., & Loftus, J. (1993). The mental representation of trait and autobiographical knowledge about the self. In T. K. Srull & R. S. Wyer (Eds.), *Advances in social cognition* (Vol. 5, pp. 1-49). Hillsdale: Lawrence Erlbaum Associates.

Klein, S. B., Robertson, T. E., Gangi, C. E., & Loftus, J. (2008). The functional independence of trait self-knowledge: Commentary on Sakaki (2007). *Memory, 16*, 556-565.

Kolditz, T. A., & Arkin, R. M. (1982). An impression management interpretation of the self handicapping strategy. *Journal of Personality and Social Psychology, 43*, 492-502.

Kowalski, C. M., Rogoza, R., Vernon, P. A., & Schermer, J. A. (2018). The Dark Triad and the self-presentation variables of socially desirable responding and self-monitoring. *Personality and Individual Differences, 120*, 234-237.

Kowalski, R. M., & Leary, M. R. (1990). Strategic self-presentation and the avoidance of aversive events: Antecedents and consequences of self enhancement and self depreciation. *Journal of Experimental Social Psychology, 26*, 322-336.

Kuhn, M. H., & McPartland, T. S. (1954). An empirical investigation of self-attitudes. *American Sociological Review, 19*, 68-76.

Kunda, Z., & Sanitioso, R. (1989). Motivated changes in the self concept. *Journal of Experimental Social Psychology, 25*, 272-285.

Leary, M. R. (1983). Social anxiousness: The construct and its measurement. *Journal of Personality Assessment, 47*, 66-75.

―――― (1993). The interplay of private self processes and interpersonal factors in self presentation. In J. Suls (Ed.), *Psychological perspectives on the self, Vol. 4* (pp. 127-155). Hillsdale, NJ: Lawrence Erlbaum.

――――, & Kowalski, R. M. (1990). Impression management: A literature review and two component model. *Psychological Bulletin, 107*, 34-47.

――――, Nezlek, J. B., Downs, D., & Radford-Davenport, J. (1994). Self-presentation in everyday interactions: Effects of target familiarity and gender composition. *Journal of Personality and Social Psychology, 67*, 664-673.

――――, Tambor, E. S., Terdal, S. K., & Downs, D. L. (1995). Self-esteem as an interpersonal monitor: The sociometer hypothesis. *Journal of Personality and Social Psychology, 68*, 518-530.

Lecky, P. (1945). *Self-consistency: A theory of personality.* New York: Island Press.

Lennox, R. (1988). The problem with self monitoring: A two sided scale and a one sided theory. *Journal of Personality Assessment, 52*, 58-73.

Lennox, R. D., & Wolfe, R. N. (1984). Revision of the self monitoring scale. *Journal of Personality and Social Psychology, 46*, 1349-1364.

Linville, P. W. (1987). Self-complexity as a cognitive buffer against stress-related illness and depression. *Journal of Personality and Social Psychology, 52*, 663-676.

Luft, J., & Ingham, H. (1955). *The Johari window: A graphic model of interpersonal awareness.* Paper presented at the Proceedings of the Western Training Laboratory in Group Development, Los Angeles: UCLA Extension Office.

Markus, H., & Ruvolo, A. (1989). Possible selves: Personalized representations of goals. In L. A. Pervin (Ed.), *Goal concepts in personality and social psychology* (pp. 211-241). Hillsdale, NJ: Lawrence Erlbaum.

――――, & Wurf, E. (1987). The dynamic self concept: A social psychological perspective. *Annual Review of Psychology, 38*, 299-337.

Markus, H. R., & Kitayama, S. (1991). Culture and the self: Implications for cognition, emotion, and motivation. *Psychological Review, 98* (2), 224-253.

Matula, K. E., Huston, T. L., Grotevant, H. D., & Zamutt, A. (1992). Identity and dating commitment among women and men in college. *Journal of Youth and Adolescence, 21*, 339-356.

McAbee, S. T., & Connelly, B. S. (2016). A multi-rater framework for studying personality: The trait-reputation-identity model. *Psychological Review, 123* (5), 569-591.

McAdams, D. P. (1993). *The stories we live by: Personal myths and the making of the self.* New York: William Morrow & Co.

McCrae, R. R., & Costa, P. T. (1982). Self-concept and the stability of personality: Cross-sectional comparisons of self-reports and ratings. *Journal of Personality and Social Psychology, 43*, 1282-1292.

―――, Terracciano, A., & Members of Personality Profiles of Cultures Project. (2005). Universal features of personality traits from the observer's perspective: data from 50 cultures. *Journal of Personality and Social Psychology, 88*(3), 547-561.

McKillop, K. J., Berzonsky, M. D., & Schlenker, B. R. (1992). The impact of self-presentations on self-beliefs: Effects of social identity and self-presentational context. *Journal of Personality, 60*, 789-808.

Mead, G. H. (1934). *Mind, self and society*. Chicago: University of Chicago Press. (ミード, G. H. 稲葉三千男・滝沢正樹・中野収（訳）1973『精神・自我・社会』青木書店）

Milgram, S. (1974). *Obedience to authority: An experimental view*. US: Harper & Row. (ミルグラム, S. 岸田秀（訳）1980『服従の心理』河出書房新社）

Mischel, W. (1968). *Personality and assessment*. New York: John Wiley and Sons. (ミッシェル, W. (1992)『パーソナリティの理論――状況主義的アプローチ』詫摩武俊監訳, 東京, 誠信書房）

Morf, C. C., Horvath, S., & Torchetti, L. (2011). Narcissistic self-enhancement: Tales of (successful?) self-portrayal. In M. D. Alicke & C. Sedikides (Eds.), *Handbook of self-enhancement and self-protection*. New York: Guilford Press.

―――, & Rhodewalt, F. (2001). Unraveling the paradoxes of narcissism: A dynamic self-regulatory processing model. *Psychological Inquiry, 12*, 177-196.

Mori, D., Chaiken, S., & Pliner, P. (1987). "Eating lightly" and the self-presentation of femininity. *Journal of Personality and Social Psychology, 53*, 693-702.

Muthén, L. K., & Muthén, B. O. (2012). Mplus, version 7.31. Los Angeles: Muthén & Muthén.

Nesler, M. S., Tedeschi, J. T., & Storr, D. M. (1995). Context effects, self-presentaiton, and the self-monitoring scale. *Journal of Research in Personality, 29*, 273-284.

Newell, A., & Simon, H. A. (1972). *Human problem solving*. Oxford: Prentice-Hall.

Ogilvie, D. M., & Ashmore, R. D. (1991). Self with other representation as a unit of analysis in self concept research. In R. C. Curtis (Ed.), *The relational self: Theoretical convergences in psychoanalysis and social psychology* (pp. 282-314). New York: Guilford Press.

Passini, F. T., & Norman, W. T. (1966). A universal conception of personality structure? *Journal of Personality and Social Psychology, 4*, 44-49.

Paulhus, D. L. (1984). Two-component models of socially desirable responding. *Journal of Personality and Social Psychology, 46*, 598-609.

―――, & Williams, K. M. (2002). The Dark Triad of personality: Narcissism, Machiavellianism, and psychopathy. *Journal of Research in Personality, 36*, 556-563.

Pliner, P., & Chaiken, S. (1990). Eating, social motives, and self-presentation in

women and men. *Journal of Experimental Social Psychology, 26,* 240-254.
Rafaeli-Mor, E., Gotlib, I. H., & Revelle, W. (1999). The meaning and measurement of self-complexity. *Personality and Individual Differences, 27,* 341-356.
―――, & Steinberg, J. (2002). Self-complexity and well-being: A review and research synthesis. *Personality and Social Psychology Review, 6,* 31-58.
Raskin, R., & Terry, H. (1988). A principal-components analysis of the narcissistic personality-inventory and further evidence of its construct-validity. *Journal of Personality and Social Psychology, 54* (5), 890-902.
Rhodewalt, F. (2001). The social mind of the narcissist: Cognitive and motivational aspects of interpersonal self-construction. In J. P. Forgas, K. Williams, & L. Wheeler (Eds.), *The social mind: Cognitive and motivational aspects of interpersonal behavior* (pp. 177-198). New York: Cambridge University Press.
―――, Madrian, J. C., & Cheney, S. (1998). Narcissism, self-knowledge organization, and emotional reactivity: The effect of daily experiences on self-esteem and affect. *Personality and Social Psychology Bulletin, 24* (1), 75-87.
―――, & Morf, C. C. (1995). Self and interpersonal correlates of the Narcissistic Personality Inventory: A review and new findings. *Journal of Researchin Personality, 29,* 1-23.
Rogers, C. R. (1947). Some observations on the organization of personality. *American Psychologist, 2,* 358-368.
Rogers, C. R. (1959). A theory of therapy, personality, and interpersonal relationships as developed in the client centered therapy. In S. Koch (Ed.), *Psychology: A study of a science, Vol. 3* (pp. 184-256). New York: McGraw Hill.
―――, & Dymond, R. F. (1954). *Psychotherapy and personality change.* Chicago: University of Chicago Press. (ロジャーズ，C. R. 友田不二男（編訳）1967 『パースナリティの変化』岩崎学術出版社）
Rosenberg, M. (1965). *Society and the adolescent self-image.* Princeton: Princeton University Press.
Rosenfeld, P., Giacalone, R. A., & Riordan, C. A. (1995). *Impression management in organizations: Theory, measurement, practice.* New York: Routledge.
Rosenthal, R. (1967). Covert communication in the psychology experiment. *Psychological Bulletin, 67,* 656-367.
Rule, B. G., Bisanz, G. L., & Kohn, M. (1985). Anatomy of a persuasion schema: Targets, goals, and strategies. *Journal of Personality and Social Psychology, 48,* 1127-1140.
Russell, D., Peplau, L. A., & Cutrona, C. E. (1980). The revised UCLA loneliness scale: Concurrent and discriminant validity evidence. *Jounal of Personality and Social Psychology, 39,* 472-480.
Sakaki, M. (2007). Semantic self-knowledge and episodic self-knowledge: Independent or interrelated representations? *Memory, 15,* 1-16.

Sande, G. N., Goethals, G. R., & Radloff, C. E. (1988). Perceiving one's own traits and others': The multifaceted self. *Jounal of Personality and Social Psychology, 54,* 13-20.

Scheier, M. F. (1980). Effects of public and private self consciousness on the public expression of personal beliefs. *Journal of Personality and Social Psychology, 39,* 514-521.

Schlenker, B. R. (1975). Self-presentation: Managing the impressions of consistency when reality interferes with self-enhancement. *Journal of Personality and Social Psychology, 32,* 1030-1037.

―――― (1986). Self-identification: Toward an integration of the private and public self. In R. F. Baumeister (Ed.), *Public self and private self* (pp. 21-62). New York: Springer Verlag.

――――, Dlugolecki, D. W., & Doherty, K. (1994). The impact of self-presentation on self-appraisals and behavior: The power of public commitment. *Personality and Social Psychology Bulletin, 20,* 20-33.

――――, & Trudeau, J. V. (1990). Impact of self-presentations on private self-beliefs: Effects of prior self-beliefs and misattribution. *Journal of Personality and Social Psychology, 58,* 22-32.

――――, & Weigold, M. E. (1990). Self-consciousness and self-presentation: Being autonomous versus appearing autonomous. *Journal of Personality and Social Psychology, 59,* 820-828.

――――, & Weigold, M. F. (1989). Goals and self identification process: Constructing desired identities. In L. Pervin (Ed.), *Goal concepts in personality and social psychology* (pp. 243-290). Hillsdale: Lawrence Erlbaum.

――――, & Weigold, M. F. (1992). Interpersonal processes involving impression regulation and management. *Annual Review of Psychology, 43,* 133-168.

――――, Weigold, M. F., & Hallam, J. R. (1990). Self serving attributions in social context: Effects of self esteem and social pressure. *Journal of Personality and Social Psychology, 58,* 855-863.

Secord, P. F., & Backman, C. W. (1961). Personality theory and the problem of stability and change in individual behavior: An interpersonal approach. *Psychological Review, 68,* 21-32.

Shaw, M. E., & Costanzo, P. R. (1982). *Theories of social psychology, 2nd edition.* New York: McGraw Hill. (ショー, M. E.・コスタンゾー, P. R. 古畑和孝 (監訳) 1984 『社会心理学の理論』 I, II, サイエンス社)

Shoda, Y., Mischel, W., & Peake, P. K. (1990). Predicting adolescent cognitive and self-regulatory competencies from preschool delay of gratification: Identifying diagnostic conditions. *Developmental Psychology, 26,* 978-986.

Showers, C. (1992). Evaluatively integrated thinking about characteristics of the self. *Personality and Social Psychology Bulletin, 18,* 719-729.

Shrauger, J. S. (1975). Responses to evaluation as a function of initial self perceptions. *Psychological Bulletin, 82*, 581-596.

Slotter, E. B., & Gardner, W. L. (2014). Remind me who I am: Social interaction strategies for maintaining the threatened self-concept. *Personality and Social Psychology Bulletin, 40* (9), 1148-1161.

Smith, E. R., Coats, S., & Walling, D. (1999). Overlapping mental representations of self, in-group, and partner: Further response time evidence and a connectionist model. *Personality and Social Psychology Bulletin, 25*, 873-882.

Smith, H. J., Tyler, T. R., Huo, Y. J., Ortiz, D. J., & Lind, E. A. (1998). The self-relevant implications of the group-value model: Group membership, self-worth, and treatment quality. *Journal of Experimental Social Psychology, 34*, 470-493.

Snyder, C. R., & Ford, C. E. (1987). *Coping with negative life events*. New York: Plenum Press.

─────, Higgins, R. L., & Stucky, R. J. (1983). *Excuses: Masquerades in search of grace*. New York: John Wiley & Sons.

Snyder, M. (1974). Self monitoring of expressive behavior. *Journal of Personality and Social Psychology, 30*, 526-537.

─────, & Gangestad, S. (1986). On the nature of self monitoring: Matters of assessment, matters of validity. *Journal of Personality and Social Psychology, 51*, 125-139.

Solomon, S., Greenberg, J., & Pyszczynski, T. (1991). A terror management theory of social behavior: The psychological functions of self esteem and cultural worldviews. *Advances in Experimental Social Psychology, 24*, 93-159.

Steel, C. M. (1988). The psychology of self affirmation: Sustaining the integrity of the self. *Advances in Experimental Social Psychology, 21*, 261-302.

─────, Spencer, S. J., & Lynch, M. (1993). Self image resilience and dissonance: The role of affirmational resources. *Journal of Personality and Social Psychology, 64*, 885-896.

Stephenson, W. (1953). *The study of behavior: Q-technique and its methodology*. Chicago: University of Chicago Press.

Steyer, R., Ferring, D., & Schmitt, M. (1992). States and traits in psychological assessment. *European Journal of Psychological Assessment, 8*, 79-98.

─────, Majcen, A. M., Schwenkmezger, P., & Buchner, A. (1989). A latent state-trait anxiety model and its application to determine consistency and specificity coefficients. *Anxiety Research, 1* (4), 281-299.

Strickland, B. R. (1977). Approval motivation. In T. Blass (Ed.), *Personality variables in social behavior* (pp. 315-356). Hillsdale: Lawrence Erlbaum.

Stucke, T. S., & Sporer, S. L. (2002). When a grandiose self-image is threatened: Narcissism and self-concept clarity as predictors of negative emotions and aggression following ego-threat. *Journal of Personality, 70*, 509-532.

Swann, J. W. B. (1985). The self as architect of social reality. In B. R. Schlenker (Ed.), *The self and social life* (pp. 100-125). New York: McGraw Hill.

――― (1987). Identity negotiation: Where two roads meet. *Journal of Personality and Social Psychology, 53,* 1038-1051.

―――, Griffin, J. J. J., Predmore, S. C., & Gaines, B. (1987). The cognitive affective crossfire: When self consistency confronts self enhancement. *Journal of Personality and Social Psychology, 52,* 881-889.

Swann, J. W. B., Stein Seroussi, A., & Giesler, R. B. (1992). Why people self verify. *Journal of Personality and Social Psychology, 62,* 392-401.

―――, Wenzlaff, R. M., Krull, D. S., & Pelham, B. W. (1992). Allure of negative feedback: Self verification strivings among depressed persons. *Journal of Abnormal Psychology, 101,* 293-306.

―――, Wenzlaff, R. M., & Tafarodi, R. W. (1992). Depression and the search for negative evaluations: More evidence of role of self verification strivings. *Journal of Abnormal Psychology, 101,* 314-317.

Taylor, S. E., & Brown, J. D. (1988). Illusion and well-being: A social psychological perspective on mental health. *Psychological Bulletin, 103* (2), 193-210.

Tedeschi, J. T., & Norman, N. (1985). Social power, self presentation, and the self. In B. R. Schlenker (Ed.), *The self and social life* (pp. 293-322). New York: McGraw Hill.

Tesser, A. (1988). Toward a self evaluation maintenance model of social behavior. *Advances in Experimental Social Psychology, 21,* 181-227.

Tetlock, P. E., & Manstead, A. S. R. (1985). Impression management versus intrapsychic explanations in social psychology: A useful dichotomy? *Psychological Review, 92,* 59-77.

Tice, D. M. (1992). Self-concept change and self-presentation: The looking glass self is also a magnifying glass. *Journal of Personality and Social Psychology, 63,* 435-451.

―――, & Baumeister, R. F. (1990). Self esteem, self handicapping, and self-presentation: The strategy of inadequate practice. *Journal of Personality, 58,* 443-464.

―――, Butler, J. L., Muraven, M. B., & Stillwell, A. M. (1995). When modesty prevails: Differential favorability of self-presentation to friends and strangers. *Journal of Personality and Social Psychology, 69,* 1120-1138.

―――, & Wallace, H. M. (2003). The reflected self: Creating yourself as (you think) others see you. In M. R. Leary & J. P. Tangney (Eds.), *Handbook of self and identity* (pp. 91-105). New York: Guilford Press.

Triandis, H. C. (1989). The self and social behavior in differing cultural contexts. *Psychological Review, 96,* 506-520.

Trope, Y. (1986). Self assessment and self enhancement in achievement motivation.

In R. M. Sorrentino & E. T. Higgins (Eds.), *Handbook of motivation and cognition: Foundations of social behavior, Vol. 1* (pp. 350-378). New York: Guilford Press.

―――, & Neter, E. (1994). Reconciling competing motives in self evaluation: The role of self control in feedback seeking. *Journal of Personality and Social Psychology, 66*, 646-657.

Turner, J. C., Hogg, M. A., Oakes, P. J., Reicher, S. D., & Wetherell, M. S. (1987). *Rediscovering the social group: A self categorization theory.* Cambridge: Basil Blackwell. (ターナー, J. C. 蘭千壽・磯崎三喜年・内藤哲雄・遠藤由美 (訳) 1995 『社会集団の再発見――自己カテゴリー化理論』誠信書房)

Twenge, J. M., & Campbell, W. K. (2003). "Isn't it fun to get the respect that we're going to deserve?" Narcissism, social rejection, and aggression. *Personality and Social Psychology Bulletin, 29*, 261-272.

van de Vliert, E., & Euwema, M. C. (1994). Agreeableness and activeness as components of conflict behaviors. *Journal of Personality and Social Psychology, 66*, 674-687.

von Baeyer, C. L., Sherk, D. L., & Zanna, M. P. (1981). Impression management in the job interview: When the female applicant meets the malechauvinist interviewer. *Personality and Social Psychology Bulletin, 7*, 45-51.

Watson, D. (1989). Strangers' ratings of the five robust personality factors: Evidence of a surprising convergence with self-report. *Journal of Personality and Social Psychology, 57*, 120-128.

Watts, T. W., Duncan, G. J., & Quan, H. (2018). Revisiting the marshmallow test: A conceptual replication investigating links between early delay of gratification and later outcomes. *Psychological Science, 29*, 1159-1177.

Weary, G., & Arkin, R. M. (1981). Attributional self-presentation. In J. H. Harvey, W. Ickes, & R. F. Kidd (Eds.), *New Directions in attribution research, Vol. 3* (pp. 223-246). New York: Lawrence Erlbaum.

Wegner, D. M., & Vallacher, R. R. (1977). *Implicit psychology: An introduction to social cognition.* New York: Oxford University Press. (ウェグナー, D. ヴァレカー, R. 倉智佐一 (監訳) 1988 『暗黙の心理』創元社)

Widaman, K. F. (1985). Hierarchically nested covariance structure models for multitrait-multimethod data. *Applied Psychological Measurement, 9*, 1-26.

Wills, T. A. (1981). Downward comparison principles in social psychology. *Psychological Bulletin, 90*, 245-271.

Wolfe, R. N., Lennox, R. D., & Cutler, B. L. (1986). Getting along and getting ahead: Empirical support for a theory of protective and acquisitive self-presentation. *Journal of Personality and Social Psychology, 50*, 356-361.

Wood, D., & Roberts, B. W. (2006). Cross-sectional and longitudinal tests of the Personality and Role Identity Structural Model (PRISM). *Journal of*

Personality, 74 (3), 779-809.

Wood, W., Rhodes, N., & Whelan, M. (1989). Sex differences in positive well-being: A consideration of emotional style and marital status. *Psychological Bulletin, 106*, 249-264.

Yamagata, S., Suzuki, A., Ando, J., Ono, Y., Kijima, N., Yoshimura, K., ... Jang, K. L. (2006). Is the genetic structure of human personality universal? A cross-cultural twin study from North America, Europe, and Asia. *Journal of Personality and Social Psychology, 90* (6), 987-998.

Yukl, G., & Falbe, C. M. (1990). Influence tactics and objectives in upward, downward, and lateral influence attempts. *Journal of Applied Psychology, 75*, 132-140.

Zajonc, R. B. (1965). Social facilitation. *Science, 149*, 269-274.

邦文文献

青木孝悦（1971）「性格表現用語の心理―辞典的研究―― 455 語の選択，分類および望ましさの評定」『心理学研究』42, 1-13.

石井辰典（2009）「自己表象―他者表象間のリンク強度と他者の重要性の関連」『社会心理学研究』25, 133-142.

伊藤忠弘（1999）「社会的比較における自己高揚――平均以上効果の検討」『心理学研究』70, 367-374.

伊藤瞳・梶まり・小平純花・佐藤沙綺・根本百恵・弓田真紀・友野聡子（2017）「女子大学生における自己呈示と自尊心および対人不安との関連――福島（1996）の研究の追試」『北海道心理学研究』39, 51.

岩熊史朗・横田仁（1991）「セルフ・イメージの発達的変化――WAI 技法に対する反応パターンの分析」『社会心理学研究』6, 155-164.

小田哲久・林文俊（2002）「FCR 法の心理測定への応用について――新しい定義と実践手続きの提案」『日本経営工学会論文誌』52, 396-406.

梶田叡一（1988）『自己意識の心理学』第 2 版，東京大学出版会.

川喜田二郎（1986）『KJ 法』中央公論社.

北村俊則・鈴木忠治（1986）「日本語版 Social Desirability Scale について」『社会精神医学』9, 173-180.

北村晴朗（1962）『自我の心理』東京，誠信書房.

桑原知子（1986）「人格の二面性測定の試み」『教育心理学研究』34, 31-38.

榊美知子（2006）「自己複雑性の指標に関する検討――統計量 H と SC の比較」『パーソナリティ研究』15, 58-60.

芝崎順司・近藤智嗣（2008）「Web を利用したリアルタイム評価支援システム REAS の機能と運用」『メディア教育研究』4, 29-35.

下仲順子・中里克治・権藤恭之・高山緑（1998）「日本版 NEO-PI-R の作成とその

因子的妥当性の検討」『性格心理学研究』6, 138-147.
鷲見克典（2006）「知覚されたストレス尺度（Perceived Stress Scale）日本語版における信頼性と妥当性の検討）『健康心理学研究』19, 44-53.
高田利武（1987）「社会的比較による自己評価における自己卑下的傾向」『実験社会心理学研究』27, 27-36.
高比良美詠子（1998）「対人・達成領域別ライフイベント尺度（大学生用）の作成と妥当性の検討」『社会心理学研究』14, 12-24.
田中宏尚（1992）「あがり（緊張）現象」, 遠藤辰雄・井上祥治・蘭千尋（編）『セルフ・エスティームの心理学』pp.146-155, 京都, ナカニシヤ出版.
田辺肇（1994）「解離性体験と心的外傷体験との関連――日本版 DES（Dissociative Experiences Scale）の構成概念妥当性の検討」『催眠学研究』39, 58-67.
谷伊織（2008）「バランス型社会的望ましさ反応尺度日本語版（BIDR-J）の作成と信頼性・妥当性の検討」『パーソナリティ研究』17, 18-28.
徳永侑子・堀内孝（2012）「邦訳版自己概念の明確性尺度の作成および信頼性・妥当性の検討」『パーソナリティ研究』20, 193-203.
中川泰彬・大坊郁夫（1985）『日本版 GHQ　精神健康調査票』日本文化科学社.
長谷川直宏（2005）「自己呈示行動における文化的自己観の影響」『社会心理学研究』21, 44-52.
林文俊（1978）「対人認知構造の基本次元についての一考察」『名古屋大学教育学部紀要』25, 233-247.
──────・小田哲久（1996）「ファジィ理論による性格特性5因子モデル（FFM）の検討」『心理学研究』66, 401-408.
福島治（1996）「身近な対人関係における自己呈示――望ましい自己イメージの呈示と自尊心及び対人不安の関係」『社会心理学研究』12, 20-32.
──────（2003）「自己知識の多面性と対人関係」『社会心理学研究』18, 67-77.
──────（2005）「自他特性情報のリンクによる特性判断の促進効果とその消失」『日本心理学会第69回大会発表論文集』133.
──────（2006）「社会的自己の認知的基盤――自己と他者の特性情報間のリンク」『日本心理学会第70回大会発表論文集』112.
──────（2011）「対人イベントの正負混在が自己愛と自己概念変動の関連に及ぼす効果」『日本社会心理学会第52回大会発表論文集』p.5.
──────（2013）「文脈特定的な自己概念の評定における矛盾度」『日本社会心理学会第54回大会発表論文集』p.426.
──────（2014）「自己概念の変動性を表す指標の比較」『日本社会心理学会第55回大会発表論文集』p.14.
──────（2017）「関係文脈内の自己と他者の特性表象の重複――石井（2009）の再現研究」『社会心理学研究』33, 73-83. doi:10.14966/jssp.1616.
──────（2018）「人格特性評定の変動における関係文脈の効果――マルチレベルモデリングによる分散の分割」『日本心理学会第82回大会発表論文集』(https://www.micenavi.jp/jpa2018/img/figure/10616.pdf).

――――・岩崎浩三・青木慎一郎・菊池潤考（2006）「親の自己愛と子への攻撃――自己の不遇を子に帰すとき」『社会心理学研究』22, 1-11.

　――――・大渕憲一・小嶋かおり（2006）「対人葛藤における多目標――個人資源への関心，評価的観衆，及び丁寧さが解決方略の言語反応に及ぼす効果」『社会心理学研究』22, 103-115.

星野命（1970）「感情の心理と教育」『児童心理』24, 1445-1447.

宮崎弦太・池上知子（2011）「関係喪失のコストが社会的拒絶への反応に及ぼす影響――相互依存理論とソシオメーター理論による統合的アプローチ」『社会心理学研究』26, 219-226.

　――――・池上知子（2015）「被拒絶場面における関係修復行動の促進要因としてのコミットメントと受容期待――媒介過程の差異と愛着傾向による調整過程」『社会心理学研究』30, 164-174.

森知子（1983）「質問紙法による人格の二面性測定の試み」『心理学研究』54, 182-188.

諸井克英（1985）「孤独感と対人的信頼感――高校生と大学生との比較を中心として」『人文論集』36, 25-42.

吉田琢哉・高井次郎（2008）「期待に応じた自己認知の変容と精神的健康との関連――自己概念の分化モデル再考」『実験社会心理学研究』47, 118-133.

吉田寿夫・古城和敬・加来秀俊（1982）「児童の自己呈示の発達に関する研究」『教育心理学研究』30, 120-127.

和田さゆり（1996）「性格特性用語を用いた Big Five 尺度の作成」『心理学研究』67, 61-67.

人名索引

Allport　14-16, 18, 21
Anderson　15, 16, 18
Arkin　31, 45, 46, 50
Baird　77-80, 89, 91, 94, 96, 104, 123
Baldwin　126-29, 134, 155, 163
Baumeister　37, 43, 47-49, 53, 54, 56, 68, 98, 100, 138
Bowlby　128, 138
Cialdini　45, 47, 48, 138
Cooley　71, 101, 163
Donahue　72, 76, 77, 89, 91, 100, 104, 105, 155, 156, 163
Goffman　32-34, 42, 43, 56, 63, 69
Higgins　37, 54
James　9, 71, 101, 163, 177
Jones　37, 42, 43, 45, 46, 48-50, 64, 68, 138
Kitayama　60
Leary　31, 32, 34-37, 48, 52, 54, 56-58, 138
Linville　72, 81-83, 99, 155, 156, 163
Markus　11, 36, 52, 54, 60, 163
Mead　9, 101
Mischel　19-24, 157
Rogers　4-6, 54
Schlenker　31, 32, 34, 37, 38, 42, 43, 46, 48, 52, 54, 55, 59, 60, 62, 64, 67, 69, 71
Tedeschi　49, 50, 57
Tice　47, 49, 56, 71, 131, 138
青木孝悦　16
北村晴朗　33, 34

事項索引

英字

CFI　109, 110, 119
GHQ　92, 93, 95, 96, 174, 175
if-then　126, 128
IOS　146-48
KJ法　65
NEOモデル　24
NPI　92, 97, 99, 100, 102
Q分類法　5, 81
SCD　→自己概念の分化，SCD
SDS　92, 96
UCLA孤独感尺度　92, 93
WAY法　8, 10

あ行

アイデンティティ　26-28, 36, 75, 92, 100, 155, 156
α係数　117, 118, 120, 124
暗黒三人格　63
安定型　128-30
安定性　6, 7, 156, 157, 162, 173, 174
暗黙の人格観　23
一貫性　9, 38, 52, 53, 55, 60, 67-69, 76, 87, 108, 116, 117, 120, 175
因子構造　16, 22, 23, 94
印象　ix, 14-16, 25, 31-39, 42-44, 46, 48-50, 56, 58, 59, 64, 94
　——構成　36, 37
　——操作　94
　——動機　34-37
　——モニタリング　37
栄光浴　45

エピソード記憶　v, 127

か行

解決方略　50, 51
外向性　18, 19, 24, 25, 71, 77, 78, 85, 86, 88, 90, 98, 105, 106, 108, 109, 110-14, 116-18, 156-61, 167-73
回避型　128-30
開放性　18, 19, 24, 88, 90, 105, 109, 110, 111, 113, 114, 116-18, 157-61, 167, 170-72
解離性体験　92, 95, 96
カウンセリング　5, 6
鏡映的自己　71, 163
下方比較　45
関係
　——維持　98, 138, 139, 144
　——改善　142
　——修復　139
　——性スキーマ　vi, vii, x, 126-30, 134, 155, 163
　——的自己　163
　——文脈　x, 97, 132, 133, 137-42, 146, 156, 162-75
観測変数　26, 28, 106, 107, 112, 119
客我　125, 177
協調性　18, 19, 24, 88, 90, 105, 109-11, 113, 114, 116-18, 156-61, 167, 168, 170-73
共分散構造分析　117
共有特性　148, 149, 150　→非共有特性
クライエント　4-6
クラスター分析　11
経験サンプリング　vii, 157, 158, 160,

163, 164, 166, 174, 175
経済的利益　　43
劇作的アプローチ　　32
現実自己　　5-7
語彙判断　　128
5因子モデル　　18, 24, 79, 87, 157
合意参照　　10
構成概念　　vi, 13, 19, 21, 26, 77, 90, 91, 97, 107, 117, 120, 122
公的自己意識　　62
行動特性情報　　vi, vii, 147
幸福感　　77
項目間分散　　78, 79
項目因子　　105-08, 111-13, 116, 119-22
功利的　　ix, 44, 55, 67
個人間分散　　x, 105, 123, 160-63, 168, 173
個人内分散　　x, 160-63, 168, 173
個人的同一性　　ix, 40, 54, 55, 74
固定効果　　165, 168, 170-72
古典的テスト理論　　106, 108
コンストラクト　　ix, 19, 23-25

さ　行

サイコパス　　63
自益的帰属　　45, 46
視覚化　　128, 134-38, 140,-46
視覚的表象　　3
閾下呈示　　128
自己
　──愛　　x, 63, 92, 95, 97-104, 174, 175
　──概念の分化，SCD　　vi, vii, ix, x, 11, 31, 71, 72, 75-79, 81, 83, 87, 89-91, 93-97, 100-02, 104-06, 108, 117, 118, 124, 125, 130, 132, 137, 148, 149, 155, 156, 175
　──概念明瞭性　　29, 91, 95, 99, 174
　──確証　　38, 45, 53, 54
　──拡張理論　　146
　──観　　59, 60, 70
　──欺瞞　　94, 96
　──決定理論　　163
　──高揚　　x, 45, 48, 57, 60, 61, 62, 137, 138, 139, 144, 146
　──査定　　38, 53, 54
　──スキーマ　　126, 127
　──制御　　10, 34, 49, 98, 100
　──制御過程モデル　　98
　──側面　　83, 84, 100
　──呈示　　vi, ix, 31-37, 39-46, 48-52, 54, 56-64, 67, 68, 70, 138, 139, 177, 178
　──同定理論　　38, 55, 56, 64, 67
　──特性判断　　133-36, 138-42, 144, 145
　──認知　　24, 25, 69, 71, 72, 90, 168
　──評価　　11, 38, 48, 62, 68, 98-100, 128, 136, 140, 146
　──表象　　3, 69, 155, 156
　──複雑性　　x, 81-84, 89, 99, 155, 156
　──モニタリング　　57, 61, 62
自尊心　　x, 35, 36, 38, 43,-46, 48, 54, 58, 61, 67, 77-79, 82, 91, 95, 96, 98-100, 137, 139, 140-47, 173-75
実験者効果　　57, 175
私的自己意識　　59, 60, 62
自伝的記憶　　v
シャイネス　　41
社会的
　──影響　　35, 36
　──自己　　6, 8, 71, 139, 163
　──勢力　　44, 49, 50, 52, 67
　──同一性　　ix, 40, 54, 55, 74
　──望ましさ　　24, 57, 92-96, 174, 175
釈明　　39
謝罪　　39, 50
修正SCD　　79, 94-97, 102
主我　　125, 177
真正性　　104
循環論　　20, 21

事 項 索 引

状況主義　19, 20
承認欲求　57
情報量基準　81, 83, 168, 170
ジョハリの窓　26, 27, 28
人格特性　3, 4, 13
神経質性　18, 19, 24, 77, 78, 88, 90, 109-11, 113, 117, 118, 157-61, 167, 170-72
信用性　38, 55, 67-69
信頼区間　97, 110, 111, 118
信頼性　7, 55, 67, 91, 94, 96, 105, 106, 108, 109, 112, 113, 116, 117, 120, 122, 124
ステレオタイプ　26
ストレス　81-83, 93, 95, 96
　──緩衝仮説　83, 155
正規分布　5, 159, 162
誠実性　18, 19, 25, 69, 77, 78, 88, 90, 105, 109-11, 113, 116-18, 157-61, 167, 168, 170-72
精神的健康　48, 82, 92, 104, 151, 156, 174, 175
正当化　9, 38, 39, 50
接近可能性　129, 130
セルフ・ハンディキャッピング　45-47, 50
潜在状態特性理論　105
潜在変数　26, 28, 104, 108, 110-12
促進焦点　10
存在脅威モデル　98

た　行

ターゲット　ix, 22, 39, 40, 43, 63
対人
　──一貫性　76
　──イベント　102-04
　──関係　vi, vii, x, 35, 63, 64, 66, 68, 69, 77, 100, 125-27, 129, 132, 134, 137-39, 144, 145, 152, 174, 175, 177
　──スクリプト　126
　──認知　23, 24

　──不安　45, 48
態度　5, 9, 11, 12, 32, 35, 45, 56, 59, 60, 62, 68, 69
他者スキーマ　126, 127
他者といる自己の表象　72, 73
他者表象　x, 146, 149
多重役割設定　x, 104-09, 112, 113, 116-18, 120, 122-24, 173
妥当性　11, 21, 62, 68, 83, 91, 104, 107-09, 112, 122, 123
ダミー変数　142, 144, 165, 166, 168
多面性　x, 97, 134, 155-57, 162, 163, 173, 174
聴衆の分離　ix, 31-33, 57, 69
重複説　146, 150
同一性　ix, 31, 32, 35-39, 43, 53-55, 57, 64, 67, 72, 75
動機　vi, ix, 31, 33, 34, 35, 37-39, 41-46, 48-50, 52-55, 58, 67, 94, 95, 126, 137-39, 143, 144, 146, 159, 177
特性
　──語　v, vi, 7, 16-19, 21, 28, 76, 77, 79-81, 83, -89, 91, 93, 104, 108, 118, 120, 122, 132, 139, 140, 146-49, 151, 157, 163, 166
　──自己概念　vi, ix, x, 3, 4, 71, 72, 74, 93, 97, 104, 112, 116, 124, 125, 155, 162, 163, 168, 170, 173, 174
　──情報　v, vi, vii, 125, 127, 132, 146, 147, 148, 150, 151
　──判断　x, 75, 130-52
　──評定　22, 23, 27, 28, 69, 76, 78, 79, 87, 89, 93-95, 104, 106, 107, 111, 117, 118, 120, 122
　──論　14, 20
トレードオフ　98, 100, 174, 175

な　行

内集団　146, 148, 150, 152
内的作業モデル　128, 129, 132
内面化　71

20答法　8, 10-13
認知表象　72, 99, 128, 129
望ましい自己イメージ　38, 63-67, 69, 70, 150

は 行

パーソナリティ　vi, x, 6, 14, 19, 20, 22, 24, 28, 41, 42, 53, 56, 58, 61-63, 72, 84, 85, 90, 91, 93-95, 97, 98, 105, 157, 160, 174
バイアス　26, 45, 77-79, 95, 96, 123, 175
破壊的情報　33
林の数量化　11
反応時間　148, 151-53
非共有特性　148,-50 →共有特性
否定　7, 23, 38, 39, 43, 44, 47, 48, 53, 54, 57, 119-22, 124, 132, 139, 140, 142, 175
評価的統合　99, 100
標準偏差　7, 70, 78-80, 90, 104, 133, 134, 143, 160, 168, 169, 173
ファジィ理論　85
不安・アンビバレント型　128, 129, 130
負荷量　108, 143, 147, 148
不適応　vii, 5, 48, 58, 75-78, 82, 83, 137, 155, 173, 174
分化　vi, vii, ix, x, 31, 66, 71, 72, 75, 76, 90, 91, 95, 97, 100, 104, 125, 126, 130, 132, 135, 136, 137, 148-50, 153, 155, 156, 163, 177
――度　vi, vii, 77, 81, 90, 91, 94-97, 100-02, 156
分散説明率　22, 76, 78, 79, 105, 108, 112, 113, 119, 120

変動　vi, vii, x, 7, 75, 77-79, 81, 95-97, 99, 100, 103-05, 155-57, 160, 162-65, 171, 172, 174, 177
防御焦点　10
報酬　19, 20, 49, 51, 52, 56, 58, 67

ま 行

マキャベリアニズム　62, 63
マルチレベルモデリング　x, 160, 161, 164, 165
満足感　141-44
密度分布モデル　x, 157, 159, 160
矛盾度　x, 84, 86-91, 94-97
目標　vi, ix, 11, 12, 35, 36, 38, 41-43, 48, 51, 53-55, 63, 67, 68, 98, 100, 147

や 行

役割　x, 4, 12, 28, 32-34, 36, 41, 43, 48, 72, 74-81, 87, 88, 90, 91, 93-96, 102, 104-24, 127, 156, 163, 173
――間分散　78, 101-03
――因子　105-08, 110, 112, 113, 116, 119, 120, 122-24, 173
――間相関　113, 116, 117, 119, 120
――自己概念　104, 116, 117
抑うつ　48, 49, 53, 77, 82

ら 行

ランダム効果　166, 170, 171
理想自己　5-7, 34, 38, 54
利得性　38, 55, 63, 67-69
両価的環境仮説　101
利用可能性　129

福島　治（ふくしま・おさむ）

1965年，群馬県生まれ。群馬大学教育学部教育・心理学専攻一類卒業。東京学芸大学大学院教育学研究科修士課程修了。東北大学大学院文学研究科博士後期課程修了。博士（文学）。岩手県立大学社会福祉学部講師，准教授を経て，新潟大学人文学部准教授（社会心理学，人格心理学担当）

〔主要業績〕『紛争・暴力・公正の心理学』（共著，北大路書房，2016年），『世界の感覚と生の気分』（共著，ナカニシヤ出版，2012年），『現代の社会心理学2』（共著，誠信書房，2010年），「関係文脈内の自己と他者の特性表象の重複：石井（2009）の再現研究」（『社会心理学研究』33, 2017年），Narcissism, variability in self-concept, and well-being, *Journal of Research in Personality*, 45, 2011,「親の自己愛と子への攻撃：自己の不遇を子に帰すとき」（『社会心理学研究』22, 2006年），「自己知識の多面性と対人関係」（『社会心理学研究』18, 2003年）他

〈新潟大学人文学部研究叢書16〉

〔自己概念のゆらぎ〕　　　　　　　　ISBN978-4-86285-290-8

2019年2月15日　第1刷印刷
2019年2月20日　第1刷発行

著　者　福　島　　　治
発行者　小　山　光　夫
印刷者　藤　原　愛　子

発行所　〒113-0033 東京都文京区本郷1-13-2
　　　　電話03(3814)6161振替00120-6-117170
　　　　http://www.chisen.co.jp
　　　　株式会社　知泉書館

Printed in Japan　　　　　　　印刷・製本／藤原印刷

新潟大学人文学部研究叢書の刊行にあたって

　社会が高度化し，複雑化すればするほど，明快な語り口で未来社会を描く智が求められます。しかしその明快さは，地道な，地をはうような研究の蓄積によってしか生まれないでしょう。であれば，わたしたちは，これまで培った知の体系を総結集して，持続可能な社会を模索する協同の船を運航する努力を着実に続けるしかありません。

　わたしたち新潟大学人文学部の教員は，これまで様々な研究に取り組む中で，今日の時代が求めている役割を果たすべく努力してきました。このたび刊行にこぎつけた「人文学部研究叢書」シリーズも，このような課題に応えるための一環として位置づけられています。人文学部が蓄積してきた多彩で豊かな研究の実績をふまえつつ，研究の成果を読者に提供することを目ざしています。

　人文学部は，人文科学の伝統を継承しながら，21世紀の地球社会をリードしうる先端的研究までを視野におさめた幅広い充実した教育研究を行ってきました。哲学・史学・文学を柱とした人文科学の分野を基盤としながら，文献研究をはじめ実験やフィールドワーク，コンピュータ科学やサブカルチャーの分析を含む新しい研究方法を積極的に取り入れた教育研究拠点としての活動を続けています。

　人文学部では，2004年4月に国立大学法人新潟大学となると同時に，四つの基軸となる研究分野を立ち上げました。人間行動研究，環日本海地域研究，テキスト論研究，比較メディア研究です。その具体的な研究成果は，学部の紀要である『人文科学研究』をはじめ各種の報告書や学術雑誌等に公表されつつあります。また活動概要は，人文学部のWebページ等に随時紹介しております。

　このような日常的研究活動のなかで得られた豊かな果実は，大学内はもとより，社会や，さらには世界で共有されることが望ましいでしょう。この叢書が，そのようなものとして広く受け入れられることを心から願っています。

2006年3月

新潟大学人文学部長
芳 井 研 一

〈 新潟大学人文学部研究叢書 〉

判断と崇高　カント美学のポリティクス
宮﨑裕助著　　　　　　　　　　　　　　　A5/328p/5500 円

理性の深淵　カント超越論的弁証論の研究
城戸　淳著　　　　　　　　　　　　　　　A5/356p/6000 円

思弁の律動　〈新たな啓蒙〉としてのヘーゲル思弁哲学
阿部ふく子著　　　　　　　　　　　　　　A5/250p/4200 円

ブロッホと「多元的宇宙」　グローバル化と戦争の世紀へのヴィジョン
吉田治代著　　　　　　　　　　　　　　　A5/308p/5400 円

自己概念のゆらぎ　対人関係におけるその分化と変動
福島　治著　　　　　　　　　　　　　　　菊/218p/4000 円

視覚世界はなぜ安定して見えるのか　眼球運動と神経信号をめぐる研究
本田仁視著　　　　　　　　　　　　　　　A5/168p/4000 円

戦時・占領期における映像の生成と反復　メディアの生み出す社会的記憶
原田健一著　　　　　　　　　　　　　　　A5/370p/5500 円

平曲と平家物語
鈴木孝庸著　　　　　　　　　　　　　　　A5/292p/5500 円

〈声〉とテクストの射程
高木　裕編　　　　　　　　　　　　　　　A5/378p/6800 円

語りによる越後小国の昔ばなし
馬場英子著　　　　　　　　　　　　　　　四六/490p/4500 円

〈 新潟大学人文学部研究叢書 〉

若きマン兄弟の確執
三浦　淳著　　　　　　　　　　　　　　　　　　A5/344p/5800 円

英語の語彙システムと統語現象
大石　強著　　　　　　　　　　　　　　　　　　菊/194p/4200 円

縄文の儀器と世界観　社会変動期における精神文化の様相
阿部昭典著　　　　　　　　　　　　　　　　　　菊/272p/5000 円

環東アジア地域の歴史と「情報」
關尾史郎編　　　　　　　　　　　　　　　　　　菊/316p/6500 円

近代日本の地域と自治　新潟県下の動向を中心に
芳井研一著　　　　　　　　　　　　　　　　　　A5/264p/4800 円

南満州鉄道沿線の社会変容
芳井研一編　　　　　　　　　　　　　　　　　　菊/288p/5200 円

（既刊16点，以下続刊）